长三角城市乡土语文丛书

温州乡土语文读本

Wenzhou Xiangtu Yuwen Duben

鹿城 龙湾
瓯海 洞头
瑞安 乐清
龙港 永嘉
平阳 苍南
文成 泰顺

上海社会科学院长三角城市历史文化研究中心 编
丛书编委会主任◎熊月之
本 书 主 编◎黄华伟

江苏大学出版社
JIANGSU UNIVERSITY PRESS
镇 江

长三角城市乡土语文丛书

温州乡土语文读本

本书主编 黄华伟

参编人员 周康平 陈小平 张学庐 戴柏聪 黄小燕 林作坡 唐文秀

（陈晓光　中国文联副主席、全国政协教科文卫体委员会副主任、文化部原副部长）

我是温州人（代序）

“你是温州人吧？”

“何以见得呢？”

“看起来比较干练啊……”对方可能又觉得整桌浙江人都比较干练，停顿了两秒，指着跟他一起过来吃饭的其中两位，补充说：“你看，他，他，都是温州人，在这里做生意的，你们都是短头发，里面穿的都是紧身衣服哈……”

在遥远的我国西北某城市的一次“接风”晚餐上，“地主”挨个“敬酒”，对我们这 10 来位来自浙江的初次见面的客人寒暄时，对我的家乡做出他的判断。

我于是留心同桌其他三位温州人的“行头”：脱下外面的御寒大衣后，里面的衣服确实都是比较紧身的圆领棉毛衫、毛线衫……看起来是比较随意，也显得比较精神。

我想了下，觉得温州人的衣着似乎有一些特点，但凭这个来判断“是温州人”，虽具象但未免有点虚。那位“地主”似乎也留心到了：“他是乐清人，他是苍南人……关键是你看，你们说的话……”

这个几乎可以实锤了，乡音难改啊，而且温州话确实很有辨识度，即使是“温州普通话”，即使我自觉普通话还不算太差，往往也是说不了几句，就被人马上指出温州口音来。

当然，温州人较明显的“标签”可能还不止这些。

比如“有钱”。多年前有次去某大城市，出了火车站，坐出租车，司机对我提供的地址表达了他的不满：“你不能说什么路多少号，你要告诉我在哪个路与哪个路的交叉口……你懂伐，我们这里的路都很长很长的……几号几号，谁知道在哪个地方呢？”后来，他突然又提高了声调，仿佛兴奋地说：“哇，你是温州的呀，温州人都很有钱的啦！”——只是，温州人都懂得，我们向来并不认为自己有钱，或者根本就不把“有钱”当作什么了不起的事；何况事实上，钱不多的温州人也多了去了。

比如“认亲”，如果同是温州人，自然很快就能亲近起来，所谓“找到一个温州人就能找到所有温州人”是也。有一位老师曾给我讲过一个让我印象很深的颇具对比意味的温州人“认亲”小故事，说她去欧洲旅游，先后遇到某大城市人与温州人。她感慨地说：“哎呀，那个大城市人啊，一听我讲普通话，马上就不跟我讲英语，开始跟我讲他的大城市方言了……而温州人呢，他一听我讲普通话，马上就跟我不讲英语，开始跟我讲普通话了，而且我到旅馆后，他还打电话来问平安……”——我想，可能这就是所谓的一方水土一方人吧。

也就是说，包括温州在内的不同地方的人都有自己与众不同处，这种独特追究起来，应该与水土、文化密切相关。

一方面，温州“偏于东南一隅”，山川阻隔，交通不便，千百年来与外界交流颇不充分，历史上较长一段时期处于相对稳定、闭塞乃至落后的状态。另一方面，也使它的独特性没有被过多稀释，至今仍保留着较鲜明特征的重要原因——进而扩大地想，中华文明之所以能源远流长，五千年来几乎没有“断流”或说总能得以延续，应该也与疆域辽远开阔、地形复杂多样，于是具有“战略纵深”，具备统一文化背景下的多样文化特征密切相关吧。纵览中华历史，颇有地域文化——大范畴说像黄河文明、长江文明，小范围讲像某时代某地方文化、经济——先后“登台亮相”，各领风骚多少年，进而彼此间前后间相互学习，共同促进，终成中华文明独特性。

少时记忆中，就是那样一个似乎总是弥漫着雾气、炊烟的围绕小山聚族而居的乡村——对，就是聚族而居，全村有几个主要的大姓，大姓们又小范围地相聚而居；前后左右的邻居都是同姓，都可以按辈分而相互称呼为“叔伯”“公”“太”等，同辈分、年龄相近的基本上就是“同族兄弟”，往上两代、三代则基本上都是“一家人”——有族谱摆着呢。于是清明给“阿太”“太上太”上坟时，就人多势众，也颇为壮观。

尤其近些年，比较时兴“认祖归宗”，较远的比如隔壁县的同姓也过来相聚。有几年清明，两地甚至多地都要举行较大规模的互访，同吃“清明酒”。

当然，这种情景不是温州特色，而是在温州的传统中国文化特点。有学者认为，中华民族的“宗族”在世界民族中独具特色，宗族观念是我们民族具有强大凝聚力、向心力的重要原因。

我生活的乡村里的老人们文化程度普遍不高，但令人惊讶的是，他们在与人交流、教育孩子时，经常会说“古诗话讲”。仔细回想，我们小时候所受的教育，除了源于学校的外，就是老一辈观念中与儒家思想中“仁义礼智信”“忠孝悌”等简直一模一样的思想观念。正是这种浓厚的文化氛围，给我们打下了为人处世的底色：要厚道，不要夸夸其谈，要孝敬上辈，要听从长辈、兄长的话，要“讲道理”，要“有礼”……

20 世纪 80 年代，改革开放后，最先走出温州故土的第一代“温商”，文化程度同样普遍不高，他们到底是靠什么“打天下”的呢？他们身上具有的共同的文化基因是什么呢？已经有不少研究表明其与孕育于温州这方水土的“永嘉学派”分不开，与讲实用、敢创新的“温州精神”分不开——与温州历史上注重“耕读”的文化分不开。

据考证，较多温州人“源于”中原，不少是晋代从战乱的北方迁徙而来，先到闽南，再辗转来到地形阻塞适合“避难”的温州各地。所以温州人的思想观念与古中国中原地区的传统文化保持着较高一致性。也可能正因为这样，温州历史上读书风气浓厚，特别讲求“读书做学问”“读书做官”。所谓“东南小邹鲁”，所谓“书声比户”者也。而恰恰好像并没有什么经商的历史、传统，温州人并不崇尚商人，只推崇有学问的人、做大官的人。我们看温州各地所纪念的乡贤，几乎清一色是读书人、做官的人。

温州历史上，至少有两个文化发展的高峰。一是宋代，著名者有北宋王开祖、丁昌期，南宋郑伯熊、薛季宣、陈傅良等人，又以叶适为“集大成者”，形成所谓“永嘉学派”，历史上曾与朱熹的“理学”、陆九渊的“心学”成鼎足之势。“永嘉学派”以强烈的爱国主义思想、注重经世致用的“事功学说”为鲜明特色。有研究者认为，这种“事功学说”正是当代温州精神的文化源头。二是清末，永嘉学派得以“复兴”，涌现出一大批成就卓越、影响深远的名人、学者，其中又以孙希旦、孙锵鸣、孙衣言、宋恕、陈虬、陈黻宸、孙诒让等人较为著名，他们在史学、训诂学、教育、医学、经济等诸多领域做出了非凡贡献。

这种文化存在于历史故事，存在于温州方言，存在于瓯剧、鼓词等艺术形式，存在于街头各种小吃……存在于历朝历代留存下来的众多包括非温州文化名人为温州而写的诗文中。这种以语言文字样式留存下来的文化，持续地稳定地发挥着它们不可替代的传承作用，我们温州人应该倍加珍惜。

尤其是温州文化仿佛正在被年轻一代慢慢淡忘的当下。信息时代的到来，经济的高速发展，山川阻隔对文化独特性的“保护”作用正在慢慢变得弱小。当代温州人遍布天下，使温州文化另具开放胸怀的同时，也有使独特性消融的趋势。比如温州孩子们有些居然不大会说温州话了，温商二代、三代们未必热心于回到温州了。

这就是编辑这本《温州乡土语文读本》的意义所在：让不断走向新

世界、新时代的温州人尤其是温州的孩子们，可以比较方便地翻一翻、读一读前贤的锦绣诗文。

“池塘生春草，园柳变鸣禽”（谢灵运《登池上楼》），“浮名夺我林泉趣，不及高僧一味闲”（王十朋《出雁山》），“蓬莱定不远，正要一帆风”（陆游《泛瑞安江风涛贴然》），“晋宋至今堪屈指，东南如此岂无人”（陈傅良《题仙岩梅雨潭》），“有约不来过夜半，闲敲棋子落灯花”（赵师秀《约客》），“林莺啼到无声处，青草池塘独听蛙”（曹豳《春暮》），“万里封侯，八珍鼎食，何如故乡”（刘基《沁园春·和郑德章暮春感怀呈石末元帅》）……

“雁荡诸峰，皆峭拔险怪，上耸千尺，穹崖巨谷，不类他山……”（沈括《雁荡山》）“温海郡去京师阻远，居太学不满十人，然而学行修明，颇为学官先生称道。一时士大夫语其子弟以为矜式，四方学者皆所服从而师友焉。”（周行己《赵彦昭墓志铭》）“执事秀发妙颜，多闻多识，通于古，明于文，行不自贤，不耻下问，一日千里，吾知方轫焉。”（薛季宣《与叶适书》）“故永嘉之学必兢省以御物欲者，周作于前而郑承于后也……故永嘉之学必弥纶以通世变者，薛经其始而陈纬其终也。”（叶适《温州新修学记》）“糠和米，本是两依倚，谁人簸扬你作两处飞？一贱与一贵，好似奴家共夫婿，终无见期。丈夫，你便是米么，米在他方没寻处。奴家恰便是糠么，怎的把糠救得人饥馁……”（高明《琵琶记》）“乡里后生，有读书之才，读书之志，而能无谬我约，皆可以就我庐，读我书。天下之宝，我固不欲为一家之储也。”（孙衣言《玉海楼藏书记》）“瑞安褊小，介浙闽之间，僻处海滨，于天下形势，不足为重轻。然储材兴学，以待国家之用，而出其绪余以泽乡里，则凡践土食毛者皆与有责焉，固不容以僻远而自废也。”（孙诒让《瑞安新开学计馆序》）……

于是敬重其风骨，钦慕其风采，以为榜样；于是亲近家乡山川，感受熟悉乡音，聆听儿时故事；于是有所领悟，于是心有戚戚……庶几唤起“我是温州人”自豪感、责任心而自加勉励矣。

黄华伟

2020 年 7 月，杭州

目　录

第一单元　历代诗选

东晋

唐代

宋代

元代

元末明初

明代

清代

近现代

第二单元　历代文选

东晋

宋代

元代

明代

清代

近现代

第一单元　历代诗选

东 晋

【作者简介】

谢灵运（385—433）：陈郡阳夏（今河南太康）人，原名公义，字灵运，以字行于世，小名客儿，世称谢客。东晋名将谢玄之孙，世袭为康乐公，世称谢康乐。历任永嘉太守、秘书监、临川内史，元嘉十年（433）被宋文帝刘义隆以“叛逆”罪名杀害。开创中国山水诗派，有辑本《谢康乐集》。永初三年（422），任永嘉太守。在任期间，他走遍永嘉诸县，发现永嘉山水奇物幽美，写下了许多传颂千古的优秀山水诗篇。谢灵运还兼通史学，工于书法，翻译佛经，曾奉诏撰《晋书》。

登池上楼[①]

潜虬媚幽姿[②]，飞鸿响远音[③]。薄霄愧云浮[④]，栖川怍渊沉[⑤]。进德智所拙[⑥]，退耕力不任[⑦]。徇禄反穷海[⑧]，卧痾对空林[⑨]。衾枕昧节候[⑩]，褰开暂窥临[⑪]。倾耳聆波澜，举目眺岖嵚[⑫]。初景革绪风[⑬]，新阳改故阴[⑭]。池塘生春草，园柳变鸣禽[⑮]。祁祁伤豳歌，萋萋感楚吟[⑯]。索居易永久[⑰]，离群难处心[⑱]。持操岂独古[⑲]，无闷征在今[⑳]。

【注释】

①此诗当作于宋少帝景平元年（423）初春。谢灵运在宋武帝永初三年（422）被逐出京都，这一年的七八月至次年（即景平元年）七八月间担任偏僻的永嘉郡（今浙江温州）太守。这是谢灵运首次在政治上受到沉重打击。来永嘉后的第一个冬天，他即卧病在床，至次年初春始愈，于是登楼观景，托物起兴，写下《登池上楼》这一名篇。池：谢灵运居所的园池。

②潜虬：潜龙。虬：传说中有两角的小龙。媚：喜爱，此有自我怜惜之意。幽姿：潜隐的姿态。这里喻隐士。

③飞鸿：能高飞的雁、鸿鹄等大鸟。远音：鸿飞得高，所以鸣声可以传得很远。比喻有所作为的人。

④薄霄：迫近云霄。薄，迫近。云浮：指高飞的鸿。

⑤栖川：栖息水中。怍：惭愧。渊沉：指深潜水中的虬龙。

⑥进德：增进德业。《周易·乾卦·文言》：“君子进德修业。欲及时也。”智所拙：智力不及。拙，指不善逢迎。

⑦退耕：退隐躬耕。力不任：体力不能胜任。

⑧徇禄：追求俸禄。徇，谋求。反：同“返”。穷海，边远荒僻的滨海地区，指温州。

⑨卧痾：卧病。空林：因秋冬季节树叶落尽，故称空林。

⑩衾：被子。昧节候：不明季节变化。

⑪褰开：拉开，指拉开窗帘。暂：短时间、一时。窥临：临窗眺望。

⑫岖嵚：山岭高耸险峻的样子。

⑬初景：初春的日光。景，“影”的古字。革：清除。绪风：秋冬的风。

⑭新阳：指春。故阴：指冬天。

⑮“园柳”句：意思是园柳中叫唤的禽鸟种类因季节变化而不同。

⑯“祁祁”二句：写诗人由眼前春色而触发的离家伤春的情怀。“祁祁”句：《诗经·豳风·七月》：“春日迟迟，采蘩祁祁。女心伤悲，殆及公子同归。”“萋萋”句：《楚辞·招隐士》：“王孙游兮不归，春草生兮萋萋。”萋萋，草茂盛的样子。

⑰索居：离群独居。易永久：觉得时间过得慢。

⑱难处心：难以安心做到。

⑲“持操”句：意思是坚持高尚节操的人难道只有古代才有吗？

⑳“无闷”句：意思是自己现在做到了隐居遁世而没有烦闷。无闷，《周易·乾卦·文言》：“遁世无闷。”征，验证。

游赤石进帆海①

首夏犹清和②，芳草亦未歇③。水宿淹晨暮④，阴霞屡兴没⑤。周览倦瀛壖⑥，况乃陵穷发⑦。川后⑧时安流，天吴静不发⑨。扬帆采石华，挂席拾海月⑩。溟涨无端倪⑪，虚舟有超越⑫。仲连轻齐组⑬，子牟眷魏阙⑭。矜名道不足⑮，适己物可忽⑯。请附任公言⑰，终然谢夭伐⑱。

【注释】

①《光绪永嘉县志》卷二："帆游山在城南三十里，吹台之支，南接瑞安界，东接大罗山。地昔为海，多舟楫往来之处，山以此名。谢灵运《游赤石进帆海》，即此。"此诗作于南朝宋少帝景平元年（423）初夏。赤石，谢灵运《游名山志》云："永宁、安固二县间，东南便得赤石。又枕海。"安固即今瑞安。帆海，帆游山。

②首夏：初夏。清和：清爽和暖。此句源于张衡《归田赋》"仲春令月，时和气清"。

③亦未歇：也没有停止生长，仍是一派欣欣向荣的景象。

④水宿：生活在水中，即住宿舟船之上。淹晨暮：将晨暮连成一体，分不清早晚。

⑤阴霞：阴云和彩霞。屡兴没：多次变换，即或雨或晴，时而阴云密布，时而彩霞满天。《河图》："昆仑山有五色水，赤水之气，上蒸为霞，阴而赫然。"

⑥周览：遍观，即全都游览过了。倦瀛壖：对海边岸上的景物已觉得厌倦。传说九州之外有大瀛海包围，故东海亦泛称为瀛。

⑦况乃：何况是。陵：凌驾，漂游。

⑧川后：波神。曹植《洛神赋》："川后静波。"

⑨天吴：水伯。《山海经》："朝阳之谷，神曰天吴，是水伯。"不发：不动作，不激荡，不掀起波涛。《楚辞·九歌·湘君》："沛吾乘兮桂舟，令沅湘兮无波，使江水兮安流。"

⑩扬帆、挂席：都是张帆行舟的意思。石华：附生于海中石上的藻类海草，俗称岩衣，可制胶东。海月：贝壳类圆月形生物，退潮后到海滩采捕，取肉，鲜用。

⑪溟涨：泛指海洋。《庄子》有“北溟”“南溟”之称，李弘范注曰：“广大窕冥，故以溟为名。”谢承《后汉书》注曰：“陈茂常度涨海。”是涨亦可指海。无端倪：无头无尾，无边无际。

⑫虚舟：空船。超越：超然漂行。

⑬仲连轻齐组：鲁仲连轻视齐国的封赏。《史记·鲁仲连传》载：齐田单攻燕聊城不下，鲁仲连用计迫使燕将自杀，聊城被破。齐君想封赏鲁仲连，而他不要封赏，逃隐于海上。组，系冠帽或印章的丝带，借指官爵。

⑭子牟眷魏阙：公子牟留恋王室的高官厚禄。《吕氏春秋》载中山公子牟谓詹子曰：“身在江海之上，心居魏阙之下，奈何？”这里借用来讽刺假隐士。魏阙，宫门外悬法之处，代指政界官场。

⑮矜名：崇尚空名。道不足：不足道，不值得称道。

⑯适己：顺从自己的本性。物可忽：万事万物都可以忘记。

⑰附：依附，遵从。任公言：指任公教导孔子的一段话，见《庄子·山木》篇，大意是直木先遭伐，甘泉先被喝，人太聪明、太惹眼，也容易首先遭到不测。孔子认为有理，就逃到大泽之中隐居起来。

⑱终然：自然老死，全命而终。谢：辞去，避免。夭伐：与“终然”相对，指人为因素或外力影响而致损毁夭折。

登永嘉绿嶂山[①]

裹粮杖轻策[②]，怀迟上幽室[③]。行源径转远[④]，距陆情未毕[⑤]。澹潋[⑥]结寒姿，团栾润霜质[⑦]。涧委水屡迷[⑧]，林迥[⑨]岩逾密。眷西谓初月，顾东疑落日[⑩]。践夕奄昏曙[⑪]，蔽翳皆周悉[⑫]。蛊上贵不事[⑬]，履二美贞吉[⑭]。幽人常坦步[⑮]，高尚邈难匹[⑯]。颐阿竟何端[⑰]，寂寂寄抱一[⑱]。恬如既已交[⑲]，缮性自此出[⑳]。

【注释】

①绿嶂山，在今永嘉县境内，西北方向，近上塘镇。清代顾祖禹《读史方舆纪要》载：“（永嘉）西北二十里有青嶂山，上有大湖，澄波浩渺，一名七峰山。”此青嶂山，似即绿嶂山。

②裹粮：带上干粮。轻策：轻便的手杖。

③怀迟：迂回曲折。幽室：石室，山洞，此指风景清幽之地，即绿嶂山。

④行源：向着山溪的源头行进，与下句“距陆”一词，同出《庄子·渔父》“行原以上，距陆而止”。

⑤距陆：到了岸头。情未毕：意谓沿溪而游的兴致还十分浓厚。

⑥澹潋：水波微微动荡的样子。

⑦团栾：犹檀栾，形容竹形态秀美。润霜质：谓竹性耐寒，经霜愈见青翠光润。

⑧涧委：指溪涧弯曲。水屡迷：谓因为涧流弯曲，故屡屡不辨水流的去向。

⑨林迥：谓丛林深远。

⑩眷：细细看。顾：回头看。此二句是说山深林密，难辨方向，误以为初月在西，落日在东。

⑪践：行走。奄昏曙：谓从早到晚，一会儿就过去了。

⑫蔽翳：指山岩和林木的最隐蔽幽深之处。周悉：遍游。

⑬蛊上：指《易经·蛊卦》：“上九，不事王侯，高尚其事。”贵不事：意谓虽然身在仕途，但却以不做官为贵。

⑭履二：指《易经·履卦》“九二，履道坦坦，幽人贞吉”之意，唐孔颖达《周易正义》：“履道坦坦者，易无险难也。幽人贞吉者，既无险难，故在幽隐之人，守正得吉。”美贞吉：谓人能守正道而不自乱则吉。

⑮幽人：指隐者，此处诗人有自称之意。坦步：安然地步行。

⑯“高尚”句：意为常人难以与隐士高尚的品格相比。尚，指隐士品格高尚。邈，远。匹，相当。

⑰“颐阿”句：意谓颐阿之间本来相差很远，但在老子看来，却并没有多少区别。颐阿，应诺与呵责，指善良与罪恶。《老子》：“唯之与阿。”何端，有何区别。

⑱寂寂：寂寞。寄：寄托。抱一：道家谓专精固守不失其道。

⑲恬如：应为恬知，恬静和智慧。《庄子·缮性》："古之治道者，以恬养知；知生而无以知为也，谓之以知养恬。知与恬交相养，而和理出其性。"

⑳缮性：涵养本性。《庄子·缮性》："缮性于俗，俗学以求复其初；滑欲于俗，思以求致其明；谓之蔽蒙之民。"此二句意为在此自然的环抱中，他感到自己已经达到了"恬知交相养"的境界，从此可以去讲究养生之道了。

石室山[①]

清旦索幽异[②]，放舟越坰郊[③]。莓莓兰渚急[④]，藐藐苔岭高[⑤]。石室冠林陬[⑥]，飞泉发山椒[⑦]。虚泛径千载[⑧]，峥嵘[⑨]非一朝。乡村绝[⑩]闻见，樵苏限风霄[⑪]。微戎无远览，总笄羡升乔[⑫]。灵域久韬隐[⑬]，如与心赏[⑭]交。合欢不容言[⑮]，摘芳弄寒条[⑯]。

【注释】

①石室山：今称大若岩，位于永嘉县小楠溪中游大若岩景区。以洞异、峰奇、瀑多而闻名于世。《云笈七签》卷二七称此为第十二福地。其中洞穴最大者，即现之陶公洞，古称石室，可容千人。

②索幽异：探寻幽胜特异的景点。

③坰郊：遥远的郊野。《尔雅·释地》："邑外谓之郊，郊外谓之牧，牧外谓之野，野外谓之林，林外谓之坰。"

④莓莓兰渚：莓，同莓，莓莓，草茂盛的样子。兰渚，生有兰惠等香草的河洲。左思《魏都赋》有"兰渚莓莓"。急：既指水流湍急，也指舟行急速。

⑤藐藐：通"邈邈"，遥远的样子。

⑥冠：像帽子一样盖在上面。林陬：成片森林的一角。

⑦飞泉：瀑布。山椒：山巅。

⑧虚泛：形容水之广大。径：通“经”，历经。

⑨峥嵘：指山势高峻。

⑩绝：隔绝。

⑪樵苏：指砍柴割草的人。限：阻隔。风霄：云霄。

⑫“微戎”二句：意为自己年轻时虽未能云游，但早已企羡王子乔的升仙。微戎，似为“微我”，即“非我”之意。总笄，总，束发，指童年；笄，挽髻插簪，指刚成年时，此处泛指少年时期。羡升乔，谓羡慕升仙的王子乔，王子乔是春秋时周灵王太子，传说王子乔曾游伊水、洛水间，后被道士浮丘公接上嵩山成仙。

⑬灵域：指有神灵存在的地方，此处指石室山。韬隐：韬光养晦。谓石室山久藏山野，鲜为人知。

⑭心赏：即赏心。作名词，指推心置腹的朋友。

⑮合欢：和合欢乐。不容言：指不必用言语去表达。

⑯摘芳：采摘花朵。寒条：寒冷季节的树木枝条。

【作者简介】

谢惠连（406—433）：陈郡阳夏（今河南太康）人，出生于会稽（今绍兴）。南朝宋文学家，谢灵运族弟兼“四友”之一。

泛南湖至石帆[①]

轨息陆涂初[②]，枻鼓川路始[③]。涟漪繁波漾，参差层峰峙。萧疏野趣生，逶迤白云起。登陟[④]苦跋涉，暱盼[⑤]乐心寄。即玩玩有竭，在兴兴无已。

【注释】

①南湖：在瓯海区南白象街道。石帆：帆游山。在南白象与丽岙、茶山交界处。

②轨息陆涂初：刚刚停下陆路车马。息，停止。

③枻鼓川路始：湖上划桨游览开始。枻，桨。鼓，摇动。

④登陟：登高。

⑤暱盼：泛指观赏风景。

【作者简介】

丘迟（464—508）：字希范，吴兴乌程人（今浙江湖州），南朝齐梁间文学家。南朝梁天监三年任永嘉（温州）太守。有《丘司空集》传世。

题琴材奉柳吴兴[①]

边山此嘉树[②]，摇影出云垂。清心有素体，直干无曲枝。凡耳非所别，君子特见知。不辞去根本，造膝仰光仪。

【注释】

①柳吴兴：即柳恽，字文畅，南朝梁著名诗人、音乐家、棋手。丘迟好友。曾两次出任吴兴（今浙江湖州）太守，为政清静，人吏怀之。

②嘉树：指吹台山梧桐树，是制琴好材料。“丘迟赠琴，吹台产桐”，一直被温州人传为佳话。

唐代

【作者简介】

孟浩然（689—740）：名浩，字浩然，号孟山人，襄州襄阳（今湖北襄阳）人，唐代著名的山水田园派诗人，世称“孟襄阳”。他一生未曾入仕，又称为“孟山人”。唐代山水田园诗派代表，与王维齐名，并称“王孟”。有《孟浩然集》三卷传世。

永嘉别张子容[①]

旧国余归楚，新年子北征[②]。挂帆愁海路[③]，分手恋朋情。日夕故园意，汀洲春草生[④]。何时一杯酒，重与季鹰[⑤]倾。

【注释】

①张子容：开元年间进士，曾官栾城令，初与孟浩然隐于鹿门山，为生死之交。时子容任永嘉乐城县尉，开元十九年（731）冬末，孟浩然至乐城相访，二十年春又在永嘉相见，后诗人北归返襄阳，此诗为别时之作。

②“旧国”二句：写好友在异地相逢，但却各有各的行程，诗人将返回故乡，子容将扬帆北行，二人不得不忍痛分别。旧国，孟浩然故乡湖北襄阳古属楚国。北征，北行。《楚辞·九歌·湘君》：“驾飞龙兮北征。”

③挂帆愁海路：泛舟海上也是孤寂、凄凉的。

④“日夕”二句：写诗人漂泊多年，日夜牵挂故园，如今终于要归去，汀洲的春草应已长满。可惜同乡好友不能同归，只能继续在外地忙碌于仕宦。汀洲，水中小洲。《楚辞·九歌·湘夫人》：“搴汀洲兮杜若，将以遗兮远者。”日夕，一作“日夜”。

⑤季鹰：西晋文学家张翰的字。《晋书·文苑传·张翰传》载：“翰

因见秋风起，乃思吴中菰菜、莼羹、鲈鱼脍，曰：‘人生贵得适志，何能羁宦数千里，以要名爵乎？’遂命驾而归。”这里借季鹰指张子容。

初年乐城馆中卧疾怀归①

异县天隅僻，孤帆海畔过。往来乡信断，留滞客情多②。腊月闻雷震，东风感岁和。蛰虫惊户穴③，巢鹊眄庭柯④。徒对芳樽酒，其如伏枕何。归来理舟楫，江海正无波⑤。

【注释】

①初年：一年之初，此指初春。乐城：乐清县城。此诗约作于开元二十年（732）初，卧病于乐城馆中时。诗中写卧病中初春的景象，表达了思乡怀归的真挚情感。本诗诗名一作“初年乐城馆中卧疾怀归作”。

②“异县”四句：写乐城地处偏僻的海滨，诗人乘一叶孤舟从海上飘摇于此，与万里以外的故乡亲人断了音信，独自客居，又逢生病，心头有着说不尽的凄凉。隅，角落。

③蛰虫：潜伏过冬的虫豸。《礼记正义》卷十四《月令·孟春之月》：“东风解冻，蛰虫始振。”户穴：洞穴。

④巢鹊：《毛诗正义》卷一《召南·鹊巢》：“维鹊有巢，维鸠居之。郑氏笺：‘鹊之作巢，冬至架之，至春乃成。’”眄：斜着眼睛看。庭柯：庭园中的树木。

⑤“徒对”四句：写诗人卧病在床，空对着芳樽美酒，不能饮酌，心中最盼望的就是早日康复，早做归计，海上风平浪静，正是他回归故里的最好时期。芳樽：精致美好的酒樽。伏枕：指卧病在床。“归来理舟楫”一作“归屿理舟楫”。

【作者简介】

李白（701—762）：字太白，号青莲居士，又号“谪仙人”，祖籍陇西成纪（今甘肃秦安），出生地有蜀中、西域、长安诸说，迄今无定论。唐代大诗人，被后人誉为“诗仙”，与杜甫并称为“李杜”，有《李太白集》传世。

与周刚清溪玉镜潭宴别①

康乐上官去，永嘉游石门。江亭有孤屿，千载迹犹存。我来游秋浦，三入桃陂源②。千峰照积雪，万壑尽啼猿。兴与谢公合，文因周子③论。扫崖去落叶，席月开清樽④。溪当大楼南，溪水正南奔。回作玉镜潭，澄明洗心魂。此中得佳境，可以绝嚣喧。清夜方归来，酣歌出平原。别后经此地，为余谢兰荪⑤。

【注释】

①自注：潭在秋浦桃树陂下，余新名此潭。《弘治温州府志》载有前四句，题作“与周生宴清溪玉镜潭”。

②江亭：一作“江中”。来游：一作“来憩”。

③周子：即周刚。

④席月：月下席地而坐。“席月”一作“带月”。樽：酒坛。

⑤兰荪：一种香草，借义喻年幼聪慧子弟。

【作者简介】

杜甫（712—770）：字子美，晋大将军杜预后裔，本襄阳人，后徙河南巩县（今河南巩义市），自号少陵野老。唐代大诗人，与李白合称“李杜”。有《杜工部集》传世。

送裴虬尉永嘉①

孤屿亭何处②，天涯水气中③。故人官就此，绝境兴谁同④。隐吏逢梅福⑤，看山忆谢公⑥。扁舟吾已僦，把钓待秋风⑦。

【注释】

①诗题一作“送裴二虬作厨永嘉”。明黄生曰：“上半送裴，下半自叙。东道有知交，游踪有前哲，故起扁舟之兴，与第四相应。风把钓，句法倒装耳。”裴虬：字深原，杜甫好友。韩愈《裴复墓志》：“父虬，有气略，敢谏净，官谏议大夫，有宠代宗朝，屡辞不拜。卒，赠工部尚书。”永嘉县：辖区为今温州市区及永嘉县。

②“孤屿”句：《寰宇记》：孤屿，在温州南四里永嘉江中，屿有二峰。谢灵运《登江中孤屿》诗云：“孤屿媚中川。”后人建亭其上。

③“天涯”句：谓孤屿地处偏僻。梁简文帝诗：“获阴连水气。”

④绝境：陶潜《桃花源记序》：“来此绝境，不复出焉。”“绝境兴淮同”一作“绝境与淮同”。

⑤梅福：西汉末年，大司马王凤当权、外戚控制朝政，民怨四起。梅福以一县尉之微官上书朝廷，指陈政事，讥讽王凤，被朝廷斥为“边部小吏，妄议朝政”，险遭杀身之祸。后梅福挂冠而去，云游四方。今瓯海郭溪有梅屿，传即因梅福曾在此隐居得名。

⑥谢公：谢灵运。《宋书》：“谢灵运出为永嘉太守，郡有名山水，灵运素所爱好，出守既不得志，遂肆意游遨。”

⑦扁舟吾已僦，把钓待秋风：僦：雇，租赁。僦另作就、具、买。把钓另作“只是”。

【作者简介】

顾况（约727—820）：字逋翁，号华阳真逸（一说华阳真隐），晚年自号悲翁，苏州人。唐代诗人、画家、鉴赏家。至德二载（757）进士，大历六年（771）任江南盐铁转运支使戍吏，在永嘉操备盐务，后迁著作郎。晚年隐居茅山，自号华阳山人。有《华阳集》行世。

永嘉

东瓯传旧俗，风日江边好。何处乐神声①，夷歌出烟岛。

【注释】

①《弘治温州府志》载：“汉东瓯王敬鬼，而瓯俗多信鬼，乐巫祠。”

【作者简介】

李皋（733—792）：字子兰。唐宗室名臣，唐太宗五世孙、曹恭王李明的玄孙。自少补任左司御率府兵曹参军，嗣封曹王。历仕都水使者、秘书少监、衡州刺史、湖南观察使、江南西道节度使、荆南节度使、山南东道节度使等。上元二年（761）除温州长史，所至有善政。《舆地纪胜》等录有其诗。

游南雁荡[①]

雁荡诸峰不可穷，石梁华表[②]远凌空。乾坤谁道洞中小[③]，日月曾从牖里通[④]。词客墨苔[⑤]观照耀，飞仙环佩听玲珑。何当借得缑山鹤[⑥]，驾入嶙峋[⑦]翠几重。

【注释】

①南雁荡：南雁荡山位于浙江省平阳县西部，国家AAAA级风景名胜区，属山岳型风景区，分东西洞景区、顺溪景区、明王峰景区、碧海天城景区、赤岩山景区五大景区。有始建于宋代的儒教会文书院、仙姑洞道观和唐代的观音洞寺院。

②石梁华表：石梁、华表均为南雁荡山山峰名。

③“乾坤”句：南雁有许多山洞。

④“日月”句：南雁有月牖洞，又名透天洞，洞内仰头可见日月星空。

⑤词客墨苔：文人遗墨。

⑥缑（gōu）山鹤：相传王子乔于缑山乘鹤升天成仙。后用作歌咏仙家之典。

⑦嶙峋：形容山石突兀重叠。

【作者简介】

路应（748—811）：字从众，京兆三原（今陕西三原）人。路嗣恭之子，以荫入仕。唐大历间任温州刺史。

仙岩四瀑布即事寄上秘书包监侍郎七兄吏部李侍郎十七兄婺州赵中丞处州齐谏议明州李九郎十四韵[①]

绝境久蒙蔽，芟萝方迨兹[②]。樵苏尚未及[③]，冠冕谁能知。缘崖开径小，架木度空危[④]。水激千雷发，珠联万贯垂。阴晴状非一，昏旦势多奇。井识轩辕迹[⑤]，坛馀汉武基[⑥]。猿声响深涧，岩影倒澄池。想像虬龙去，依稀羽客[⑦]随。玩奇目岂倦，寻异神忘疲。干云松作盖，积翠薜成帷。含意攀丹桂，凝情顾紫芝。芸香蔼芳气，冰镜[⑧]彻圆规。胥念苍波远，徒怀魏阙期[⑨]。征黄[⑩]应计日，莫鄙北山移[⑪]。

【注释】

①选自《四库全书·御定全唐诗》卷八七八。

②芟萝方迨兹：铲除藤萝，才到达此处。

③樵苏：打柴砍草的人。

④空危：悬崖。危，高。

⑤井识轩辕迹：井即指三皇井。传说伏羲、神农、女娲三皇凿井于仙岩山。伏羲氏取此岩石打火教会族人吃熟食；神农氏凿井引水滋润五谷；女娲捏土造人，精选此处岩石炼制成补天之五彩石；因而留下三口古井。谢灵运曾游仙岩作诗《舟向仙岩寻三皇井仙迹》。

⑥坛馀汉武基：民间传说，汉武帝刘秀称帝前曾逃难至此。

⑦羽客：神仙。

⑧冰镜：指月亮。

⑨苍波：碧波，指地方。魏阙：朝廷。典出《庄子·杂篇·让王》："身在江海之上，心居乎魏阙之下。"魏阙指宫门上巍然高出的观楼，其下常悬挂法令。后用作朝廷的代称。

⑩征黄：西汉黄霸为颍川太守，有治绩，被征为京兆尹。事见《汉书》卷八十九《循吏传·黄霸传》。后因以“征黄”谓地方官员有治绩，必将被朝廷征召，升任京官。

⑪北山移：指《北山移文》，是南北朝孔稚珪所写的骈体文。原是一篇揭露和讽刺那些伪装隐居以求利禄的文人。此指有怀抱的隐居之士。

【作者简介】

张又新：字孔昭，唐陆泽（今河北省深州市）人。初应“宏辞”第一，又为京兆解头，元和九年（814）状元及第，时号为张三头（连中三元）。曾任温州太守，官终左司郎中。嗜茶，著有《煎茶水记》一卷，并善写诗文等，《唐才子传》载其事迹。《全唐诗》收其诗 17 首，其中写温州诗有 12 首。

大罗山①

越王曾保②此山巅，杨仆楼船几控弦。犹有旧时悬冰在，鲛绡千尺③玉潺湲。

【注释】

①大罗山：温州东部山脉。以风景秀丽著称。主要由仙岩景区、瑶溪景区、天柱景区、茶山景区组成，因其峰峦状似罗伞，又形如大箩，故名大罗山。

②保：占有。

③鲛绡千尺：大罗山东部曾有白水漈瀑布高千尺，又称美人瀑。天河水电站建成后消失。

罗浮山①

江北重峦积翠浓，绮霞②遥映碧芙蓉。不知末后沧溟③上，减却瀛洲④第几峰。

【注释】

①罗浮山：在瓯江北，即今永嘉县瓯北镇，与温州城隔江相望。

②绮霞：美丽的彩霞。

③沧溟：大海。

④瀛洲：传说中的仙山。

青岙山[1]

灵海泓澄匝翠峰，昔贤心赏已成空。今朝亭馆无遗制[2]，积水沧浪一望中。

【注释】

①青岙山：今洞头大门岛。《嘉靖温州府志》卷二："青岙山去城东北二百八十里，在海中，两山如门。宋颜延之立亭于此观海。"

②南朝刘宋元嘉年间，颜延之在担任永嘉太守期间，曾于青岙山筑望海亭。

白 石[1]

白石岩[2]前湖水春，湖边旧景有清尘。欲追谢守行田意[3]，今古同忧是长人。

【注释】

①白石：在乐清，俗称道士岩。其主峰玉甑峰类似雁荡，又处于雁荡山与南雁荡山之间，故名"中雁荡"。

②白石岩：世传为十二真君升真之地。

③传说谢灵运曾到乐清白石、磐屿等地巡视农田水利，察看台风大潮，看到当地灾情严重、民不聊生而深感内疚，提出要修建一条长堤，把农田保护起来，并把水流联成网络，以利排灌。他在《白石岩下径行田》云："千顷带远堤，万里泻长汀。"

【作者简介】

赵嘏（约 806—853）：字承祐，楚州山阳（今江苏淮安）人，唐代诗人。会昌四年（844）进士及第，曾任渭南尉，世称“赵渭南”。

送张又新除温州[1]

东晋江山称永嘉[2]，莫辞红旆向天涯。凝弦夜醉松亭月，歇马晓寻溪寺花。地与剡川[3]分水石，境将蓬岛共烟霞[4]。却愁明诏征非晚，不得秋来见海槎[5]。

【注释】

①除：任职。

②永嘉：东晋太宁元年（323），析临海郡置永嘉郡，辖永宁、安固、横阳、松阳四县。治永宁，建城于瓯江南岸（今鹿城）。

③剡川：即剡溪。曹娥江上游，在浙江嵊州市南。李白《梦游天姥吟留别》：“湖月照我影，送我至剡溪。”

④将：一作接。蓬岛：即蓬莱山。李白《古风》四八：“但求蓬岛药，岂思农鳸春？”

⑤秋来：一作乘秋。海槎：渡海的舟楫。

宋代

【作者简介】

林石（1004—1101）：字介夫，瑞安三都塘岙（今塘下）人，世称“塘岙先生”。沉潜诸经而绝意仕途。与王开祖、丁昌期称“永嘉皇祐三先生”。《嘉庆瑞安县志·艺文》载林石撰《三游集》《塘岙集》两种著述，但今已佚。

登福全山

尝闻陶隐居，经行到兹地。君王屡飞诏[①]，高尚心逾厉。一幅画双牛，谁人知此意？

【注释】

①陶弘景有《白云岭答使者》诗。

梅雨潭忆旧游[①]

去夏曾同潭上游，松荫坐石濯清流。论文声入飞泉响，话道心齐邃谷幽[②]。盛暑忽思寻旧好，烦襟[③]顿觉似新秋。也知人世多余暇，谁更能为胜赏[④]不？

【注释】

①仙岩景区著名的瀑布潭梅雨潭、雷响潭和龙须潭。其中以梅雨潭最有特色。

②论文、话道：谈论诗文，探讨哲理。“入”，《东瓯诗存》作“杂”。
③烦襟：烦闷的心怀。
④胜赏：尽情地欣赏。“谁能更为”，《东瓯诗存》作“能更重为”。

【作者简介】

陈宝之：名瓘，以字行，号研轩，永嘉人。仁宗皇祐间（1049—1054）登贤良方正科，官至奉议大夫、大理寺丞。曾师从吕祖谦，与陈亮、陈傅良友善。

自述

少年落魄走京华，老大无钱赴酒家。羞作寺丞[①]门里客，一川明月照梨花。

【注释】

①寺丞：官署中的佐吏。

【作者简介】

赵抃（1008—1084）：字阅道，号知非子，衢州西安（今浙江省衢州市柯城区信安街道沙湾村）人。景祐元年（1034）进士，神宗时任右谏议大夫、参知政事。以太子少保致仕，谥号“清献”。赵抃在朝弹劾不避权势，时称“铁面御史”。著有《赵清献公集》。曾因儿子赵屼任温州通判而迁住温州。

游陶山湖①

十里平湖一画船，短篙慢桨恰相便。风随雨意来无定，云伴山容出自然。煮茗得泉资味永，弹琴近水觉声玄。兹游自信俱清绝，留与陶峰野老传。

【注释】

①陶山湖：在瑞安陶山镇，现名陶峰湖。

【作者简介】

杨蟠（约 1017—1106）：字公济，别号浩然居士，章安（今属浙江临海）人。北宋庆历六年（1046）进士，曾任密州、和州、泗州推官。元祐四年（1089）苏轼知杭州时，蟠为通判。绍圣二年（1095），以承议郎知温州。到任后，于衙署仪门立碑，刻前任太守刘述的《劝农五事》以为施政准则；划分州城街巷，定为三十六坊；常轻装简从，巡视乡里。在任两年，颇得百姓好评。每逢天气晴和，老少必问太守是否出游？绍圣四年（1097），杨蟠调任高邮州知军，去任日，百姓攀辕卧辙，几不得出境。著有《永嘉百咏》《章安集》，已佚。

墨池怀古[①]

书画尝闻晋右军，当时深遁[②]乐天真。空山寂寞人何在，一水泓澄墨尚新。灵运也思轻印绶[③]，季鹰还解忆鲈蓴[④]。高风夐古应相照[⑤]，共是知几此避身。

【注释】

①墨池：在今温州市区墨池坊。传说王羲之曾在此池洗砚。

②深遁：隐居。

③灵运：谢灵运。印绶：印信和系印的丝带，借指官爵。

④季鹰：见前注。解：能。鲈：鲈鱼。蓴：莼菜。又名马蹄菜、湖菜等，多年生水生宿根草本。

⑤高风：高尚的操守。夐古：远古。

永嘉

一片繁华海上头，从来唤作小杭州。水如棋局连街陌，山似屏帷绕画楼。是处有花迎我笑，何时无月逐人游。西湖宴赏争标日[①]，多少珠帘不下钩。

【注释】

①西湖宴赏争标日：指观看会昌湖划龙舟比赛。西湖，在新桥街道，今有西湖村。

去郡后作[①]

为官一十政，宦游五十秋。平生忆何处，最忆是温州。思远[②]城南曲，西岑[③]古渡头。绿觞春送酒，红烛夜行舟。不敢言遗爱，唯应念旧游。凭君将此曲，寄写谢公楼[④]。

【注释】

①本诗为作者任满离开温州后所作。

②思远：思远楼。《永嘉县志》载："思远楼在郡治西南，宋郡守刘述建，面西山群峰，临会昌湖，里人于此观竞渡，令人歌'思远楼前路'之词，即此是也。后毁，元郡守阿都赤复建。"

③西岑：即西山，在温州城西。

④谢公楼：在谢池巷，为纪念谢灵运而建。

【作者简介】

孙昌龄（991—1068）：名宪，真州（今江苏仪征）人，一作晋陵（今江苏常州）人，治平年间曾任温州监司。官至司封郎中，以老致仕。有文集 20 卷，已佚。事见王安石撰写《尚书司封郎中孙公墓志铭》。

清暑阁会林介夫[①]

一别东嘉[②]已十年，白头重访旧林泉。交情喜共星车饮，主道来逢郡将贤。单骑远驰中禁使[③]，清谈分坐隐居仙。高僧起乞题名板，异日留为野老传。

【注释】

①林介夫：即林石。《弘治温州府志》卷十《林石传》载："邑官初至，率上谒，执弟子礼。时赵清献公抃与孙监司昌龄、石守牧之、李守均皆造其庐。"

②东嘉：温州的别称。

③中禁使：皇帝所派钦差。

【作者简介】

沈括（1031—1095）：字存中，号梦溪丈人，浙江杭州钱塘县（今浙江杭州）人。北宋科学家、政治家。1075 年出使辽国，力斥其夺地之谋。仁宗嘉祐进士，后任翰林学士。晚年定居润州（今江苏镇江）梦溪园，撰写有《梦溪笔谈》。

寄永嘉王博士

十万櫜鞬[①]临易水，五营旗鼓出中山。去年今日西岑别，回首吴山[②]梦寐间。

【注释】

①櫜鞬（gāo jiān）：藏箭弓的器具。鞬：原作韃，据《永乐大典》卷一四三八〇改。

②山：《永乐大典》作江。

【作者简介】

周邠（约1036—1079）：字开祖，杭州钱塘人。嘉祐八年（1063）进士。神宗元丰中为溧水令，官至朝请大夫、轻车都尉。

白石岩①

此境曾闻父老传，顷无凡迹到岩颠。青霄咫尺不多地，碧洞②深沉第几天。千古烟霞真胜境，一方水石最清渊。我行聊慰登临兴，着意来游已四年。

【注释】

①白石岩：即白石玉甄峰。周邠任乐清令时曾多次游白石，并写了多首相关诗。

②碧洞：玉甄峰半腰有个大山洞，建有玉甄道观。

【作者简介】

仰忻（1036—1108）：字天贶，居温州郡城巾湖里。《宋史》载："温州永嘉人。力学，以笃行称。年五十余，执母丧尽孝礼。躬自负土，庐于墓侧，有慈乌白竹之瑞。绍圣中，郡守杨蟠表其里'孝廉坊'。大观二年（1108），以行取士，郡以忻应诏。未几卒，特赠将仕郎。"

南湖[①]

酒旗[②]翻野色，渔棹弄秋光。百里荷花[③]镜，曾图入帝乡。

【注释】

①南湖：在今梧田街道。

②酒旗：亦称酒望、酒帘、青旗、锦旆等，古代酒店悬挂于路边用于招揽生意的锦旗。

③百里荷花：当时的南塘河有百里荷花景观。

【作者简介】

苏辙（1039—1112）：字子由，一字同叔。眉州眉山（今属四川）人。晚年定居颍川，号颍滨遗老。唐宋八大家之一，与父洵、兄轼齐名，合称“三苏”。著有《栾城集》。

寄题赵屼承事戏彩堂[1]

春晚安舆[2]遍浙东，永嘉别乘喜无穷。橐装已笑分诸子，吏道何劳问薛公。堂上寿樽诸掾集，室中禅论衲僧通。兴阑却返林泉去，幕府长留孝弟[3]风。

【注释】

①赵屼：字景仁，宋衢州西安人，丞相赵抃子。由荫登第。通判江州，改温州。赵抃以太子少保之职致仕，其子赵屼为温州通判，遂迎养其父于温州，构戏彩堂，当时传为盛事，苏轼等有诗。

②安舆：安车。此指乘车游览。

③孝弟：即孝悌，孝敬父母，尊敬兄长。

【作者简介】

许景亮（1057—1113）：字少明，温州瑞安人。景衡兄。20岁游京师，补太学生。凡三上礼部而名不登，遂卜居故乡东山，躬耕晦迹，不复进取。事见周行己《浮沚集》卷七《许少明墓志铭》。《弘治温州府志》有传。

陶隐居丹室①

金銮②乱旧直，鹤驾③脱尘氛。真隐虽高世，嘉谋亦相君。
石坛移晓月，丹灶覆寒云。瑟瑟松风在，时人自不闻。

【注释】

①陶弘景丹室在瑞安陶山。周行己《瑞安县陶隐居丹室记》云："得陶隐居先生丹室于陶山佛寺，先生本史故不载尝至此方，贾嵩采《登真诀》作别传云：'梁天监中，自海道至永嘉，得木溜屿居之以作丹（室）。'今永嘉境中无所谓木溜屿者，而室之下有仙坛、丹井，虽岁久相传不可验考，然陶山之为陶山旧矣。岂山以人著，今名遂传，昔名遂没乎？"一说丹室在永嘉大若岩。

②金銮：即金銮殿。

③鹤驾：仙人的车驾。

【作者简介】

周行己（1067—1125）：字恭叔，号浮沚，世称浮沚先生。浙江永嘉（今属温州鹿城）人，祖籍瑞安芳山乡周湾（今属瑞安市芳庄乡）。宋元祐六年（1091）进士，官太学博士，后知原武、乐清等县，因亲老归教乡里，诏授州学教授。后罢官回乡自筑浮沚书院，传授程颐伊洛之学。著有《浮沚集》。

迁居柳市有感（二首）[①]

其一

缅怀彭泽令[②]，从借剡溪[③]居。水漫众流会，山连夜[④]径疏。闭关[⑤]非避世，为道久忘书。乍惬幽栖趣，永欣尘鞅[⑥]除。

其二

罗含亦有宅[⑦]，洲渚启柴门。未足拒风色，犹堪隔世喧。卜居[⑧]空著论，毕娶[⑨]讵忘言。且折薛中券[⑩]，相从篱下樽。

【注释】

①柳市：今温州乐清柳市镇。北宋王存《元丰九域志》记载：“乐清有柳市、封市两镇。”周行己因有一女嫁柳市高氏，曾一度迁居柳市。

②彭泽令：即晋陶潜（陶渊明），陶潜曾为彭泽县令。

③剡溪：河流名，曹娥江的上游，在今浙江嵊州市境内。

④夜：明《乐清县志》作“野”。

⑤闭关：闭门谢客，断绝往来。

⑥尘鞅：世俗事务的束缚。鞅，套在马颈上的皮带。

⑦“罗含”句：《晋书·文苑传·罗含传》：“累迁散骑常侍、侍中，仍转廷尉、长沙相。年老致仕，加中散大夫，门施行马。初，含在官舍，有一白雀栖集堂宇，及致仕还家，阶庭忽兰菊丛生，以为德行之感焉。”唐李商隐《寄太原卢司空三十韵》亦有“罗含黄菊宅”诗句。作者以罗含高尚德行自我期许。

⑧卜居：选择地方居住。

⑨毕娶：办完子女婚事，避世优游。谢灵运《初去郡》诗云：“毕娶类尚子，薄游似邴生。”唐李贤注：“嵇康《高士传》曰：‘向长，字子平，河内人。隐避不仕，为子嫁娶毕，敕家事断之，勿复相关，当如我死矣。’”

⑩折券：沽酒。宋郭象《睽车志》卷一：“（林灵素）尝从旗亭贯酒，久不归直。其人督之，灵素计窘，即举手自扪其面……其人惊怖，竟为折券。”后亦以“折券”指沽酒。

重游仙岩

此地一为别，风尘歧路赊[①]。登临元有待，岩谷更垂华。石窦寒凝髓，虹梁[②]回缀霞。仙源[③]端可狎，飞辔[④]绕林涯。

【注释】

①歧路：岔路。比喻官场中险易难测的前途。赊：远。《王勃·太公遇文王赞》：“城阙虽近，风云尚赊。”

②虹梁：飞架的彩虹。

③仙源：道教称神仙所居之处。借指风景胜地或安谧的僻境。

④飞辔：指太阳。《文选·陆机〈演连珠〉之三三》：“飞辔西顿，则离朱与矇瞍收察。”李善注：“飞辔、悬景，皆谓日也。日有御，故云辔也。顿犹舍也。西顿，谓已夕也。”

【作者简介】

刘安上（1069—1128）：字元礼，永嘉西溪人。与从兄刘安节同受业程颐伊川之门，并称“二刘”，乡人称为大、小刘先生以别之。绍圣四年（1097）进士，见知于范（仲淹）忠宣公，累迁至提举两浙学事。陛对称旨，徽宗称其“蕴藉有大臣体”，由监察御史再迁至侍御史。时蔡京专权，安上抗章直言蔡京数十罪。建炎二年（1128）卒。先生在言路，尝曰：“吾仇怨满天下矣！然吾职所在，吾无心也。”故其章奏多不存者。著有《刘给事文集》30 卷，今止 5 卷，非足本。

仙岩庄

山势从东转，河流自北来。地幽饶①水竹，山回少尘埃。城郭居何远，舟船暮可回。此中栖息②稳，怀抱③一时开。

【注释】

①饶：多。

②栖息：隐居。

③怀抱：心怀。

【作者简介】

许景衡（1072—1128）：字少伊，因居丽呑横塘，世称横塘先生，瑞安丽呑（今属瓯海区）人。宋元祐九年（1094）进士。宣和六年（1124）任监察御史，迁殿中侍御史。累迁尚书右丞等。谥忠简。政治家、学者和诗人，温州“元丰太学九先生”之一。著有《横塘集》。《宋史》有传。

吹台山①

闻说吹台上，秋来锁薜萝②。白云长自在，幽径复谁过。天末③空愁眼，尊前且浩歌④。山林与廊庙⑤，二者竟如何？

【注释】

①吹台山：山名，位于温州市瓯海区中部。清《光绪永嘉县志·叙山》载：“吹台山，在城南二十里，高处平正如台，相传王子晋吹笙之所。”

②薜萝：薜荔和女萝。两者皆野生植物，常攀缘于山野林木或屋壁之上。

③天末：天的尽头，指极远的地方。

④尊：通“樽”，饮酒器具。浩歌：大声歌唱。

⑤廊庙：指朝廷。

横塘（二首）①

其一

好在横塘水，人今去几年？秋光空到地，霁色自连天②。
伐石围高岸，诛茅驾短椽③。归欤此心在，何苦利名牵。

其二

春日横塘绿渺漫④，扁舟欲去重盘桓⑤。
谁教向晚⑥帘纤雨，又作残春料峭寒。

【注释】

①横塘：地名，在今瓯海区丽岙街道姜宅村。许景衡居于此，其著作《横塘集》亦取名于此。

②“秋光”二句：“自”“空”是对文，都是“枉自”的意思。类似的用法在唐人诗很常见，如李白《庐江主人妇》诗：“为客裁缝君自见，城乌独宿夜空啼。”杜甫《往在》诗：“安得自西极，中命空山东。”丁仙芝《长宁公主旧山池》诗：“庭闲花自落，闭门水空流。”

③诛茅驾短椽：指建房子。砍伐茅草，架起短椽条。

④渺漫：幽广。

⑤重盘桓：又徘徊逗留。

⑥向晚：傍晚。

过闲心寺（二首）[①]

其一

杖藜[②]溪谷漫间关，到得闲心始是闲。珍重道人能假榻，小轩终日卧[③]看山。

其二

花到禅房几许深，回廊小径月阴阴。杖藜出郭成何事，闲得浮生半日心。

【注释】

①闲心寺在瑞安湖岭镇，今有闲心寺村，寺已不存。

②杖藜：拄杖。藜，野生植物，茎坚韧，可为杖。

③卧看：闲看。

【作者简介】

方云翼：字景南，平阳县亲仁乡宋阳（今属苍南县）人，南宋诗人。宣和六年（1124）进士。高宗绍兴间，历枢密院计议官，敕令所删定官，江东安抚司参议官，通判通州。二十六年（1156），在浙东安抚司参议官任以事放罢。

题宝积寺

暂脱尘闉[①]马足埃，僧窗高卧白云堆。青山影里春酲[②]解，黄鸟声边午梦回。坐懒且推书册去，吟清时唤茗瓯来。要知门外无车辙，十日新生一迳[③]苔。

【注释】

①闉（yīn）：通“堙”。

②酲（chéng）：形容醉后神志不清。

③迳（jìng）：同“径”。

【作者简介】

蔡允升（1085—1165）：两宋之际章峰（泰顺县雪溪）人，以军功赐同进士出身，官福州都监。

归里闲居

千峰围绕青屏障，一水潆洄碧玉环。诗酒刘郎[①]犹未老，敢教风月负溪山。

【注释】

①刘郎：刘禹锡自称。作者以此自比。

【作者简介】

陈经正：字贵一，生卒不详，北宋平阳十都浦源（今苍南县龙港镇陈家宅）人。进士（《乾隆平阳县志》卷一二）。陈经正长期布衣，为慕伊洛之学，经正、经邦、经德、经郛四人不远千里，至洛阳受业于理学家程颢、程颐。学成归来，建南雁会文书院，设讲席传授洛学，自此开永嘉学派之先声。全祖望《宋元学案》指出："平阳学统，始于先生兄弟。"陈氏兄弟著作多散佚，仅存《会文阁记》《游南雁荡山》诗。

游南雁

雨晴华表[①]插天孤，雾散丹霞落雁湖。深洞[②]不知红日过，危峰常倩白云扶。仙家莫漫夸蓬岛，胜地分明入画图。山鸟罔知人未醒，隔林款款唤提壶[③]。

【注释】

①华表：南雁荡著名山峰。

②深洞：南雁荡以多洞著称。素有"北雁好峰，南雁好洞"之誉。

③提壶：鸟名，即鹈鹕。

【作者简介】

陈与义（1090—1138），字去非，号简斋。宋洛阳人，祖籍眉州青神，陈希亮曾孙。徽宗政和三年（1113）登上舍甲科。授文林郎充开德府教授。累迁太学博士。金兵破开封，避乱南下。高宗绍兴元年至行都绍兴，历任中书舍人、翰林学士、参知政事。工诗，初学黄庭坚、陈师道，后师杜甫，抒写家国之感，伤时恨别，悲壮苍凉。后人推为江西诗派“三宗”之一。亦能词。有《简斋集》《无住词》。

泛舟入前仓[①]

曾鼓盐田[②]棹，前仓不足言。尽行江左路，初过浙东村。春去花无迹，潮归岸有痕。百年都几日，聊复信乾坤。

【注释】

①前仓：即今平阳县钱仓镇。

②盐田：平阳前仓是宋代著名产盐区。

【作者简介】

顾冈：字次凤，平阳县慕贤西乡夏较里（今属苍南县龙港镇）人，南宋诗人。绍兴八年（1138），宋金议和，秦桧得势，参知政事刘大中一向反对和议，兵部侍郎萧振（平阳县人）迎合秦桧意旨，连续3次上书弹劾刘大中"不孝"，知刘大中被贬处州（今丽水）。引起同乡顾冈的愤激，写了一封长达2000字的《上萧侍郎书》，对萧振进行严肃规劝。绍兴十五年（1145），顾冈中进士，任钱塘县主簿，因临安府至钱塘县官员多为秦桧党羽，即辞官归，不再出仕。

晓云峰[①]

一夜乾坤雨乍晴，归云无数宿苍屏。白衣已晒青山晓，茅屋主人犹未醒。

【注释】

①晓云峰：南雁荡山景点。

【作者简介】

沈枢：字持要，湖州德清人（一说安吉）人，生卒未详。高宗绍兴十五年（1145）进士。官至太子詹事、光禄卿。后以湖南安抚使进宝文阁待制，卒年82岁。谥宪敏。著有《通鉴总类》《宣林集》。

视修南塘成回同陈君举诸贤游梅雨潭上[①]

莫讶多幽胜，仙岩[②]旧得名。五潭俱卓绝，二井更澄清。领客欣同入，摩崖记此行。登临有余兴，恍若在蓬瀛[③]。

【注释】

①淳熙十二年（1185），作者任温州知府，次年修南塘。陈君举：即陈傅良，字君举，瑞安人。

②仙岩：即今之仙岩风景名胜区，原属瑞安。

③蓬瀛：蓬莱和瀛洲，传说中的海上仙山。

【作者简介】

王十朋（1112—1171）：字龟龄，号梅溪，乐清人。幼颖悟，日诵数千言。绍兴二十七年（1157）擢为进士第一。历知饶、夔、湖、泉诸州，救灾除弊，有治绩。绍熙三年（1192），追谥“忠文”。有《梅溪集》等。

出雁山[①]

三宿山中始出山，出山心尚在山间。浮名夺我林泉趣[②]，不及高僧一味闲。

【注释】

①雁山：即雁荡山。

②浮名：虚名。林泉：山林与泉石。喻指隐居之地。

梅 溪[①]

在北高山之阳，去孝感井二十步，溪至小，以井为原，予家其北。溪之南有水如带，通谓之梅溪。溪名旧矣，莫知所自，予植梅以实之。

我向梅花溪上家[②]，几看清浅浸横斜[③]。手栽木已如人老，雪鬓萧疏对雪花。

【注释】

①梅溪：王十朋故居地名。王取以为号。

②家：安家。

③清浅浸横斜：指横斜的梅枝倒影在水中。此句脱胎于林逋《山园小梅二首》诗：“疏影横斜水清浅，暗香浮动月黄昏。”

【作者简介】

林升：字云友，又名梦屏，号平山居士，温州横阳亲仁乡荪湖里林坳（今属苍南县繁枝林坳）人，生平事迹不详。南宋诗人。

题临安邸

山外青山楼外楼，西湖歌舞几时休？暖风熏得游人醉，直把杭州作汴州①。

【注释】

①汴州：即汴梁（今河南省开封市），北宋京城。

【作者简介】

陆游（1125—1210）：字务观，号放翁，越州山阴（今浙江绍兴）人，南宋文学家、史学家、爱国诗人。高宗时，参加礼部考试，受秦桧排斥。宋孝宗时赐进士出身。曾任镇江、隆兴、夔州通判等职，官至宝章阁待制。著有《剑南诗稿》《渭南文集》《老学庵笔记》《南唐书》等。

泛瑞安江风涛贴然[①]

俯仰两青空，舟行明镜中。蓬莱[②]定不远，正要一帆风。

①绍兴二十八年（1158）秋，陆游赴任宁德（今属福建）主簿，途中经瑞安之时兴之所至，写下此诗。前两句展现了瑞安江江面宽阔、江水清澈的景象；后两句由写景转入对哲趣的描述，暗寓了作者在政治上的抱负。全诗立意高远，境界开阔，感情充沛，气韵流畅。瑞安江：即飞云江，发源于浙江省景宁县洞宫山白云尖，流经泰顺、文成，在瑞安市入东海。贴然：平静的样子。

②蓬莱：《山海经》中记述的三座海上仙山之一。

平阳驿舍梅花[①]

江路轻阴未成雨，梅花欲过半沾泥。远来不负东皇[②]意，一绝清诗手自题。

【注释】

①南宋高宗绍兴二十八年（1158）冬，陆游从家乡山阴出发，赴任福州宁德县主簿。途中，他曾在温州江心屿留宿，然后南渡瑞安江来到平阳。在平阳驿舍，他赋成本诗。

②东皇：传说中的神祇。此指宋高宗。

【作者简介】

杨万里（1127—1206）：字廷秀，号诚斋，吉州吉水（今江西吉水）人。南宋著名爱国诗人，文学家。曾任国子博士、广东提点刑狱、太子侍读、秘书监等职，官至宝谟阁直学士，封庐陵郡开国侯。著有《诚斋集》等。

普明寺见梅[①]

城中忙失探梅期，初见僧窗一两枝。犹喜相看那恨晚，故应更好半开时。今冬不雪何关事，作伴孤芳却欠伊。月落山空正幽独[②]，慰存[③]无酒且新诗。

【注释】

①普明寺：俗称后屿堂，在瓯海瞿溪街道后屿罗汉山麓，始建于晋元帝建武元年（317）。唐大中年间重建，民国元年由雪莲唯由法师修善。

②幽独：孤单。

③慰存：安抚。

【作者简介】

薛季宣（1134—1173）：字士龙，号艮斋，学者称常州先生，永嘉人，薛徽言子。历仕鄂州武昌令、大理寺主簿、大理正、知湖州，改常州，未赴而卒。季宣博学精思，反对空谈义理，注重研究田赋、兵制、地形、水利等，开永嘉事功学派先河。著有《浪语集》《书古文训》等。

赴调①

三年踪迹走泥涂②，走遍泥涂一事无。今日又行当日路，旁人为我一邪歈③。

【注释】

①赴调：前往吏部听候调迁。

②走泥涂：喻指地位卑下。

③邪歈：嘲笑、戏弄。一作“邪揄”。

归计二首①

其一

浮云②何处是生涯，念绝营营③即是家。

洗脚渡头④归去也，汉津无用逐灵槎⑤。

其二

置锥无地⑥亦无锥，幸可归来特地疑⑦。

船子月轮⑧贫未破，罗浮焉用石头为⑨。

【注释】

①选自《四库全书·浪语集》卷八。

②浮云：喻指人生。

③营营：忙碌。

④洗脚渡头：谓居于水滨舟行方便的地方。

⑤汉津：银河。灵槎：能乘往天河的船筏。亦作“灵查”。典出张华《博物志》卷十：“近世有人居海渚者，每年八月有浮槎去来，不失期，人有奇志，立飞阁于槎上，多赍粮，乘槎而去。”

⑥置锥无地：比喻没有立锥之地。

⑦特地疑：特别安定。疑，安定。

⑧月轮：镜子。

⑨罗浮焉用石头为：意谓罗浮山人不用“石头”织出精致的葛布。事见李贺《罗浮山人与葛篇》。

【作者简介】

陈傅良（1137—1203）：字君举，号止斋，人称止斋先生，瑞安湗村（今瑞安塘下罗凤）人，南宋著名学者、政治家、思想家、教育家。乾道八年（1172）进士，官至宝谟阁待制，卒谥文节。著有《周礼说》《春秋后传》《左氏章指》《读书谱》《建院篇》《历代兵制》《止斋文集》《毛诗解诂》《论祖》《奥论》《永嘉先生八面锋》等。今人整理有《陈傅良集》。

题仙岩梅雨潭

衮衮[①]群山俱入海，堂堂背水若重闉[②]。怒号悬瀑从天下，杰立[③]苍崖夹道陈。晋宋至今堪屈指，东南如此岂无人[④]。结庐作对吾何敢，聊向樵渔[⑤]寄此身。

【注释】

①衮衮：大水旋转翻滚的样子。

②重闉：几重宫门或城门。

③杰立：高耸。

④无人：没有人才。《左传·文公十三年》："子无谓秦无人，吾谋适不用也。"

⑤樵渔：樵夫和渔夫。此泛指村夫。

送辛卿幼安[①]帅闽

长才[②]自昔恨平时，三入修门两鬓丝[③]。瓮下[④]可能长夜饮，花间却学晚唐词[⑤]。潸然北顾关河水[⑥]，简在西清日月迟[⑦]。乘雁双凫沧海上[⑧]，与君从此恐差池[⑨]。

【注释】

①辛卿幼安：辛弃疾，字幼安。光宗绍熙三年（1192）春，辛弃疾起为福建提点刑狱，后改为知福州兼福建路安抚使。

②长才：优异的才能。

③修门：原指楚国都城郢城门，后泛指京都城门。《楚辞·招魂》："魂兮归来！入修门些。"王逸注："修门，郢城门也。"辛弃疾生于历城，时属金国，青年时参与耿京起义，抗金归宋，献《美芹十论》《九议》等，条陈战守之策。先后在江西、湖南、福建等地为守臣。由于他与当政的主和派政见不合，故而屡遭劾奏，数次起落，最终退隐山居。据梁启超《辛稼轩先生年谱》："先生以淳熙二年乙未、四年丁丑各召见一次，合此次而三。"两鬓丝：两鬓斑白。此时辛弃疾已 53 岁，故云。

④瓮下：酒坛边，此指醉酒。《晋书·毕卓传》："太兴末，为吏部郎，尝饮酒废职。比舍郎酿熟，卓因醉夜至其瓮间盗饮之，为掌酒者所缚，明旦视之，乃毕吏部也。遽释其缚。卓遂引主人宴于瓮侧，至醉而去。"

⑤花间：指晚唐五代时期产生于西蜀的花间词派，这一词派题材狭窄、情致单调，大都以婉约的表达手法，写女性的美貌和服饰及她们的离愁别恨。

⑥潸然：流泪的样子。关河：边关。

⑦简：简牍，公文。西清：指帝王宫内游宴之处。

⑧乘雁：双雁。扬子《方言》："双雁曰乘。"《汉书·扬雄传》："当涂者入青云，失路者委沟渠，旦握权则为卿相，夕失势则为匹夫；譬若江湖之雀，勃解之鸟，乘雁集不为之多，双凫飞不为之少。"

⑨差池：错过，无缘再见。《国风·邶风·燕燕》："燕燕于飞，差池其羽。"

游鸣山寺[①]
徐一之兄弟载酒即席和其韵

惰归春力不胜驱，风雨尚愁人掺裾。掠尽残红前日树，催还新绿去年畬[②]。相将兴尽随花屩，赖有朋来载酒车。但得从今身尚健，吾乡风物胜匡庐[③]。

【注释】

①鸣山寺：在平阳昆阳镇郊外鸣山村，始建于东晋年间，村庄三面绕着当年开凿的平瑞塘河。

②畬：焚烧田地里的草木，用草木灰做肥料的耕作方法。

③匡庐：指江西庐山。相传殷周之际有匡俗兄弟七人结庐于此，故称。

【作者简介】

楼钥（1137—1213）：字大防，又字启伯，号攻媿主人，明州鄞县（今浙江宁波）人。隆兴元年（1163）进士，官至翰林学士，历同知枢密院，参知政事。乾道七年（1171）任温州府学教授；淳熙十二年（1185）曾任温州知府。著有《攻媿集》。

大龙湫[①]

北上太行东禹穴[②]，雁荡山中最奇绝。龙湫一派天下无，万口赞扬同一舌。行行路入两山间，踏碎苔痕屐将折。山穷路断脚力尽，始见银河落双阙。矩罗宴坐看不厌[③]，骚人弄词困搜抉[④]。谢公[⑤]千载有遗恨，李杜复生吟不彻。我游石门[⑥]称胜地，未信此湫真卓越。一来气象大不侔[⑦]，石屏倚天惊鬼设。飞泉直自天际来，来处益高声益烈。溟池[⑧]倒泻三峡流，到此谁能定优劣。雁山佳趣得要领，一日尽游神恶亵[⑨]。骊龙[⑩]高卧唤不应，自愧笔端无电掣。轮囷萧索湍不怒[⑪]，非雾非烟亦非雪。我闻涑雨[⑫]初霁时，喷击生风散空阔。更期雨后再来看，净洗一生烦恼热。

【注释】

①大龙湫：雁荡山著名景区，亦称大瀑布。湫：潭、池、湖。

②太行：即太行山。在山西高原与河北高原间。禹穴：指会稽山。相传禹于此得黄帝之书而复藏之。

③矩罗：唐代和尚，俗名罗尧运，眉州青神（今四川省青神县）人。东晋时率几三百弟子来雁荡山，后在大龙湫观瀑坐化。后人为之建寺砌塔，并誉为开山鼻祖。宴坐：闲坐。

④骚人弄词困搜抉：诗人难以找到恰当的词来形容。

⑤谢公：谢灵运。

⑥石门：即石门洞。在丽水青田。

⑦侔：相等。

⑧溟池：溟海，神话传说中的海名。《列子·汤问》：“终北之北

有溟海者，天池也。”

⑨恶亵：冒犯亵渎。

⑩骊龙：传说中的一种黑龙。

⑪轮囷：盘曲貌。萧索：荒凉。湍：飞瀑。

⑫涑雨：暴雨。《楚辞·九歌·大司命》：“令飘风兮先驱，使涑雨兮洒尘。”王逸注：“暴雨为涑雨。”

送陈君举守桂阳①

重寻漫壁认题名[②]，十五年来一梦惊。谁料今朝携客至，却成此地送君行。桂阳卧治[③]真谈笑，鲁史[④]遗编赖发明[⑤]。文定南轩[⑥]仙去[⑦]后，湖湘又得一先生。

【注释】

①陈君举，即陈傅良，淳熙十四年（1187）知桂阳军（今湖南桂阳）。此诗为作者送别好友陈君举赴任所作。

②题名：古人为纪念科场登录、旅游行程等，在石碑或壁柱上题记姓名。

③卧治：谓政事清简，无为而治。《史记·汲郑列传》载：西汉时汲黯为东海太守，“多病，卧闺阁内不出，岁余， 东海大治。”后召为淮阳太守，不受。武帝曰：“吾徒得君之重，卧而治之。”

④鲁史：指《春秋》，儒家六经之一。

⑤发明：阐述、阐发。

⑥文定南轩：即张栻（1133—1180），字敬夫，又字乐斋，号南轩，学者称南轩先生，谥曰宣，后世又称张宣公。汉州绵竹（今四川绵竹市）人，右相张浚之子。南宋初期学者、教育家。主管岳麓书院教事，从学者达数千人，初步奠定了湖湘学派规模。

⑦仙去：去世。

【作者简介】

王自中（1140—1199）：字道甫（一作道夫），自号厚轩居士，平阳县凤池（今苍南县凤池乡），南宋诗人。淳熙元年（1174），就试于两浙转运使，诗赋第一。五年中进士。著有《王政纪原》《厚轩集》等。

念奴娇·题钓台

扁舟夜泛，向子陵台[①]下，偃帆收橹。水阔风摇舟不定，依约月华新吐。细酌清泉，痛浇尘臆[②]，唤起先生语。当年纶钓，为谁高卧烟渚。

还念古往今来，功名可共，能几人光武？一旦星文惊四海，从此故人何许。到底轩裳[③]，不如蓑笠，久矣心相与。天低云淡，浩然吾欲高举。

【注释】

①子陵台：东汉严子陵隐居钓鱼处。在浙江桐庐县南富春山腰间，有东西两台，各高百余米。东称严子陵钓台 。子陵，严光的字。东汉余姚人。曾与汉光武帝刘秀同游学，刘秀即位后，改名隐居，后被召至京师洛阳，授谏议大夫，不受而退隐于富春山。

②尘臆：世俗的意念。

③轩裳：指官位爵禄，代称有高位的人。

【作者简介】

木待问（1140—1212）：字蕴之，号抱经居士。出生于瑞安崇仁里藤岙村（今属马屿镇），后迁居永嘉。南宋隆兴元年（1163）状元。历知宁国府（今安徽省宣城）、福州、婺州（今浙江省金华），至礼部尚书，卒谥文简。

郊寺

红委墙阴花寂寂，翠滋亭角草纤纤。风翻书叶常交案，雨压炉烟不过帘。

【作者简介】

陈亮（1143—1194）：原名汝能，字同甫，号龙川，学者称为龙川先生。婺州永康（今浙江永康）人。南宋思想家、文学家。绍熙四年（1193）状元，授签书建康府判官公事，未及至官而逝。著有《龙川文集》《龙川词》。

祝英台近·六月十一日送叶正则如江陵[①]

驾扁舟，冲剧暑。千里江上去。夜宿晨兴[②]，一一旧时路。百年忘了旬头[③]，被人馋破，故纸里、是争雄处。

怎生诉。欲待细与分疏[④]，其如有凭据。包裹生鱼[⑤]，活底怎遭遇。相逢樽酒何时，征衫容易，君去也、自家须住。

【注释】

①淳熙十六年五月，周必大被免去相职，叶适请求外调，被任命为荆湖北路安抚司参议官，陈亮作此词为叶适送行。叶正则：叶适。

②兴：起。

③旬头：年纪。十年为一旬，一旬开始叫旬头或旬首。

④分疏：辩白、诉说。

⑤包裹生鱼：义同“釜里生鱼”。唐权德舆《寓兴》：“敢术庖有鱼，但虑甑生尘。”比喻生活清贫。

【作者简介】

陈昉：字叔方，号节斋，平阳蒲门（今苍南县蒲城乡）人，生卒年不详。南宋诗人。端平元年（1234），以真德秀推荐，与刘克庄等八人，赴都堂审察，即时面试，时称“端平八士”。后在福建安抚使任内做出许多实绩，被誉为“良牧之首”。累迁吏部尚书，以端明殿学士致仕，卒谥清惠。著有《颍川语小》，四库馆臣评道：“大致考核详核……尤足以砭流俗之非，较之志俳谐、述神怪者，有益多矣。”此书主要考究典籍异同、朝廷掌故等，与洪迈《容斋随笔》体例十分相似，其论文多辨别经史句法，又颇似陈骙《文则》。其诗亦颇受肯定，《南宋群贤小录》称：“永嘉之作唐诗者，四灵之后，则有陈叔方。”

寒食湖上

花瘦水肥三月天，画桡双动木兰船[①]。人家尽换新榆火[②]，唯有垂杨带旧烟。

【注释】

①画桡：有画饰的船桨。木兰船：用木兰树造的船。后常用为船的美称，并非实指木兰木所制。

②榆火：本谓春天钻榆、柳之木以取火种，后以“榆火”表示春景。

【作者简介】

徐俨夫（1200—1260）：字公望，号桃诸，平阳县亲仁乡桃湖（今苍南县观美镇桃湖村）人。宋淳祐元年（1241）辛丑科状元，历任绍兴通判、校书郎、礼部侍郎等职。著有《桃渚集》。

西江月・阳春白雪

曲折迷春院宇，参差近水楼台。吹箫人去燕归来。空有落梅香在。花底三更过雨，酒阑[①]一枕惊雷。明朝飞梦隔天涯。肠断流莺声碎。

【注释】

① 酒阑：酒筵将尽。

【作者简介】

陈谦（1144—1216）：字益之，号水云，永嘉人，陈傅良从弟。乾道八年（1172）进士，曾官知常州、成都路提刑、湖广总领、宝谟阁待制、京西湖北宣抚副使、知江州，阶朝请大夫。著有《永宁编》《春秋解》《周礼说》《诗解诂》《易庵文集》等。

送王孟同馆黄岩见王简卿侍郎

吾子勇出乡，卖文供啜菽。谁指石头路，路滑去能速。大溪拍天流，返壑仅盈掬。神化阙功能，善世眩兼独。宝瑟迹已陈，阀阅[①]在林麓。饱尽天下眼，观我亦具足。尚论宇宙广，落处即为福。请子房魏[②]偕，点入丹青[③]录。

【注释】

①阀阅：功绩。

②房魏：唐太宗时名相房玄龄与魏徵的并称。此以房魏代称贤相。

③丹青：泛指史籍。丹，丹册，记载功勋。青，青史，纪录史事。

【作者简介】

陈岘（1145—1212）：平阳蒲门（今苍南县蒲城乡）人，字寿南，号东斋，南宋诗人。淳熙十四年（1187）博学宏辞科赐进士出身，累官中书舍人兼直学士院。陈岘笃学不懈，博通群书，文章典雅，有《东斋集》等。

宿董山寺

送客联镳[1]归，得得招提[2]宿。晚渡沧江口，路入青山曲。突兀忽在眼，一洗奔驰俗。然灯遽呼酒，僧留供野蔌[3]。林高上明月，谈声响空谷。坐久夜益深，同来或鼾熟。明朝返城郭，此兴真可录。

【注释】

①联镳（biāo）：指相等或同进。

②招提：梵语。北魏太武帝造伽蓝，创招提之名，后遂为寺院的别称。

③“然灯”二句：然：通“燃”。野蔌：野菜。

【作者简介】

叶适（1150—1228）：字正则，永嘉人。因居郡城近郊水心村，学者称水心先生。淳熙五年（1178）进士。官中奉大夫、提举江州太平兴国宫等。平生提倡经制功利之学，反对空谈性理，为我国古代杰出的思想家，是永嘉学派集大成者。著有《水心先生文集》《水心别集》《习学纪言序目》等。

菊花开送徐灵渊[①]

白头几度重逢九[②]，方是今年种菊花。衰病自怜何处看，馨香聊向小园夸。讨论摇落生光怪，暖热风霜与丽华。正好行吟君已去，别移秋色付谁家。

【注释】

①徐灵渊即徐玑，叶适好友，“永嘉四灵”之一。

②重逢九：逢重九。重九即重阳。

橘枝词三首记永嘉风土[①]

其一

蜜满房中金作皮[②]，人家短日挂疏篱[③]。

判霜剪露[④]装船去，不唱杨枝唱橘枝。

其二

琥珀银红[⑤]未是醇，私酤官卖各生春。

只消一盏能和气，切莫多杯自害身。

其三

鹤袖貂鞋巾内鸦，吹箫打鼓趁年华。

行春以东峥水北[6]，不妨欢乐早还家。

【注释】

①橘枝词：是叶适仿照前人《杨柳枝》《竹枝词》形式创制的。风土：风土习俗。

②蜜满房中金作皮：形容成熟的橘子外表金黄色，果实甜蜜。

③人家短日挂疏篱：谓冬至时节昼短夜长，成熟的橘子挂满了篱头。

④判霜剪露：橘子在秋霜时采摘。

⑤琥珀银红：均是酒名。

⑥行春：即行春桥，将军桥前身。《光绪永嘉县志》卷之三《建置志·桥梁》城外诸桥："行春桥，在西山下，久圮。"《乾隆永嘉县志》"俗名将军桥"。峥水：地名，即净水，在瓯海区景山街道。

西山闲居[1]

对面吴桥港[2]，西山第一家。有林皆橘树，无水不荷花。竹下晴垂钓，松间雨试茶。更瞻东挂彩，空翠杂朝霞。

【注释】

①西山：在温州城西部。距温州古城五华里。南属瓯海区新桥街道，东属景山街道，北属鹿城区，西山是个总名，包括雪山、锦山、弥陀佛山、莲花蕊、大广光、外营盘山、底营盘山等大小十多个山头，自北向南，横亘三里余，总面积 2.259 平方公里，最高处为外营盘山，海拔 173 米。

②吴桥：地名。地近西山，属鹿城区。

水心即事六首兼谢吴民表宣义（选三）

其一

生姜门[1]外山如染，山水娱人岁月长。

净社倾城同禊饮[2]，法明阖郭共烧香。

其二

虽有莲荷浸屋东，暑烦睡过一陂[3]红。

秋来人意稍苏醒，似惜霜前零乱风。

其三

拒霜旋插花疏疏，甘菊新移日晒枯。

花草只今如此在，几时写作《会昌[4]图》。

【注释】

①生姜门：即位于温州城西南角来福门。在松台山麓，旧名集云门，明以前叫三角门。民间俗称山脚门，讹为生姜门。

②净社：即净社寺，在西山脚，今景山小学旁。禊饮：古代传统民俗。季春时，官吏及百姓都到水边嬉游，是古已有之的消灾祈福仪式，称修禊。

③一陂：一池塘。

④会昌：即会昌湖，《嘉靖温州府志》卷二：会昌湖“在城西南。潴瞿、雄、郭三溪之水”。

【作者简介】

戴蒙：字养伯。宋温州永嘉人，光宗绍熙元年（1190），改名野，登进士第。调丽水尉，以公事忤郡将，弃官从朱熹于武夷。后自念假名易途之非，复旧名应乡举，再试不中。御史王颖叔言于朝，诏以初名复官。善于辨难，深明“六书”之学，曾“因许氏之遗文订其得失，以传于家塾，而不果成”。其子戴侗承继父业，研精覃思，积三十载之功，完成文字学巨著《六书故》。

南溪暮春①

家住南溪欲尽头，茂林修竹几清幽。菰蒲涨绿蛙专夜，树弃吹寒麦半秋。修禊从教非节物，舞雩②元自有风流。明朝③酒醒春犹在，更向长潭上小舟。

【注释】

①南溪：即永嘉楠溪江。

②舞雩：古代求雨时举行的伴有乐舞的祭祀。《周礼·春官·司巫》：“若国大旱，则帅巫而舞雩。”后指乐道遂志，不求仕进。《论语·先进》：“浴乎沂，风乎舞雩，咏而归。”

③明朝：明天。

【作者简介】

翁卷：字续古，一字灵舒，浙江乐清人，南宋诗人，生卒未详。工诗，为“永嘉四灵”之一。曾领乡荐（《四库提要》作“尝登淳祐癸卯乡荐”，生平未仕。以诗游士大夫间。著有《四岩集》《苇碧轩集》。《光绪乐清县志》卷八有传。

南塘即事①

半川②寒日满村烟，红树③青林古岸边。
渔子④不知何处去，渚禽飞落拗罾船⑤。

【注释】

①南塘：在今温州市区南郊。
②半川：半河。
③红树：指经霜叶红之树，如枫树等。
④渔子：捕鱼为业的人。
⑤渚禽：洲渚上的水鸟。拗罾船：装有罾网的渔船。拗，扳，拉。

题周氏东山堂[①]

城隅古谢村，博士[②]草堂存。唯见烟霞起，全无市井喧。鹊来巢木杪，鼋出戏蒲根。消得吟诗客，凭栏看几番。

【注释】

①宋代周行己为纪念谢灵运而建东山堂在谢池巷。

②博士：周行己曾任温州州学博士。

同徐道晖文渊赵紫芝泛湖[①]

相远亦相亲，吟中得几人。扁舟当夏日，胜赏共闲身。山雨曾添碧，湖风不动尘。晚来渔唱起，处处藕花新。

【注释】

①徐道晖即徐照，文渊即徐玑，赵紫芝即赵师秀。

【作者简介】

姜夔（1154—1221）：字尧章，号白石道人，饶州鄱阳（今江西鄱阳）人。南宋文学家、音乐家。少年孤贫，屡试不第，终生未仕。精通音律，其作品素以空灵含蓄著称。有《白石道人诗集》《白石道人歌曲》《续书谱》《绛帖平》等书传世。

水调歌头·富览亭永嘉作[①]

日落爱山紫，沙涨省[②]潮回。平生梦犹不到，一叶眇西来[③]。欲讯桑田成海，人世了无知者，鱼鸟两相推[④]。天外玉笙杳，子晋只空台[⑤]。

倚阑干，二三子[⑥]，总仙才。尔歌远游[⑦]章句，云气入吾杯。不问王郎五马[⑧]，颇忆谢生双屐[⑨]，处处长青苔。东望赤城近[⑩]，吾兴亦悠哉。

【注释】

①本词作于宋宁宗开禧二年（1206）。富览亭：据《永嘉县志》，该亭在郭公亭上，登亭可尽览山水之胜。永嘉：今浙江温州。

②省：觉察。

③一叶：指小船。眇：渺小。

④“鱼鸟”句：鱼和鸟都推说不知道。

⑤“天外”二句：据《列仙传》，周灵王太子晋好吹笙作凤凰鸣，后仙去。温州城南有吹台山，山上有王子晋吹笙台。

⑥二三子：指同游者。

⑦远游：《楚辞》篇名。

⑧王郎五马：《永嘉县志》载：“王羲之守永嘉，庭列五马，绣鞍金勒，出即控之。”后建五马坊。但据后人考证，此为附会之说，《晋书》本传未见王羲之守永嘉事。

⑨谢生双屐：谢灵运喜欢穿木头鞋游山，上山时去前齿，下山时去后齿。

⑩赤城：山名，在今浙江天台县北，为天台山南门。因山上赤石屏列如城，望之如霞，故名。

【作者简介】

徐照（?—1211）：字道晖，一字灵晖，自号山民，宋永嘉（今浙江温州）人。家境清寒，一生未仕，布衣终身。以诗游士大夫间，行迹遍及今湖南、江西、江苏、四川等地。工于诗，为诗清苦，尚晚唐贾岛、姚合，立意颇新，能道人所不道，“永嘉四灵”之一。著有《芳兰轩集》。

题江心寺①

两寺今为一，僧多外国人②。流来天际水，截断世间尘。鸦宿腥林径，龙归③损塔轮。却疑成片石，曾坐谢公④身。

【注释】

①江心寺：位于温州市鹿城区江心屿。唐咸通七年（866），在江心孤岛的东山建普济禅院。宋开宝二年（969），又在江对面的西山建净信讲院。东西二岛后来连为一体，在中川新基上将两寺合并为一，绍兴元年（1131），宋高宗赐改普济禅院为“龙翔禅寺”。因寺江中，俗称“江心寺”。宋宁宗时品选天下禅宗丛林，列为十刹之一。其后八百多年里，该寺屡废屡兴。1983 年，被定为全国重点寺院。

②外国人：指当时有许多日本、朝鲜僧人来学习禅门宗要。

③龙归：指暴风雨。

④谢公：指谢灵运。

灵 峰[①]

我来无一语，闲认昔游踪。谁种路傍树，却遮山上峰。潭干沉石露，人立去禽冲。樵说仙桥险[②]，因思在上封[③]。

【注释】

①灵峰：北雁荡山著名山峰。

②樵：樵夫，砍柴人。仙桥：即仙人桥，雁荡山名胜之一，位于雁荡山仙溪境内蔡家岭附近的仙亭山背脊，两崖对峙，石桥横架其上，长约百米，宽约二十米。传说东周灵王太子晋骑鹤吹箫于此，后人因称“仙人桥”。

③上封：即衡山上封寺。诗人曾游上封寺并作《上封寺》诗。

分题得渔村晚照[①]

渔师[②]得鱼绕溪卖，小船横系柴门外。出门老妪[③]唤鸡犬，收敛蓑衣[④]屋头晒。卖鱼得酒又得钱，归来醉倒地上眠。小儿啾啾[⑤]问煮米，白鸥飞去芦花烟。

【注释】

①分题：古诗朋友聚会作诗，有时分韵字，有时分题目，以分得的韵字或者题目作诗，本诗诗人徐照分得的题目是“渔村晚照”，即以此成诗。

②渔师：渔夫。

③老妪：老年妇女的通称。

④蓑衣：用草或棕毛制成的、披在身上的防雨用具。

⑤啾啾：拟声词，小儿叫喊声。

【作者简介】

徐玑（1162—1214）：字致中，又字文渊，号灵渊，温州永嘉（今温州鹿城）松台里人。福建晋江徐定第三子，受父“致仕恩”得职，浮沅州县，为官清正，守法不阿，为民办过有益之事。为“永嘉四灵”之一，四库馆臣评曰：“诗与徐照如出一手，盖四灵同一机轴，而二人才分尤相近”，有《二薇亭诗集》（叶适《徐文渊墓志铭》）。亦喜书法。

酒

才倾一盏碧澄澄，自是山妻[①]手法成。不遣水多防味薄，要令曲[②]少得香清。凉从荷叶风边起，暖向梅花月里生。世味总无如此味，深知此味即渊明[③]。

【注释】

①山妻：原意为隐士之妻，后用以谦称自己妻子。

②曲：即酒曲，酿酒的菌种。

③渊明：即陶渊明。陶渊明喜饮酒，并写有《饮酒》组诗。

夏日湖上访隐士[1]

烦暑何能避，孤舟访隐人。水乡菱藕熟，晴野稻苗新。为学师前辈，谈空悟宿身[2]。镜湖[3]三百顷，不似此湖滨。

【注释】

①《弘治温州府志》诗题作“夏日南湖访隐士”。

②宿身：犹言自身。宿，老。

③镜湖：即鉴湖，在绍兴城西南，为浙江名湖之一，有“鉴湖八百里”之说。

【作者简介】

赵师秀（1170—1219）：字紫芝，号灵秀，亦称灵芝，又号天乐，南宋诗人，宋太祖八世孙，永嘉（今浙江温州）人。绍熙年间进士，做过筠州推官等地方小官。仕途不佳，自言“官是三年满，身无一事忙”。晚年宦游，寓居钱塘（今浙江杭州），逝于临安，葬于西湖。为“永嘉四灵”之一。推崇唐代贾岛、姚合为“二妙”，编有《二妙集》，又编有唐诗选本《众妙集》。著有《清苑斋集》。

池上

朝来行药[①]向秋池，池上秋深病不知。一树木犀[②]供夜雨，清香移在菊花枝。

【注释】

①行药：原指古代养生者服养生药后散步以散发药性。此谓因病服药后，散步以运行药能。

②木犀：也作木樨。即桂花。

冷泉夜坐[①]

众境碧沉沉[②]，前峰月正临[③]。楼钟晴听响，池水夜观深。清净非人世，虚空见佛心。却寻来处宿，风起古松林[④]。

【注释】

①冷泉：泉名，在浙江杭州灵隐寺前飞来峰下，冷泉掩映在绿荫深处，泉水晶莹如玉，因泉水温度较低、清澈碧透、终年不绝而得名。

②众境碧沉沉：周围的一切都被幽暗的夜色所笼罩。

③前峰：指飞来峰。

④古松林：即九里松，在灵隐寺路。唐开元间袁仁敬任杭州刺史，植松于行春桥，西达灵隐天竺寺，左右各三行，凡九里，苍翠夹道，人称九里松。

【作者简介】

陈埴：字器之，号木钟，温州永嘉人，生卒年不详，南宋宁宗嘉定七年（1214）进士。少师叶适，后从朱熹游。为明道书院干官兼山长，从学者甚众，称潜室先生。以通直郎致仕。有《木钟集》《禹贡辨》《洪范解》等。

游南雁荡

千峰历罢寄山窗，酒力诗狂总未降。月白洞门花落尽，天空华表鹤飞双。岩边瀑雪①寒侵梦，涧底笙箫冷韵腔。且喜懒残煨芋熟，不妨久话共秋釭②。

【注释】

①岩边瀑雪：南雁荡龙湫瀑集明王峰之水，从石槽飞溅而下，长300余米。唐代薛正明《游南雁荡》诗中有“半空高挂龙湫瀑，万仞宏开金石城”。

②釭：油灯。

【作者简介】

曹豳（1170—1249）：字西士，又字潜夫，号东亩，一作东畎，瑞安曹村（今曹村镇）人。南宋嘉泰二年（1202）进士，历官至浙东提点刑狱，召为左司谏，以直谏而著称，以宝章阁待制致仕。著有奏议、讲义 20 卷，诗歌、杂句 60 卷，刘克庄曾序《曹东畎集》，可惜大多散佚，现仅存文 1 篇、诗 11 首，词 2 首。

春暮

门外无人问落花，绿阴冉冉遍天涯[①]。林莺啼到无声处，青草池塘独听蛙。

【注释】

①冉冉：慢慢地，或柔软下垂。天涯：天边。此指广阔大地。

西河·和王潜斋韵[①]

今日事。何人弄得如此。漫漫白骨蔽川原，恨何日已。关河万里寂无烟，月明空照芦苇。

谩哀痛，无及矣。无情莫问江水。西风落日惨新亭，几人坠泪[②]。战和何者是良筹，扶危但看天意。

只今寂寞薮泽[③]里。岂无人、高卧闾里。试问安危谁寄。定相将、有诏催公起。须信前书言犹未。

【注释】

①王潜斋：王埜（yě），字子文，号潜斋，生于浙江金华。曹豳与王埜同在宁宗朝先后中进士第，在政治上两人有相同的主张。王埜时被劾下台，身处闲职，作词《西河·天下事》，曹豳作词以和之。西河，词牌名。

②此句运用了“新亭泪”的典故。南朝宋刘义庆《世说新语·言语》：“过江诸人，每至美日，辄相邀新亭，藉卉饮宴。周侯中坐而叹曰：‘风景不殊，正自有山河之异！’皆相视流泪。唯王丞相愀然变色曰：‘当共勠力王室，克复神州，何至作楚囚相对！’”后多用“新亭泪”“新亭泣”“新亭对泣”指怀念故国或忧国伤时的悲愤心情。

③薮（sǒu）泽：草野，指民间。

【作者简介】

薛梦桂：字叔载，号梯飚，平阳南湖人，生卒年不详。南宋宝祐元年（1253）进士。尝知福清县，仕至平江倅（今苏州，倅为通判）。工词。周密《浩然斋雅谈》称其："擢第后通京籍，风度清远，所居西湖五云山，日隔凡关，日林壑瓮，通命之日'方厓小隐'。诸名士莫不纳交焉。俪语古文词笔，皆洒落，不特诗也。其词工稳灵活，前人誉为'能品'。"

眼儿媚·绿笺

碧筒新展绿蕉芽，黄露洒榴花①。蘸烟染就，和云卷起，秋水人家。只因一朵芙蓉月，生怕黛帘遮。燕衔不去，雁飞不到，愁满天涯。

【注释】

①"碧筒"二句：新展开的绿笺仿佛刚刚绽放的芭蕉芽儿，又好像露珠滴满了盛开的石榴花。碧筒，指信笺未展开之状。

浣溪沙

柳映疏帘花映林，春光一半几销魂，新诗未了枕先温。

燕子说将千万恨，海棠开到二三分，小窗银烛又黄昏。

【作者简介】

潘希白：字怀古，号渔庄，南宋永嘉人。宝祐元年（1253）进士。德祐元年（1275）任史馆检阅，未赴。早年向赵汝回学诗，有诗名，复工乐府。著有《柳塘集》。

入楠溪[①]

沙头落月照篷低，杜宇谁家树底啼[②]。舟子不知人未起[③]，载将残梦上清溪。

【注释】

①楠溪：即楠溪江，是瓯江下游最大支流。在永嘉县境内，南距温州市区 26 公里，东与雁荡山毗邻，西接缙云仙都。

②杜宇：即杜鹃鸟，又叫子规鸟，俗称布谷鸟，相传为蜀王杜宇所化。杜宇生前注意教民务农，死后仍不改其本性，化为子规鸟，每到春天，总要呼唤人们“布谷”“快快布谷”，以提醒人们及时播种，故李商隐有诗句“望帝春心托杜鹃”。

③舟子：船夫。

【作者简介】

周坦（1218—1273）：字平甫，一字平仲，少居浙江永嘉郡安固县来暮乡永安（今浙江温州瑞安市江溪坊额底村），后入平阳县。南宋理宗嘉熙二年（1238）状元，授宣教郎，淳祐五年（1245）进御史台，升监察御史，殿中侍御史，以刑部尚书致仕。著有《平甫先生文集》，现已失传。

施岩①

人烟断处逢仙迹，草木深时听鸟悲。记取画工描一幅，出山长若在山时。

【注释】

①施岩，在南雁荡山。明代陈仁锡《潜确类书》："南雁荡山在平阳县，北自穹岭，南至施岩，四五十里，皆雁荡也。"

【作者简介】

陈虞之（1225—1279）：字雪翁，一作云翁，号止所，永嘉县岩头芙蓉村人。咸淳元年（1265）进士，南宋爱国英雄。深于《易》理，善画墨竹，以忠义自许。授扬州教授，迁秘书省兼国史院校勘，官至积阶承议郎。元军至温州，陈虞之会同族侄陈规，率乡人千余在瓯江北岸绿嶂垟继续抵抗，因寡不敌众，退至楠溪芙蓉崖据险坚守。元兵攻崖，屡为所败。越二岁，觉宋祚已尽，仰天恸哭，遂策马跳崖殉国，子侄妻子乡亲八百余人全部英勇牺牲。

送别

柳湿征衫晚出关，荒城古雪剑花[①]寒。西风漠漠龙沙路，马上青山带醉看。

【注释】

①剑花：剑的光芒。

【作者简介】

文天祥（1236—1282）：字宋瑞，一字履善，号文山，吉州庐陵（今江西吉安）人。宝祐四年（1256）状元。德祐元年（1275），元兵东下，于赣州组义军，入卫临安（今浙江杭州）。次年除右丞相兼枢密使，出使元军议和被拘，后脱逃至温州，转战于赣、闽、岭等地，曾收复州县多处。后兵败被俘，就义于大都（今北京）。著有《过零丁洋》《文山诗集》《指南录》《指南后录》《正气歌》等。

至温州①

万里风霜鬓已丝②，飘零回首③壮心悲。罗浮山下雪④来未，扬子江⑤心月照谁。只谓虎头非贵相⑥，不图羝乳有归期⑦。乘潮一到中川寺⑧，暗读中兴第二碑⑨。

【注释】

①文天祥从元营逃脱后，历经四十天来到温州。诗题一作“北归宿中川”。

②鬓已丝：两鬓已有白发。

③飘零回首：即回首飘零。

④雪：比喻战乱。杜甫《归雁》诗：“见花辞涨海，避雪到罗浮。”

⑤扬子江：长江在南京一带称扬子江。诗人逃难途经长江口时曾写有《过扬子江心》诗。

⑥“只谓”句：为“只谓非虎头贵相”的倒装，化用班超“燕颔虎颈”事。《后汉书·班超传》：“超诣相者（即相面先生）。曰：‘而当封侯万里之外。’超问其状，相者指曰：‘生燕颔虎颈，飞而食肉，此万里侯相也。’”后用以形容人面貌雄壮威猛有贵人之相。

⑦羝乳：公羊产乳。比喻不可能发生之事。《汉书·苏武传》：“（匈奴）乃徙武北海上无人处，使牧羝，羝乳乃得归。”颜师古注：“羝不当产乳，故设此言，示绝其事。”这里借苏武事，说自己想不到竟能从

敌营中逃脱。

⑧中川寺：即温州江心寺。

⑨中兴第二碑：建炎四年（1130），宋高宗赵构逃难到温州，在江心寺题有“清辉浴光”四字。文天祥将颜真卿书写的《大唐中兴碑》看作第一中兴碑，而把高宗的字碑看作第二中兴碑。

【作者简介】

陈宜中（约 1236—1290）：字与权，永嘉县（今温州城区）人。景定三年（1262）中廷试第二名进士（榜眼）。官至太常少卿、刑部尚书、转升签书枢密院兼权参知政事、左相兼枢密使，都督诸路军马。宋亡，航海入暹，殁于暹。

如占城经吴川极浦亭①

颠风吹雨过吴川，极浦亭前望远天。有路可通环屿外，无山堪并首阳②巅。溪云起处潮初长，夜月高时人未眠。异日北归③须记取，平芜尽处一峰圆④。

【注释】

①占城，即占婆补罗国，位于中南半岛东南部，北起今越南河静省的横山关，南至平顺省潘郎、潘里地区。中国古籍称其为象林邑，五代又称占城。吴川，县名，在广东。极浦亭，宋朝淳祐年间吴川县解元李凌云所建，在吴阳城内。为设教讲学之地。景炎二年，陈宜中路经此地，宿极浦亭。

②首阳：周武王灭殷自封为天子，商孤竹君的两个儿子伯夷、叔齐认为这是件可耻的事，决心不做周臣，不食周粟。终于饿死在首阳山。

③北归：指将来反攻归来。

④“平芜”句：指极浦亭登临之地。

【作者简介】

尹廷高：字仲明，号六峰，生卒年不详，处州遂昌（今浙江丽水）人。大德间任处州路儒学教授，曾掌教永嘉，秩满至京，谢病归。著有《玉井樵唱》三卷。

江心寺[1]

潮落潮生卒未休[2]，依然双屿[3]镇中流。斗杓[4]横截江城北，殿脚[5]长随雪浪浮。龙起太虚云护塔[6]，僧归薄暮月随舟。翠华梦断钧天远[7]，翰墨空轩竹树秋。

【注释】

①江心寺：位于温州市鹿城区江心屿。

②潮落潮生卒未休：江心屿处瓯江口，潮汐长落在此交汇。王十朋有江心寺联语："云朝朝朝朝朝朝朝朝散；潮长长长长长长长长消。"

③双屿：指江心屿东西两座小山。

④斗杓：北斗七星中的前四颗星，古人称为"斗魁"，又名"璇玑"；后三颗星叫"斗杓"。温州古称九斗之城，故云。

⑤殿脚：江心寺墙脚。

⑥塔：江心屿有东西二塔。

⑦翠华梦断钧天远：指为朝廷效力的愿望落空了。翠华，天子仪仗中以翠羽为饰的旗帜或车盖等。钧天，古代中国神话传说中天帝住的地方，引申为帝王。

永嘉书所见[①]

此邦幸小稔[②]，窃禄[③]似有缘。出门见流民，令我心恻然。十十复五五，乞食相后先。有男方呱呱[④]，中道[⑤]甘弃捐。谁无父母心，其势难两全。况遭疫疠苦，十病无一痊。死者相枕藉，活者难久延。彼哉万钱箸[⑥]，所厌皆肥鲜[⑦]。饿骨半王孙，汝食能下咽。嗟嗟吾赤子，斯食寄之天。似闻齐鲁郊，斗粟价十千。

【注释】

①选自《四库全书·玉井樵唱》卷下。

②稔：庄稼成熟。

③窃禄：无功受禄。多用于自谦。

④呱呱：形容小儿哭声。指刚出生。

⑤中道：半路。

⑥万钱箸：一餐饭花费许多钱。

⑦厌：满足。肥鲜：肥美的鱼肉。

【作者简介】

林景熙（1242—1310）：字德旸，一作德阳，号霁山。温州平阳（今属苍南县藻溪镇）人。南宋末期爱国诗人。咸淳七年（1271），由上舍生释褐成进士，历任泉州教授，礼部架阁，进阶从政郎。宋亡后隐居不仕，曾冒死捡拾帝骨葬于兰亭附近。诗文与谢翱并称翘楚，其创作成就和艺术造诣，历来受到极高的评价。诗文风格幽婉，沉郁悲凉又不失雄放。一生共留下诗文16卷，后人编为《霁山集》。

鹿城晚眺[①]

古城仙鹿远，百感赴斜曛[②]。海气千年聚[③]，山形九斗分[④]。神鸦饥啄藓[⑤]，宰木蠹藏云[⑥]。何处鸣钲[⑦]发，春屯又易军[⑧]。

【注释】

①鹿城：温州府城（旧名永嘉郡城）的别称。《万历温州府志》载：东晋著名学者郭璞到东瓯，建永嘉郡城时，有白鹿衔花之瑞，故称城名为白鹿城，简称鹿城。

②斜曛：落日余晖。

③作者自注：瓯乡海国，乃千年海气适居之地。又郭璞卜城谶云：“此去一千年，气数始旺。”

④山形九斗分：温州城内原有海坛、郭公、松台、积谷、黄土、巽吉（巽山）、仁王、灵官九座小山，相互环列，形似北斗，是古城的依托。据《天下名胜志》载：“华盖、松台、郭公海坛为斗魁；积谷、巽吉、仁王为斗柄；黄土、灵官为辅弼。”据传，当年建城时，郭璞登上西山，了望周围诸山，错立如斗，便对当地百姓说：城绕山外，当聚富盛，然不免兵戈水火，城建于山，则寇不入斗，可长保安逸。

⑤神鸦：是指祠庙中吃祭品的乌鸦。饥啄藓：祠庙无人祭祀后，祠庙里的乌鸦没有祭品可供食用，都饿得只能去啄食苔藓了。

⑥宰木：指坟墓上的树木。语出《公羊传·僖公三十三年》：“若

尔之年者，宰上之木拱矣。”蠹藏云：谓没人管理的坟墓树木被蠹虫蛀蚀后的纹路中隐藏着各种诡异的云纹图案。

⑦钲：一种铜制乐器，形似钟而狭长，有长柄可执，口向上以物击之而鸣，古代军队常以敲钲作为行军起程的信号。

⑧作者自注：“《温州路志》：归附后，军民官不相统摄。至元二十八年，分为一十七翼，各有千户所镇守，皆周岁更戍焉。”屯：指驻军防守。易军：变换军队，指调防。

归白石故庐[①]

四邻井灶出荒墟，独鹤[②]归来认旧庐。一迳[③]苍苔供瘦策，半簪华发伴残书。斜阳巷陌语初燕，新水池塘生细鱼。小立春风怜寂寞，忽吹花片入襟裾。

【注释】

①白石故庐：作者在平阳县治后白石巷的住所。

②独鹤：诗文中常以“孤云独鹤”喻漂泊者，也含孤高之意。

③迳：同“径”。

舟中书事

村酒沽来浊可斟[①]，扁舟过雨系枫林。午香吹稻海田熟，秋蔓引瓜茅屋深。天地暗尘归客鬓，江湖斜日动乡心。衰年自笑为形役[②]，空羡闲鸥卧水阴。

【注释】

①村酒：村民自酿的酒。指质地一般的酒。沽：买。

②为形役：受到形体的奴役。形容人的思想不自由，做一些违心的事。语出陶渊明《归去来兮辞》："既自以心为形役，奚惆怅而独悲？"

【作者简介】

林绶：字资绶，宋代泰顺人，生平未详。以明经任龙游知县。

金陵即兴[①]

郁郁金陵王气佳，祖皇定鼎历年遐。台中卿相分三事，阃外蛮夷属一家。夹道成林持翟羽[②]，退朝流水拥牛车。武公圣德今全盛，汉制唐宗讵可夸。

【注释】

①金陵：南京的别称。

②翟羽：长尾山雉（野鸡），古代乐舞用。此指穿着画翟羽为装饰的衣服的官员。

元代

【作者简介】

黄公望（1269—1354）：元代画家。本姓陆，名坚，江浙行省常熟县人，后过继永嘉府平阳县（今划归苍南县）黄氏为子，居虞山（江苏常熟）小山，因改姓黄，名公望，字子久，号一峰、大痴道人。擅画山水，师法董源、巨然，兼修李成法，得赵孟頫指授。所作水墨画笔力老到，简淡深厚。又于水墨之上略施淡赭，世称“浅绛山水”。晚年以草籀笔意入画，气韵雄秀苍茫，与吴镇、倪瓒、王蒙合称“元四家”。擅书能诗，撰有《画山水诀》《大痴山人集》等。存世作品有《富春山居图》《九峰雪霁图》《丹崖玉树图》《天池石壁图》等。

题画

茂林石磴①小亭边，遥望云山隔淡烟。却忆旧游何处是，翠蛟亭②下看流泉。

【注释】

①石磴：石台阶。

②翠蛟亭：在余杭。宋赵彦假《翠蛟亭和巩栗斋韵》：“天下名洞天，有山必有水。余杭山水窟，神仙所栖止。仙人乘云玉，玉蛟留潭底。至今雷雨夕，蛟睡时惊起。”

荆洪谷楚山秋晚图[①]

天高气肃万峰青，荏苒[②]云烟满户庭。径僻忽惊黄叶下，树荒犹听午鸡鸣。山翁有约谈真诀，野客无心任醉醒。最是一窗秋色好，当年洪谷旧知名。

【注释】

①作者题："洪谷子有云：'吴道子画山水，有笔而无墨，项容有墨而无笔，吾当采二子所长，成一家之格。'以此则知其未尝不好古，而亦未尝不好学。今太朴先生近购所画《楚山秋晚图》，骨体夐绝，思致高深，诚有合于斯语，非南宋人所得梦见也。因赋以短句。"荆浩（约850—？）：字浩然，号洪谷子，山西沁水人，五代后梁画家。因避战乱，常年隐居太行山。擅画山水，作画"有笔有墨，水晕墨章"，为北方山水画派之祖。所著《笔法记》为古代山水画理论的经典之作。现存作品有《匡庐图》《雪景山水图》等。

②荏苒：草叶柔弱的样子。

【作者简介】

李孝光（1285—1350）：初名同祖，字季和，号五峰，后代学者多称之“李五峰”。温州乐清人。少年时博学，以文章负名当世。早年隐居雁荡五峰山下，四方之士，远来受学，名誉日广。至正七年（1347）应召为秘书监著作郎，次年擢升秘书监丞。十年（1350）辞职南归，途中病逝通州。著有《五峰集》20卷。

拟妾薄命[1]

妾薄命，当语谁，身年二八为娇儿。阿母岁岁不嫁女，二十三十颜色衰。天公两手挎日月[2]，下烛[3]万物无偏私。奈何丑女得好匹，一生长在黄金闺。美人如花不嫁人，父母既没诸兄疑。寄书东家小姑道，得嫁莫择君婿好。他人好恶那得知，失时不嫁令人老。

【注释】

①《妾薄命》是唐代大诗人李白借用乐府古题创作的一首诗。

②天公：道家始祖，天庭五祖之一，主掌自然万道的自然之尊，已知自然之至尊之一。挎：托举。

③烛：照。

龙湫行送轩宗冕归山[①]

大龙湫，小龙湫，青天倒泻银河流。海风吹练白杲杲[②]，雪花满面寒飕飕。讵那[③]大士濯足处，碧波下见长黄虬[④]。山僧洗钵白云动，涧猿饮子苍岩幽。神踪隐见不可测，幻境变化谁能求？道人此地昔追游，泠然一锡辞神州[⑤]。天香[⑥]飘飘满衣袖，散作雨露东南陬[⑦]。老夫送别歌龙湫，芙蓉花开溪水头。永嘉妙语[⑧]犹可续，永夜松声消客愁。思君何处寄清梦？三十六峰[⑨]明月秋。

【注释】

①轩宗冕：僧人，作者好友。

②杲杲：（太阳）很明亮的样子。《诗经·卫风·伯兮》："其雨其雨，杲杲日出。"刘勰《文心雕龙·物色》："杲杲为日出之容，瀌瀌拟雨雪之状。"

③讵那：见楼钥《大龙湫》诗"矩罗"注。

④虬：传说中有角的小龙。

⑤泠然：凄凉的样子。锡：锡杖，僧人所持的禅杖。

⑥天香：芳香。贯休《山居》诗："岂知知足金仙子，霞外天香满毳袍。"

⑦陬：角落。

⑧永嘉妙语：指玄觉《永嘉证道歌》。

⑨三十六峰：言峰峦之多。

元末明初

【作者简介】

高明（1303—1359）：字则诚，号菜根道人，瑞安人，元末明初戏曲作家。元至正乙卯（1355）进士。历任处州录事、江浙行省掾，调福建行省都事，赴任途中方国珍欲留置幕下，不从，即解职。后寓明州栎社（今属宁波市），撰作《琵琶记》。所著诗文辑为《柔克斋集》，有永嘉诗人祠堂丛刻本，今有《高则诚集》出版。《乾隆瑞安县志》有传。

止斋即事·重游仙岩寺①

伏虎溪②桥迹已陈，落花流水几番春。当时邂逅成三笑③，今日何由见一人？

【注释】

①题从《仙岩山志》卷七。仙岩寺：又名圣寿禅寺，在温州大罗山南麓瓯海区仙岩街道。《康熙仙岩寺志》载，寺创建于唐中期，至北宋初，经高僧楞严遇安拓建梵宇，开法宣教，始显名于世。大中祥符二年（1009），吏部姚揆奏请真宗敕赐“圣寿禅寺”额，寺遂改称今名。熙宁间，神宗又敕赠“昭德积庆禅院”额。南宋著名学者陈傅良年轻时曾在仙岩寺读书讲学，梅雨潭旁有“读书台”，传为陈傅良当年读书的地方。明万历十二年（1584）于仙岩寺西侧建“止斋祠”，清同治六年（1867）重修时改为“陈傅良祠”。2010年，当地政府重修后名为“陈文节公祠”。

②伏虎溪：仙岩寺前的溪流。此用北宋楞严遇安禅师伏虎的传说与陶渊明、慧远、陆修静“虎溪三笑”的传说。《瑞安地方志》载，遇安禅师参悟佛经，广开法席，大弘《楞严》，参访问道者，常数百人众。一日秋夜月朗，三百余人正谛听遇安禅师宣讲《楞严》妙旨，蓦然于山洞中窜出一只老虎，众人惊散，唯遇安禅师端坐无恐，对老虎喝曰：“孽

畜！休得妄动。”虎闻之应声伏地而跪。禅师睹状，又曰：“孽畜！听经乎？伤人乎？若听经者，尾三摇席地而坐。”虎闻声尾三摇蹲坐。之后，此虎便随禅师上山下山，禅师若下山，便将虎系一石上，后人将此石命名曰：“系虎石”，现仍存焉！

③虎溪三笑：相传晋僧慧远居东林寺时，送客不过溪。一日陶潜、道士陆修静来访，与语甚契，相送时不觉过溪，虎辄号鸣，三人大笑而别。后人于此建三笑亭。

石门山[①]

舣舟[②]悬矴入苍扉，满地秋云冷湿衣。万古石门扃不合，半空瀑布雪常飞。猿收松子和烟落，鹤伴琴童带月归。独有谢公[③]诗句好，至今山色纪余辉。

【注释】

①石门山：即石门洞，在浙江丽水青田县。

②舣舟：停泊船只。

③谢公：即谢灵运。

题《萧翼赚兰亭图》①

客舟夜渡中泠②水，空山不见羲之鬼。骊珠③飞去龙亦惊，月落空梁僧独起。银钩茧纸④归长安，蓬莱宫⑤里人争看。一朝风雨暗园寝⑥，玉柙捶碎昭陵寒⑦。龙眠画手元晖笔⑧，当时曾笑萧郎失。至今二子亦何在，久与兰亭共芜没。人生万事空浮沤，走舸复壁⑨皆堪羞。不如煮茗卧禅榻⑩，笑看门外长江流。

【注释】

①《萧翼赚兰亭图》是唐代画家阎立本创作的绘画，原本已佚。现存三本宋代摹本，分别藏于北京故宫博物院、辽宁省博物馆、台北故宫博物院。画面描绘的是萧翼从辩才和尚手中骗取王羲之《兰亭序》的故事。

②中泠：泉名，在今江苏镇江金山寺中。相传其水烹茶最佳，有“天下第一泉”之称。

③骊珠：宝珠。传说出自骊龙颔下，故名。

④银钩：比喻遒媚刚劲的书法。茧纸：古代书画用纸之一，传说王羲之用它写《兰亭序》。

⑤蓬莱宫：唐宫名，原名大明宫，唐高宗时改为蓬莱宫。

⑥园寝：建在帝王墓地上的庙。

⑦玉柙：古代帝王墓葬的装饰物。昭陵：唐太宗墓。

⑧龙眠：宋代著名画家李公麟的别号。李公麟于元符庚辰（1100）作萧翼赚兰亭图。元晖：米友仁，字元晖，南宋著名书画家，与其父米芾（北宋）并称“大小米”。

⑨走舸：轻便快速的战船。复壁：夹墙，两重而中空，可藏物或匿人。

⑩禅榻：坐禅用的床。

鹧鸪天·题顾氏景筠堂[①]

绿玉[②]参差傍短楹，高堂清梦已冥冥。满枝只带湘灵[③]点，一曲空听秦凤[④]鸣。

天莫问，物多情，此君潇洒若平生。风声月色来亭榭，老泪年来湿几更。

【注释】

①鹧鸪天：词牌名。

②绿玉：竹的别名。

③湘灵：这里指舜妃，即湘夫人。

④秦凤：传说萧史善吹箫作凤鸣，秦穆公以女弄玉妻之，后两人俱乘凤仙去。事见汉刘向《列仙传》。

⑤此君：竹的代称。《晋书·王徽之传》："（徽之）尝寄居空宅中，便令种竹。或问其故，徽之但啸咏，指竹曰：'何可一日无此君邪！'"

【作者简介】

刘基（1311—1375）：字伯温，浙江文成南田（原属青田）人，时人称刘青田，元末明初杰出的军事谋略家、政治家、文学家和思想家。明朝开国元勋，封诚意伯，人们又称刘诚意。正德九年追赠太师，谥号文成，后人又称刘文成、文成公。著有《诚意伯文集》20卷。

在永嘉作[①]

高屋集飞雨，萧条生早寒。我来复几时，明月缺已团。浮云蔽青天，山川杳漫漫。狐狸啸悲风，鲸鲵[②]喷重澜。孤雁号南飞，音声凄以酸。顾瞻望桑梓[③]，慷慨起长叹。愿欲凌风翔，惜哉无羽翰[④]。中夜百感生，辗转不遑[⑤]安。枯荷响西池，槁叶鸣林端。寥寥天宇空，冉冉时节阑[⑥]。举俗爱文身[⑦]，谁识章甫冠[⑧]。河流未到海，平陆皆惊湍。旗帜满山泽，呜呼行路难。

【注释】

①刘基为浙东元帅府都事，及第二年为江浙行省都事，在台州、温州一带参与戎事。筑城台州，巡视温州。其间到过永嘉，本诗即作于此时。

②鲸鲵：即鲸。雄曰鲸，雌曰鲵。

③桑梓：借指故乡。

④羽翰：翅膀。

⑤不遑：没时间。

⑥阑：尽。

⑦文身：古代荆楚、南越一带习俗，在身上刺画有色的花纹、图案。

⑧章甫冠：本指商代的一种冠，后用以称儒者或儒家学说。清代马国翰《玉函山房辑佚书》："殷冠，亦名冔。郑玄《三礼图》：'章甫，殷冠，亦名冔，纻中，黑屋，十月行礼服之。'"

次韵高则成雨中（三首其一）[①]

短棹[②]孤篷访昔游，冷风凄雨不胜愁。江湖满地蛟螭[③]浪，粳稻连天鼠雀秋。莫怪贾生偏善哭[④]，从来杞国最多忧[⑤]。绝怜窗外如珪月[⑥]，只为离人[⑦]照白头。

【注释】

①高则成：即高明。刘基好友，明戏曲家，《琵琶记》作者。

②棹：一种划船的工具，形状和桨差不多。

③蛟螭：蛟龙。

④贾生：即贾谊（前200—前168），洛阳人，西汉初年著名政论家、文学家，世称贾生。贾谊为长沙王太傅，后被贬谪去官，郁闷不得志。渡湘水时，创作《吊屈原赋》。

⑤杞国最多忧：即杞人忧天。指无端忧虑的人。《列子·天瑞》："杞国有人，忧天地崩坠，身亡所寄，废寝食者。"杞，周代诸侯国名，在今河南杞县一带。

⑥绝怜：极爱。珪月：未圆的秋月。唐王起《秋潭赋》："写星火兮初流，涵珪月兮始上。"

⑦离人：离开家园、亲人的人。

沁园春·和郑德章暮春感怀石末元呈帅[①]

万里封侯[②]，八珍鼎食[③]，何如故乡。奈狐狸夜啸，腥风满地，蛟螭昼舞，平陆沉江[④]。中泽哀鸿，苞荆隼鸨，软尽平生铁石肠[⑤]。凭栏看，但云霓明灭，烟草苍茫[⑥]。

不须踽踽凉凉，盖世功名百战场[⑦]。笑扬雄寂寞，刘伶沉湎，嵇生纵诞，贺老清狂[⑧]。江左夷吾，隆中诸葛，济弱扶危计甚长[⑨]。桑榆外，有轻阴乍起，未是斜阳[⑩]。

【注释】

①沁园春：词牌名。又名“寿星明”“洞庭春色”“东仙”等。石末元帅：即石末宜孙，或译作苏穆噜伊孙，又名萧宜孙，字申之。台州（今浙江临海）人。初袭父职为沿海上副万户守处州。后任副元帅分守台州。

②万里封侯：即封侯万里。《后汉书·班超传》有“封侯万里之外”。

③八珍鼎食：即鼎食八珍。鼎是古代炊具，列鼎而食是豪门贵族的家庭。八珍指多种贵重珍奇的食品。首三句是说，纵然可以建功立业封侯于万里之外、享受豪华的生活，又怎能比得上悠游于故乡的山林？

④奈：无奈，怎奈。狐狸、蛟螭：指当时祸害人民的大小军阀、贪官污吏、土豪劣绅。平陆沉江：陆地被江水淹没。蛟、螭都是古代传说中能引发洪水的动物，他们腾空飞舞，就要暴发洪水，淹没大地。这四句是说，无奈狐狸、蛟螭这些凶鬼恶神正在兴风作浪，日夜猖獗，搞得到处都是腥风血雨，人民陷于水深火热之中。

⑤中泽：草泽之中。哀鸿：指经受苦难的人民。苞：丛生，茂盛。荆：荆棘。隼鸨：隼鸨都是可以高飞的鸟类，这里用来比喻有才能的人士。前两句是说遍野都是哀哭的人民，才智之士都被困于荆棘丛中。第三句承接“奈”字，是前六句的结束语，也是对开头三句的回答。意思是：无奈牛鬼蛇神如此猖狂，人民遭受如此深重的苦难，就是铁石心肠的人也得完全改变他的初衷，就是说不能坐视不理，悠游于故乡。

⑥霓：虹的一种。这三句是说，凭栏远眺，烟草迷茫，风云变幻莫测。这当然指的是政治形势。意思是别看魔鬼猖狂，但形势如何发展尚难逆料，也就是说还有挽救的可能。

⑦踽踽：孤独的样子。凉凉：冷冷清清的样子。《孟子·尽心下》有“行何为踽踽凉凉？”是孟子答万章关于“乡原”时引用的一句话。这两句的意思，不要离群索居，孤独自处，而应当到轰轰烈烈的战场上去，身经百战，博取盖世功名。这是对“何如故乡”的进一步回答。

⑧扬雄：西汉文学家，在天下将要大乱时，他用谈“玄”来逃避现实。刘伶：西晋初年在司马昭篡魏以后，他终日饮酒不问世事。嵇生：嵇康，他也对司马氏集团不满，但只采取个人放荡不羁的办法。贺老：唐代诗人贺知章，当唐玄宗信任奸相李林甫国事日非的时候，他告老还乡为道上，自称“四明狂客”。

⑨江左：即江东。夷吾：即管仲。他辅佐齐桓公成为春秋时代的第一个霸主。江左夷吾：指辅佐东晋司马睿在江东建立王朝的王导，当事人称赞他为“江左夷吾”。隆中：位于今河南邓州市与湖北襄阳市之间的隆中山。诸葛：辅佐刘备建立蜀汉政权的诸葛亮。东汉末年他隐居于隆中山。作者用“济弱扶危计甚长”赞扬王导、诸葛亮深谋远虑，以弱胜强，转危为安，建立了宏伟的功业。

⑩桑榆：中国古代有句成语：“失之东隅，收之桑榆”，桑榆指夕阳西下时所照的地方，即西边。这三句是说，别看天色暗淡，那只是一片突然升起的轻云遮住了阳光，还不是太阳已经落山，这也是以景寓情，说的是政治形势，意思是：虽然“狐狸夜啸”“蛟螭昼舞”，好像神州大地已经成了魑魅魍魉的世界。这不过是暂时现象，还是可以收拾的。

【作者简介】

林再秀：字默斋、号邦治，明初泰顺县筱村东垟村人。有经世之才，明初寇乱，波及泰顺。朝廷派延安侯唐胜宗来镇压，林再秀向其献上剿抚良策，助其肃清寇乱。

芝田孙判簿令赋公庭《公庭生明匾》

贤侯方寸平如砥，圆洁何如鉴在天。但秉至公为正道，信知何事不中庸。锦囊①光焕庭阶月，麝墨②香浮几座风。吟绝新诗心似水，半檐苍翠滴梧桐。

【注释】

①锦囊：借指作诗。宋杨万里《云龙赠陆务观》："金印斗大值几钱，锦囊山齐今几篇"。

②麝墨：含有麝香的墨，后泛指名贵的香墨。唐王勃《秋日饯别序》："研精麝墨，运思龙章。"

【作者简介】

陈高（1315—1367）：字子上，自号不系舟渔者，平阳州金舟乡咸通里（今苍南县钱库镇项桥办事处小河川底村）人。元至正十四年（1354）中进士，授庆元路录事，不足三年，自免去，再授慈溪县尹，亦不就。有《子上存稿》《不系舟渔集》。《四库全书总目》评曰："文格颇雅洁……五言古体，源出陶潜；近体律诗，格从杜甫，面目稍别，而神思不远，亦元季之铮铮者矣。"

山中读书图

远山如蓝近山绿，前门苍松后门竹。幽人读书栖石根[①]，有客拏[②]舟访溪曲。白云冉冉落虚窗，清风泠泠[③]散飞瀑。林泉深处隔红尘，便欲相依结茅屋。

【注释】

①石根：山脚。

②拏（ná）：同"拿"。

③泠泠（líng）：形容清凉。

正旦[①]

正旦每年长作客，今年新岁得还家。乡间[②]礼数生疏甚，故旧过从笑语哗。椒酒[③]欢来尊屡尽，菜盘醉后味偏嘉。南州土暖春光早，怪见红桃满树花。

【注释】

①正旦，即春节。

②乡间：家乡。

③椒酒：用椒浸制的酒浆，用以祭神，也多指美酒。中国民俗文化之一，农历元旦向家长献此酒，以示祝寿、拜贺之意。

羁思十首次谢纯然韵（其一）

霜风吹帽发全枯，多病兼愁懒步趋。身寄他乡年又尽，吟看衰草日将晡[①]。故园消息沉天表[②]，旧日交游隔海隅。只有浊醪堪遣兴，拟从邻舍典罗襦[③]。

【注释】

①晡：申时，即下午三点钟到五点钟的时间。

②故园消息沉天表：故园毫无消息。天表，天外。

③典罗襦：典：以物为抵押换钱。罗襦：绸制短衣。

寓鹿城东山下[①]

大隐从来居市城，幽栖借得草堂清。鸟啼花雨疏疏落，鹿卧岩云细细生。石眼汲泉煎翠茗，竹根锄土种黄精[②]。艰危随处安生理，何必青门学邵平[③]。

【注释】

①鹿城：温州府城别称。

②黄精：药用植物，具有补脾，润肺生津的作用。

③青门学邵平：邵平（生卒年不详），亦作召平，秦末汉初历史人物，秦朝时期被封为东陵侯，负责看护管理始皇帝生母赵姬之陵寝。秦为汉灭，沦为布衣，于长安城东南霸城门外种瓜，瓜味鲜美，皮有五色，世人称之“东陵瓜”。

【作者简介】

张著（1315—1374）：字则明，号永嘉子，平阳蒲门（今苍南县蒲城乡）人。元末明初诗人。元末游学至江苏，因农民起义，道路梗阻，遂在常熟定居，被推举为州学训导，转为淮安路教授，后弃官归。明初被授为肤施（今陕西延安）知县，升临江府（府治清江，今江西省樟树市临江镇）同知，有政绩，卒于官。明初诗文大家、常熟人吴讷在《永嘉集序》中评："先生之学，根底乎六经，旁及乎子史群书，故理明气昌。为文纡徐曲折，丰约合度。发为声诗，兼备众体。"著有《易经精义》《永嘉集》《长安倡和集》等，今仅存《永嘉集》12卷。

竹枝歌

其一

妾家住在晋山前，十五东邻嫁少年。生来不识青绫被[①]，只傍芦花夜泊船。

其二

水阔湖空归去迟，荡舟相逐白鸥飞。隔船却唤江南客，要买鲈鱼个个肥。

【注释】

①青绫被：青绫，青色的有花纹的丝织物，古时贵族常用以制被服帷帐。

秋兴

故园东望海西头，幽事长怀九月秋。竹几山明浑见画，糟床酒熟不知愁。霜寒粳稻肥黄蟹，水净芙蓉映白鸥。随分[①]耕渔聊自适，无端垂老向延州[②]。

【注释】

①随分：按照本分。

②延州：春秋时吴公子季札。

【作者简介】

林遇：字文重，明泰顺县筱村人，生卒未详。庠生。

送永嘉场吏汤舜卿归嘉兴[①]

郎君抱檄榷茶卤[②]，风味散沾百万户。永嘉沧海清浸天，碾出冰轮照千古。管子新法涵满匡，未许海若嗟望洋。簿书会计了无事，六经朗朗披芝香。儒衣儒冠浑同列，羞染顽风损名节。功成岁月香及瓜，万幅诗成灿金屑。江城月冷叫寒雁，何处砧声敲素练。乡情暗催金马嘶，碧玉双翻欲奔电。卷收风月归嘉兴，临江把臂难为情。愿君早展调羹手[③]，为霖为雨苏苍生。

【注释】

①永嘉场吏：管理永嘉盐场的官员。

②抱檄：携带文书。抱，把。檄，官府往来文书。榷：专营专卖。

③调羹手：《尚书·说命下》：“若作和羹，尔惟盐梅。”后因以“调羹”喻治理国家政事。

【作者简介】

卓敬（约1348—1402）：字惟恭，浙江瑞安卓岙人。明洪武二十一年（1388）榜眼及第，官至户部右侍郎。曾密疏建文帝朱允炆，徙封燕王朱棣于南昌，未被采纳。“靖难之役”后被逮捕，宁死不屈，为明成祖所杀，灭三族。《明史》有传。

墨竹

洞庭木落水生波，月入斜窗露气多。虞帝①不归秋自晚，满江烟雨泣湘娥②。

【注释】

①虞帝：舜，三皇五帝之一，以受尧的“禅让”而称帝于天下，其国号为“有虞”。

②湘娥：湘妃。相传帝尧之二女娥皇、女英，为舜之二妃，没于湘水。

红梅

谁教姑射饮流霞①，烂醉西湖处士②家。几度春风吹不醒，至今颜色似桃花。

【注释】

①姑射：一座山的名字，也指姑射山的得道真人。后泛指美貌女子。《庄子·逍遥游》：“藐姑射之山，有神人居焉。肌肤若冰雪，绰约若处子。不食五谷，吸风饮露；乘云气，御飞龙，而游乎四海之外。”

②西湖处士：北宋著名诗人林逋结庐西湖之孤山，二十年足不及城市，自号西湖处士。

【作者简介】

吴学礼：元末乐清人。生平未详。《东瓯诗存》存其诗 17 首。

泊琯头①

枯木冰消水路遥，短长亭下一停桡。寒烟西岸客炊晚，残日小桥人待潮。山外钟声何处寺，柳边春色隔年条。到城②不必争先后，华盖③峰头手可招。

【注释】

①《东瓯诗存》题作“题泊横春馆”。琯头：北白象镇西南隅渡口，是乐清温州两地往来的必经之处，更是路经乐清北上宁杭、南下瓯闽的必经之地。据说因为其原址在横春山麓而有过“横春渡”之称。又因地处琯头江而又有“琯头江渡”一名，或者称“琯头渡”。因为地理位置的特殊性，早在元朝，这里就建有琯头巡检司、琯头驿、琯头铺等。

②城：指温州城。

③华盖：指华盖山。

明代

【作者简介】

黄淮（1367—1449）：字宗豫，号介庵，温州府永嘉（今茶山南柳人）人，明大学士。著有《黄淮文集》。洪武三十年（1397）进士，曾任中书舍人、右春坊大学士、武英殿大学士、少保、户部尚书。著有《省愆集》《介庵集》。

梅雨潭[1]

石嶝扪萝[2]上，穿云陟[3]翠岗。两崖开剑阁[4]，一水泻天潢[5]。喷洒黄梅雨，分流白玉浆。三姑[6]渺何许，遗迹尚微茫。

【注释】

①梅雪潭：温州市瓯海区仙岩街道的一处名胜。

②扪萝：拉着藤萝。

③陟：登。

④剑阁：地名，在四川省广元市，有守剑门天险，李白诗有“剑阁峥嵘而崔嵬，一夫当关，万夫莫开”。这里是说梅雨瀑两旁悬崖像剑阁般险要。

⑤天潢：天河。

⑥三姑：指三姑潭，仙岩最低的一个潭，与虎溪相连。明代鲍武《宋三姑行略》记载：北宋初年，楞严遇安禅师驻锡仙岩宣讲佛经，风闻四方，从者如云。忽一日，有三位仙姑前来礼拜禅师。遇安问她们从何处来？她们说，早上从福建来，闻师宣扬正法，超度迷流，特来求教。遇安说，只要有心学道，何须离乡跋涉千里！三位仙姑听后，顿有所悟，遂挽臂入潭隐化而去。此潭因此得名。

游五美园[①]

清晓肩舆入翠微[②]，溪流曲折护岩扉[③]。布金僦地[④]徒成幻，卓锡[⑤]为庵信不非。翠竹黄花俱供净，风声鸟语总禅机[⑥]。碧潭龙女[⑦]知人意，收入阴云送客归。

【注释】

①五美园：位于温州大罗山西侧，茶山镇罗丰村。园以实际寺为中心，周围分有顾公洞、莲花岩、金锁岭、观音洞、篗丝潭等五个自然景点。

②肩舆：轿子。翠微：形容山光水色青翠缥缈。

③岩扉：岩洞的门。

④布金僦地：布金，祇树给孤独园长老为报答佛祖讲法，将寺院用金砖铺地作为报答，指花费重金。

⑤卓锡：把锡杖竖在地上。僧人云游时通常手持锡杖，停下来就把锡杖竖在地上。

⑥禅机：佛教禅宗和尚谈禅说法时，用含有机要秘诀的言辞、动作或事物来暗示教义，使人得以触机领悟，故名。

⑦碧潭：指篓丝潭。张璁有诗曰："沉丝已成篗，相传不到底。吾欲真试立，恐有蛟龙起。"

【作者简介】

张真：平阳人，明代诗人，生卒未详。永乐十三年（1415）进士，官至太常博士，著有《锦屏集》。

梅溪八景（其二）[①]

林滩渔唱

依稀烟雨外，欸乃[②]晚风清。解和沧浪调，宁同扣角声。

龟溪晚笛

三弄龟溪晚，萧萧苇荻秋。君山风月夜，沽酒漫停舟。

【注释】

①梅溪，今平阳县鳌江镇梅溪社区，地处温州市南片鳌江流域东北部、平阳县西部山区东端，西北靠浙南中低山丘陵，东南临鳌江濒海冲积平原，以鳌江支流梅溪流贯乡境得名。风景秀丽，历史上曾有梅溪八景之誉。

②欸乃：象声词。摇橹声。

【作者简介】

谢庭循（1377—1452）：名德环，也单称环，以字行，号梦吟、乐静。明永嘉县鹤阳人，是谢灵运的后裔。父时中，字必达，号清趣，工画，诰赠武德将军、锦衣卫千户。庭循幼承家学，多才多艺，时人称为诗、书、画“三绝”。明成祖永乐年间，被召至京（北京）供事内廷。宣宗宣德年间（1426—1435）进入宫廷画院，授锦衣卫百户，未几升千户。与宣宗朱瞻基有诗、画往来，大受赏识和宠信。有《梦吟堂集》。

临清楼寄鹤阳诸侄[①]

习静甘为隐者俦[②]，数椽危构瞰清流[③]。莺啼山色泉声寂，鱼跃波光草露浮。载酒客来时问字，卷帘花落漫垂钩。登楼倘有清新句，毋惜鳞鸿[④]慰白头。

【注释】

①临清楼：在永嘉县鹤阳村，为谢庭循族侄谢道立所建。

②习静：亦作“习靖”，谓习养静寂的心性，亦指过幽静生活。俦：侣也，伴侣。

③危构：建筑高耸。瞰：俯视。

④鳞鸿：鱼雁，指书信。

寄志贤昭贤诸侄

白发萧萧归梦迟，多情远慰别来思。春风挂颊披吟处，落日登楼眺望时。一代衣冠承世泽，百年诗礼见宗支。籍咸[①]共喜浑无恙，他日相从惬素期[②]。

【注释】

①籍咸：指同为“竹林七贤”的阮籍、阮咸叔侄。

②素期：平素所期望的。

【作者简介】

何文渊（1385—1457）：字巨川，号东园，又号钝庵，明江西广昌县盱江镇人。永乐十六年（1418）进士在温州任知府六年，兴利除弊，组织群众疏浚瑞安渠，受益粮田达两千顷。宣德七年（1432），何文渊奉诏进京述职，永嘉县丞率士民于道中欲赠以黄金，他婉言谢绝。《歧海琐坛》载大学士李贤语："何文渊守温时廉能寡欲，一郡大治，当时浙东守称为第一"。著有《东园集》《义庭训》《四书讲义》《礼记解义》《钝庵奏议》《牧民备用书》《司刑备用书》等。

别温州父老

作郡焦劳短鬓蓬①，承恩又侍大明宫②。行囊不载温州物，惟有民情满腹中。

【注释】

①焦劳：形容勤于政事。《明史·章懋传》："此下陛下宵旰焦劳，两宫母后同忧天下之日。"短鬓蓬：鬓发稀少。短，少。杜甫《春望》诗："白头搔更短，浑欲不胜簪。"

②承恩又侍大明宫：指又回朝廷效力。温州任满考绩时获"治行为浙东第一"，皇帝赐玺书，增俸二级，升为刑部右侍郎，督两淮盐课。大明宫：唐代宫名，代指明朝廷。

【作者简介】

周旋（1397—1454）：字中规，号畏庵，明永嘉城区人。宣德十年（1435）中举，正统元年（1436）状元，授翰林院修撰，升侍讲，进秩左春坊左庶子。著有《畏庵集》40卷和《书经庭训》。

江心寺

江心胜景似蓬莱，占断壶天①绝点埃。不与人间连世界，却从江上结楼台。巍巍古塔双峰峙，隐隐晨钟万户开。昨夜老龙来听法，满江风浪吼如雷。

【注释】

①壶天：传东汉费长房为市掾时，市中有老翁卖药，悬一壶于肆头，市罢，跳入壶中。长房于楼上见之，知为非常人。次日复诣翁，翁与俱入壶中，唯见玉堂严丽，旨酒甘肴盈衍其中，共饮毕而出。事见《后汉书·方术传下·费长房》。后即以“壶天”谓仙境、胜境。

墨 池①

何以清池唤墨池，昔年临池有羲之。千张剩洒黄堂翰，一派翻分水墨支。斜带日光虽闪烁，乱涵云影尚淋漓。学书老我犹成拙，为表遗踪一赋诗。

【注释】

①墨池：宋杨蟠任温州知州时，定鹿城为三十六坊，墨池坊即其一。相传其地原有一个水池，每当大地春回，蝌蚪滋生，游于水中，水面时见墨点，而没之则无，故有墨池之称。但唐以后则传为：东晋王羲之曾任永嘉郡守，常临此地作书，洗砚于此池，于是变成墨池；至北宋，米芾又大书“墨池”二字于其上。因王、米二人均为我国大书法家，故历代地方史志都采取此说。

【作者简介】

朱瞻基（1398—1435）：即明宣宗，明朝第五位皇帝，仁宗长子，年号宣德，洪熙元年（1425）至宣德十年（1435）在位。明宣宗也是杰出的书画家，有《明宣宗御制乐府》一卷，今佚，存词二首。

水亭偶成①

宣德六年十月二十日

临流亭馆净无尘，落涧流泉处处闻。半湿半干花上露，飞来飞去岭头云。翠迷洞口松千个，白占林梢鹤一群。此地清幽人不到，惟留风月与平分。

【注释】

①谢庭循在永嘉鹤阳建水亭，名临流亭，并作图呈送给明宣宗皇帝，宣宗据图写了一首诗相赠。

【作者简介】

章纶（1413—1483）：字大经，温州乐清人。明朝名臣、藏书家。正统四年（1439）进士，官授南京礼部主事。后升礼部仪制郎中。成化十二年（1476）辞官回乡。著有《章恭毅公集》《困志集》等。

陈都阃招饮江心寺①

孤屿②嶙峋耸境中，红尘无路可能通。一川砥柱③横沧海，两塔凌空映彩虹。莲座④装成金碧地，蓬壶⑤现出水晶宫。藩侯⑥宴我同来此，落日亭前忆谢公⑦。

【注释】

①陈都阃：即陈汝玉。谢迁《寄陈汝玉都阃》诗云其武而好文，温雅详慎，为缙绅所推重。

②孤屿：江心屿又称孤屿。谢灵运有诗《登江中孤屿》。

③砥柱：指就像屹立在黄河急流中的砥柱山一样。《晏子春秋·内篇谏下》："吾尝从君济于河，鼋衔左骖，以入砥柱之中流。"

④莲座：佛像的底座，多呈莲花形。

⑤蓬壶：即蓬莱。古代传说中的海中仙山。这里借指江心屿。

⑥藩侯：诸侯。因其藩屏王室，故称。曹植《与杨修书》："吾虽薄德，位为藩侯。"这里指温州地方官。

⑦谢公：谢灵运。

【作者简介】

谢暹(1424—1494)：字茂升，号万山，明代永嘉鹤阳人。谢庭循族孙。性至孝，博闻强记。太守黄玘辟为郡学，乃留幕下。天顺六年(1462)中应天乡试(举人)。曾任湖广衡州临武县儒学教谕。著有《万山诗稿》。

题江心寺[①]

禅宫丹碧镇蛟鼍[②]，景比金焦不啻过[③]。两岸烟光山远近，双峰树色塔嵯峨[④]。清辉映日君王笔[⑤]，正气[⑥]横秋翠柏歌。吟倚栏干增感慨，西风吹动白鸥波。

【注释】

①选自《东瓯诗存》。

②禅宫：僧人所住的房屋；寺院。丹碧：泛指涂饰在建筑物或器物上的色彩。蛟鼍：水中蛟龙。

③金焦：指江苏镇江的金山与焦山。两山均为天下名山。不啻：不止。

④嵯峨：形容山高，此处诗人借指双塔高耸。

⑤“清辉”句：指宋高宗在江心屿龙翔禅寺（今俗称江心寺）题有“清辉裕光”四字。

⑥正气：指文天祥《正气歌》。

【作者简介】

赵谏：字士忠，号东山，永嘉人。成化年间（1465—1487）岁贡，后以子贵封中书舍人。纂有《东瓯诗续集》八卷、《补遗》一卷。

登慈湖岭①

屹屹慈湖岭，斯行是再登。历残红叶径，方到白云层。不是道途远，只因衰老增。山庄在何处，遥见竹楼灯。

【注释】

①慈湖：在瓯海区梧田街道。东面温瑞塘河，西靠吹台山，是古代温州城的南大门。

【作者简介】

董鉴（1444—1509）；泰顺县罗阳人。成化岁贡，曾任浦城县丞，为官清正。著有《吟情集》《京华集》惜不传。

别涌城上民

非怀高尚意，老病合知休。幸免轻朝客[①]，须防逐督邮[②]。尘埃头早白，风雨兴方秋。多感耆髦人，携尊拜马头。

【注释】

①朝客：朝廷命官。

②逐督邮：《三国志·蜀书·先主传》："督邮以公事到县，先主求谒，不通，直入缚督邮，杖二百，解绶系其颈着马枊，弃官亡命。"

【作者简介】

桑瑜：江苏常熟人，成化十三年（1477）任温州通判，曾纂修《常熟县志》。

渡瓯江

画舫[①]冲寒晓渡江，淡烟笼水碧茫茫。黄茅野店鸡号月，红叶山村犬吠霜。到枕钟声催客起，眠沙鸥鸟笑人忙。为官三载成何事？赢得新诗满锦囊[②]。

【注释】

①画舫：装饰华美的游船。

②锦囊：用锦制成的袋子。

【作者简介】

刘虞：泰顺县仕阳人，弘治岁贡，曾任江陵县丞。

寄赠浦城二尹董纳斋先生[①]

乍绾铜符佐斗城[②]，仁声旋听溢编氓。此生似我才何用，吾党如君道可行。百里岂能羁骥足，九霄终见奋鹏程。年来谁解相思意，只有关山月共明。

【注释】

①浦城：即蒲城，在苍南马站镇。明代抗倭防御古城，明洪武十七年（1384），首任千户总驻守夏积主持修建。

②绾：把长条形的东西盘绕起来打成结。铜符：古代官员用于证明身份、传达命令或调兵遣将所用的凭证。一符从中剖为两半，有关双方各执一半，使用时两半互相符合，表示命令验证可信。多做成动物形。斗城：小城。

【作者简介】

高宾：字舜穆，常州江阴人。弘治十一年（1498）任瑞安知县。

题瑞安

百雉[①]城安海上涂，风光全不减三吴。四时人享鱼盐利，二季田收早晚租。门有通渠居有竹，市无游女肆无哺[②]。若教人肯追前辈，邹鲁[③]芳称也不孤。

【注释】

①雉：古代计算城墙面积的单位。长三丈高一丈为一雉。

②肆无哺：街市上没有嗷嗷待哺的小孩。

③邹鲁：邹，孟子故乡；鲁，孔子的故乡，后以“邹鲁”指文化昌盛之地，礼仪之邦。

【作者简介】

李增：明保定府人，进士，弘治十三（1500）年任温州同知。

白鹿城

白鹿来游睨大江，郭公龟卜兆嘉祥。九山连亘城阛美[1]，千载黎元仰永康。

【注释】

①南宋《方舆胜览》卷九引《永嘉郡志》：“始议建城，郭璞登山相地，错立如北斗，城之外曰松台，曰海坛，曰郭公，曰积谷，谓之斗门，而华盖直其口。瑞安门外三山，曰黄土、巽吉、仁王，则近类斗柄。”

【作者简介】

何鼎：四川阆中人，弘治十八年（1505）任温州府推官。

筑蒲岐塘①

塘坍二里界蒲川，万井抛荒草莽间。修筑兴工良不易，监临在我敢辞难。田畴可治民生赖，赋税无逋国用关。总荷皇朝恩泽厚，奠安海宇乐余闲。

【注释】

①蒲岐在乐清湾港区，是一个由屯兵形成的历史古镇，迄今有830多年建制历史，南宋淳熙年间在此设立守御千户所。塘：沿海修筑抵挡潮水的泥坝。

【作者简介】

蔡芳：字茂之，号资静，生卒年月不详。明代温州平阳万全乡（现万全镇）榆垟人，弘治十一年（1498）举人。官授南京光禄寺署正，后升迁为福建盐运司副使，为官正直清廉。曾与永嘉王瓒同修《温州府志》。

登巽山①

南郊拔地起崔嵬，绝顶孤亭亦壮哉。驻鹤昔人何处去？寻真仙客此间来。际天海色浮轻练，落地松声吼怒雷。我有遐观千古意，倚栏惆怅首重回。

【注释】

①巽山：旧名宸暨山，在鹿城区东南隅。巽山为晋郭璞建鹿城是所名九斗山之一。因在城东南，依古代易书巽之方位，故称巽山。山巅文笔峰，原有明代建造的雁塔，年久倾斜，1974 年备战挖洞受震而塌倒，山上旧有魁星阁（文昌阁），驂鹤亭。

【作者简介】

王瓒（1462—1524）：字思献，号瓯滨，一号环庵，永嘉华盖乡李浦村（今温州龙湾区永中殿前村）人。弘治八年（1495）举人，九年（1496）进士，殿试得一甲二名（即榜眼）。初授翰林院编修，奉旨修《大明会典》，还曾编纂《弘治温州府志》《通鉴纂要》《对类》等。后升任侍讲，充经筵讲官，南京祭酒，礼部右侍郎，礼部左侍郎。

贫灶叹送盐官之永嘉①

十日梅雨一日晴，雨多晴少盐不生。灶前青柴亦沾湿，大小儿女饥肠鸣。赊米偿盐担无负，救得眼前债已堕。官家不信亭民②苦，明日征盐急于火。

【注释】

①温州自唐宋以来，一直是全国著名的产盐区，到清康熙年间还有八千盐丁。唐代中期，《新唐书》："温州永嘉郡有永嘉监盐官"。元大德三年（1299）温州路设永嘉场。永嘉场之名即因此而来。

②亭民：盐户之一种。因煮盐之地曰亭场而得名，或称灶户。宋代亭户专置户籍，免除科配徭役，以盐货折纳二税，官给煎盐草荡和煎盐本钱，计丁输课。课盐按官价卖纳入官，课额之外的余盐称浮盐，则略增价钱，亦全部官买，严禁私卖。

茅竹岭西小庄[1]

乘闲聊赴白云期，水荇牵舟荡桨迟。求友黄鹂声缓啭，伺鱼白鹭步轻移。江[2]清如此谁同度，山好吾今更有诗。茅竹岭西千树竹，繁阴如盖坐多时。

【注释】

①茅竹岭：在龙湾区瑶溪街道白楼下村，因种植茅竹而得名。

②江：指瓯江。茅竹岭紧靠瓯江。

【作者简介】

张璁（1475—1539）：字秉用，号罗峰，后改名孚敬，赐字茂恭，明永嘉场人。弘治十一年（1498）中举人，正德十六年（1526）登进士第，授南京刑部主事。终官进少师兼太子太师、华盖殿大学士。谥文忠，封赠太师。著有《礼记章句》《大礼要略》《罗山奏疏》《罗山文集》《正先师孔子祀典集议》《金縢辨疑》《杜律训解》《敕谕录》《谕对录》《钦明大狱录》《霏雪编》《嘉靖温州府志》等。

游五美园

我有山[①]东一亩宅，还忆山西五美园。落日放舟循橘浦[②]，轻霞入路是桃源。不嫌老大无诗律，但得亲朋有酒尊。信是[③]欲行天下独，只应日日卧云根。

【注释】

①山：指大罗山。

②橘浦：橘洲。

③信是：确是。

龙王庙[①]

大罗山上谒龙王，人履巉岩畏太苍。云气不愁东海旱，峦屏可障北风狂。精灵[②]自合延千祀，德施还应溥[③]万方。最是商家霖雨[④]急，傅岩[⑤]今日果谁当?

【注释】

①龙王庙：即龙王寺，位于茶山蛙蟆山南麓卧龙溪上，原为卧龙潭祈雨所建。建龙王寺水库时拆除，2000年筹划重建。

②精灵：指龙王。

③溥：遍及。

④霖雨：连下几天的大雨。

⑤傅岩：殷相傅说曾隐于傅岩，后因以泛指栖隐之处或隐逸之士。

送张充行取还沔[①]

万里臣邻觇国光，三年述职是王章。春风别驾辞燕蓟，秋水归帆向沔阳。好树甘棠追召伯，未应衰鬓老冯唐。莼鲈不尽江南美，有日逍遥会故乡。

【注释】

①张充：三魅龟岩人，弘治岁贡，官沔阳州通判，居官清廉。沔：沔阳，今湖北仙桃。

【作者简介】

吴川：字东溟，生平不详。明嘉靖年间（1522—1566）任金乡卫指挥使。

郊行

日昃[①]秋云薄，郊虚田舍稀。鱼矶谁独钓，鸥鸟自双飞。新水见人影，凉风满客衣。欲沽村店酒，紫蟹正初肥。

【注释】

①日昃：太阳偏西。

村寺

村南村北又村西，山路登登藉马蹄。苦竹岭头梅雨霁，鹧鸪声里夕阳低。禅关只在松杉外，楼阁多于云雾齐。恰遇老僧谈浩劫[①]，茶香应不让曹溪[②]。

【注释】

①浩劫：指很长的时间。

②曹溪：禅宗南宗别号。以六祖惠能在曹溪宝林寺演法而得名。故曹溪水常用以喻指佛法。

【作者简介】

董约（1477—1534）：明泰顺县罗阳霞阳人，邑廪生，少与张璁同学，著有《省斋吟稿》（失传）。

寄答张主政秉用[①]

每依北斗[②]望光隆，喜见双鱼[③]到海东。一疏能伸明主孝[④]，九重独谅小臣忠。清湘暮雨凋芳草，紫塞秋霜咽断鸿。遮莫依人愁更甚，中川回首夕阳红。

【注释】

①秉用：张璁字秉用。

②北斗：北斗星。常借以喻帝王。

③双鱼：黄道星座之一。

④正德十六年（1521）三月十四日，明武宗朱厚照卒于豹房。遗诏迎取武宗从弟朱厚熜嗣皇帝位。因杨廷和集团要求明世宗改换父母，引发了大礼议之争，观政进士张璁上疏表示异议。世宗得张璁疏，曰：“此论出，吾父子获全矣。”从此张璁得世宗的信服和重用。

【作者简介】

王叔果（1516—1588）：字育德，号西华，永嘉英桥里（今温州龙湾区永中街道）人，张璁外甥。十一岁举家迁居北京，从翰林卢文溪学《周礼》。嘉靖二十九年（1550）中进士，历任兵部职方清吏司主事、员外郎、协司署郎中，湖广布政使司右参议，广东按察副使等职。三十七年（1558），上疏请筑永昌堡。四十三年（1564），因疾辞官回里。编著有《嘉靖永嘉县志》（藏日本尊经阁文库）、《丰门藏稿》。

大若岩①

灵石中开室，连峰面刺天。由来称福地，曾此集群仙。云护丹台②古，霞标法界③玄。乘秋延眺望，身世觉超然。

【注释】

①大若岩：永嘉大若岩有石洞陶公洞，传说陶弘景曾在此隐居。

②丹台：道教指神仙居处。

③法界：佛教语。事物的现象、本质。

己酉中秋沙城观潮①

有约观潮竟不违，高秋凉月澹人衣。魄当银汉光初满，影落金波露未晞。静夜鱼龙惊出没，遥天岛屿见霏微。横堤一望真奇绝，拟向乘槎万里归。

【注释】

①己酉：嘉靖二十八年（1549）。沙城：明嘉靖年间（1522—1566）建，南起三甲北至沙村近十六公里。《光绪永嘉县志》载："沙城即滨海长堤。南起一都长沙，北至沙村寨，以丈计之，至四千六百十九丈。"

【作者简介】

侯一麟（1517—1599）：字乐仲，一字舜昭，号四谷山人，乐清蒲岐人，侯一元弟。嘉靖选贡，江西万年县丞、广西郁林知州。主修《泰顺县志》，著有《四谷山人集》《龙门集》。致仕后在渚浦北村筑有别墅。

仙岩赋[①]

伊东嘉之崛奇[②]，侔中州之岳渎[③]。嗟仙岩之灵踪，尤不远于邦族。假浮漫[④]而须臾，启霞标[⑤]于云木。遵盘桓之花蹊[⑥]，度暗暧[⑦]之林麓。负大罗而嵚崟[⑧]，绝九斗[⑨]而孤矗。面虎溪[⑩]以下流，背青冥[⑪]而上浮。行谽鸿之禅宫[⑫]，聊小憩兮危楼。追平生之焉如，乃迟迟于兹游。曾五岳之遐慕，忽跬咫[⑬]而弗求。微之子之冥搜，孰能成乎人间之丹丘[⑭]？试凭轩而徙倚，羌连蜷[⑮]而未已。丛树挺其阿，鸣鸟集其屺[⑯]。寻仙源[⑰]而踟蹰，挹白莲之旖旎[⑱]。古榕轮囷[⑲]于层崖，翠条离披于绿沚[⑳]。芳亭[21]崛起兮中山，曲渠四周而流水。水清浅兮汤汤，纷蹲夷兮泛羽觞[22]。嗟平陆之多险巇[23]，乐兹山之可以徜徉。尔乃迅征而直上，謇一冒乎垂堂[24]。跨翠微兮悬蹬，俯澄潭兮危梁[25]。践绝冥于侧屺[26]，涉石溪于峻冈。武[27]欲前而更缩，视方逞而周章[28]。既腾跻乎偃蹇[29]，始旷瞩乎平庄。平庄兮高台，怀衮衣[30]兮安在哉！肆崖突而窦出，忽窈窕以中开。骇歘倾而蹩跜[31]，讶诘曲而徘徊。何寥窲麢翳乎危哉[32]，又滴沥澎濞而殷其雷[33]。石壁兮沉沉而鞈帀[34]，瀑泉又复落落而隆颓[35]。不知迺迤擂佹佹[36]其几千尺，与飞流激石夭蟜而相蹷[37]。伫阴阴兮昼欲雪，行蘧蘧[38]兮路将绝。既乐者之在斯，岂向道而中辍[39]。理焉往[40]而不窥，诚虽眇而必彻。龙安禅[41]以深潜，虎驯法[42]而不啮。警[43]鸾凰以前驱，采桂芝以糜药。灵姑[44]仿佛而翩跹，群仙戍削[45]而康乐。宛三皇之旧踪，传黄帝之真诀[46]。炼以丹井之膏，汲以灵池之渫。悟即新以静宁，羌屏物以皆[47]。刀将藏于四顾，臂已经于九折。虽静躁之殊途，等忘言于一辙[48]。乃若蹊颍水兮难攀[49]，逝孤竹[50]兮不可还。二老既发悟于即禽[51]，向平[52]又肆意于名山。黄绮[53]终南而采荣，子陵[54]富春以临湍。纷古人之高蹈[55]兮，谅非吾心之

第一单元　历代诗选

所安。

【注释】

①选自《龙门集》。

②东嘉：温州的别称。崛奇：亦作“崫奇”。奇特，特异。

③侔：相等。中州：河南的古称。岳渎：中岳嵩山。

④浮滠：即筏子。

⑤霞标：语本晋孙绰《游天台山赋》：“赤城霞起以建标。”后因用以称高峻的挺立之物。

⑥遵：沿着。盘桓：迂回曲折。花蹊：花径。

⑦暗暧：昏暗不明貌。张衡《思玄赋》：“缤联翩兮纷暗暧，倏眩眃兮反常闾。”

⑧大罗：即大罗山。嵚崟：山高峻的样子。

⑨九斗：指温州古城斗城。

⑩虎溪：仙岩寺前的溪流。

⑪青冥：青天。

⑫谾鸿：宏大的山谷。禅宫：寺院。

⑬跬咫：指近在眼前。

⑭丹丘：传说中神仙所居之地。《楚辞·远游》：“仍羽人于丹丘兮，留不死之旧乡。”王逸 注：“丹丘，昼夜常明也。”

⑮羌：文言助词，用在句首，无义。连蜷：长而弯曲。

⑯阿屺：山丘。

⑰仙源：道教称神仙所居之处。

⑱旖旎：本义为旌旗随风飘扬的样子，引申为柔和美丽。

⑲轮囷：盘曲的样子。

⑳离披：摇荡晃动。绿泚：碧清。

㉑芳亭：即建于梅雨潭边的挹芳亭。王叔杲有《挹芳亭落成》诗。

㉒蹲夷：亦作“蹲跠”。蹲踞。泛羽觞：梅雨潭边有流觞亭。王应辰有《流觞亭趺坐》诗。

㉓险巇：形容路途艰辛。

㉔謇：忠贞。垂堂：靠近堂屋檐下。因檐瓦坠落可能伤人，故以喻

危险的境地。《汉书·爰盎传》:“千金之子不垂堂，百金之子不骑衡。”颜师古注：“垂堂，谓坐堂外边，恐坠堕也。”

㉕危梁：高架于山谷间的桥。

㉖绝冥：极幽深之处。屺：山无草木。

㉗武：半步，泛指脚步。

㉘周章：仓皇惊恐。

㉙腾跻乎偃蹇：往高崖攀登。偃蹇，高耸。

㉚衮衣：古代帝王及上公穿的绘有卷龙的礼服。这里借指帝王。

㉛踆踞：犹豫不进。《文选·鲁灵光殿赋》：“虬龙腾骧以蜿蟺，颔若动而踆踞。”李善注：“踆踞，动貌。”

㉜寥窲曮翳：幽深昏暗。

㉝滴沥：拟声词，水滴声。澎濞：水波撞击声。殷：震动。

㉞軨币：坚硬的样子。

㉟隆颓：高低起伏的样子。

㊱擂俺俺：将要堆砌。

㊲夭蟜：同夭矫，伸展屈曲。赝：撞击。

㊳蘧蘧：悠然自得的样子。

㊴向道而中辍：半途而废。

㊵焉往：去哪里。

㊶安禅：佛教语，指静坐入定。

㊷驯法：被佛法驯化。指楞严遇安禅师驯虎事。

㊸警：警动。《礼记·文王世子》：“天子视学，大昕鼓徵，所以警众也。”孔颖达疏：“警动众人，令早起也。”

㊹灵姑：指三姑潭传说的三姑。

㊺成削：衣服裁制合体。这里指穿戴整齐。

㊻三皇：即三皇井。传说伏羲、神农、女娲三皇凿井于仙岩山。黄帝：即黄帝池。传说为轩辕黄帝在仙岩山炼丹期间沐浴净身之池。

㊼皆：古同“槭”，树枝光秃，叶凋落的样子。

㊽“虽静躁”句：“静躁”语本王羲之《兰亭集序》：“虽趣舍万殊，静躁不同，当其欣于所遇，暂得于己，快然自足。”忘言：谓心中领会其意，不须用言语来说明。《庄子·外物》：“言者所以在意，得意而忘言。”

㊾踆（zūn）颍水：蹲在颍水里。相传尧访贤禅让天下，在箕山附近访得许由，尧让其治天下，许由以为是一种羞辱而不肯接受，遁耕于箕山之下。尧又召许由任九州长，许由认为听到这个任命玷污了自己的耳朵，于是洗耳于颍水之滨。

㊿孤竹：即孤竹君。此用伯夷、叔齐事。

(51)“二老”句：指伯夷、叔齐在被迫为君前觉悟而逃走。

(52)向平：东汉高士向长，字子平，隐居不仕，子女婚嫁既毕，遂漫游五岳名山，后不知所终。

(53)黄绮：汉初商山四皓中之夏黄公、绮里季的合称。“商山四皓”是秦朝末年四位信奉黄老之学的博士：东园公唐秉、夏黄公崔广、绮里季吴实、角（lù）里先生周术。他们是秦始皇时七十名博士官中的四位，分别职掌：一曰通古今；二曰辨然否；三曰典教职。后来他们隐居于商山，曾经向汉高祖刘邦讽谏不可废去太子刘盈（即后来的汉惠帝）。后人用“商山四皓”来泛指有名望的隐士。

(54)子陵：即严子陵。东汉著名隐士。他是东汉光武帝刘秀同学、好友。刘秀即位后，多次延聘他，但他隐姓埋名，退居富春山。严子陵这种不慕富贵，不图名利的思想品格，一直受到后世的称誉。

(55)高蹈：超脱。

【作者简介】

王叔杲（1517—1600）：字阳德，号旸谷，别号旸谷居士，永嘉英桥里人。嘉靖四十一年（1562）进士，官至湖广按察副使、福建布政使左参政。著有《玉介园存稿》《三吴水利考》。

李王战场歌[①]

将军跃马趋云间，凿山通道逾八蛮[②]。弯弓直射飞狐道，按剑曾开豺虎关。将军英武本唐裔，力能拨山气盖世[③]。当时唐室苦分崩，社稷[④]摇摇一丝系。六镇云扰[⑤]军无功，九鼎卒陷朱全忠[⑥]。英雄无志图兴复，穷山独守悲元戎。纵横石阵已沦落，暮雨空山转萧索。父老犹能说战场，壮士空怜委丘壑。把酒重登古将台，千年剑戟森蒿莱。北风萧萧思猛士，倚天长啸秋云开。

【注释】

①《弘治温州府志》卷一五《丘墓》载：“李王坟，在永嘉，有平地三顷，昔唐宗室避乱居焉，称茶山李氏。至今有李王坟及寝殿址，遗迹尚存。”民间故事：唐朝时期，李王（李集）“登基”称帝，朝廷派白马将军镇压，李王寡不敌众，跳崖身亡。后人为了纪念这段这场残酷的战争和这个悲壮的故事，将其跳崖的山峰命名为李王尖。

②八蛮：古谓南方的八蛮国。

③力能拨山气盖世：意谓力气拔得起一座山，气概压倒了天下。语本项羽《垓下歌》。

④社稷：“社”指土神，“稷”指谷神，古代君主都祭社稷，后来就用“社稷”代表国家。

⑤六镇云扰：六镇之乱、六镇起义（沃野镇，怀朔镇，武川镇，抚冥镇，柔玄镇，怀荒镇）。南北朝时期的北魏正光五年（524）北方六

镇戍卒和各族人民发起的动乱。此借指李集起义。

⑥九鼎：国家政权。朱全忠：即朱温，天祐元年（904），朱温用武力把唐昭宗杀死，立昭宗儿子李柷为帝，即唐哀帝（又称昭宣帝）。天祐四年（907），又逼迫哀帝禅让，代唐称帝，建国号大梁，改年号为开平，史称“后梁”。

游龙潭寺登大罗山[①]

予本山中人，湛冥嗜幽玄[②]。闲持一觞酒，言陟[③]罗山巅。羊肠蔽苍莽，绝壁摩青天。未登四五山，已历千万盘。林深散霏雨，石断鸣流泉。夹溪竹卉暗，积径苍苔鲜。入门见山僧，四壁何萧然。行行[④]出谷口，薄暮遵[⑤]回渊。大岳忽西峙，雄雄镇妙川。长江[⑥]注东溟，诸峰拱金莲。青冥万里动，翠黛天中悬。秀象乾坤辟，巨灵化工宣。少小论形胜，观兹窃慕焉。

【注释】

①龙潭寺：位于龙潭村山麓。初建于五代后晋，后改名香云寺，现建筑为20世纪70年代重建。

②湛冥嗜幽玄：平生嗜好玄虚的释道哲理。

③言：驾言，出游。语本《诗·邶风·泉水》：“驾言出游，以写我忧。”后用以指代出游，出行。陟：登高。

④行行：言其远。

⑤遵：循，顺着。

⑥长江：指瓯江。站在大罗山顶可看见瓯江。

【作者简介】

林朝重：号东山，明泰顺筱村东垟村人，庠生。生卒不详。

送惟覃侄为吏①

三月春风喜作晴，呼僮治装上修程。人舒两眼云初卷，马迟双蹄路正平。去兴好如归兴日，忠人须尽孝人情。若教再肯持清正，一定萧曹②辅圣明。

【注释】

①萧曹：萧何与曹参。前者草创了西汉王朝的各项制度，为西汉王朝的运行奠定了基础；后者沿袭前者的做法并加以改进。典故“萧规曹随”即由此而来。

【作者简介】

陈宪邦：号石楼，平阳金舟乡（今苍南县金乡镇）人，生卒未详。明天启年间（1605—1627）岁贡。著有《石楼先生遗稿》。

长安买菊

晚来秋色满长安，客思萧条独倚阑。忽忆故园黄菊好，尊前买得一枝看。

秋 兴

都门[①]漂泊岁华流，昨夜西风报早秋。千里孤踪淹北冀，几宵清梦到东瓯。歌残白石双蓬鬓，散尽千金一敝裘。块垒[②]且须凭酒泼，灯前聊自对吴钩[③]。

【注释】

①都门：都城。

②块垒：指郁积之物。也比喻胸中郁结的愁闷或气愤。

③吴钩：吴钩是春秋时期流行的一种弯刀，它以青铜铸成，是冷兵器里的典范，充满传奇色彩，后又被历代文人写入诗篇，成为驰骋疆场，励志报国的精神象征。在众多文学作品中，吴国的利器已经超越刀剑本身，上升成为一种骁勇善战、刚毅顽强的精神符号。

【作者简介】

王至言（1560—？）：字昭文，号夕庵居士，署半罗山房，王叔果孙，永嘉（今温州龙湾）人。万历副贡，授太常寺典簿。善古文词，有学识，且谙佛道典籍。著有《笙鹤轩诗集》。

登永宁山[①]

东瓯海上最高峰，结伴来登扶瘦筇[②]。山控孤城封薜荔[③]，潮回双塔出芙蓉。平原绿映千畴稼[④]，邃壑[⑤]声旋十里松。一啸长风招玉羽[⑥]，相将[⑦]此地觅仙踪。

【注释】

①永宁山：在今永嘉县瓯北镇北部。《永嘉县志》载：“在城北八里名北山，郡之主山也。陶弘景隐居于此。广袤三十里，绵亘贤宰、仙桂、永宁、清通四乡。”

②瘦筇：细长的手杖。

③薜荔：常绿藤本植物，茎蔓生，叶子卵形。果实球形，可做凉粉，茎叶可入药。

④千畴稼：千畴，言田地之多。稼，种植的谷物。

⑤邃壑：幽深的山沟。

⑥玉羽：此处指白润如玉的鸟。

⑦相将：相共相随。

【作者简介】

林梦龙（1608—1648）：字言臣，号纫斋，永嘉罗浮人。明崇祯十五年（1642）举人，官内阁中书。明亡后，坚贞不屈，曾变卖家产，招募义兵，组织白头军，赴闽反抗清兵，后败亡于沙场。善诗文，遗著已失传，仅曾唯《东瓯诗存》收录《罗浮山柳将军庙》等诗数首。

罗浮山柳将军庙①

罗浮峭壁倚江漘②，古庙巍峨剑履③新。月上潮声嘶战马，风摇岩树撼征尘④。最怜人杰思安汉⑤，更爱山灵⑥说避秦。咫尺中川文相国⑦，云旗来往不辞频⑧。

【注释】

①柳将军庙，应指汉大将军周亚夫之神庙。周亚夫为将军，驻守细柳（今陕西西安市长安区），忠于职守，治军严明，后人称纪律严明之军营为细柳营或柳营，斯营之将军亦称柳将军。后世民间多立柳将军庙以拜祀之。

②江漘：江边。

③剑履：即剑履上殿，此处指柳将军上朝时可不解剑，不脱履，是个有殊荣的人。

④征尘：指战斗时扬起的尘土。

⑤人杰安汉：典出《史记》卷五十五，指汉初商山四皓出山辅佐太子刘盈，安定刘氏江山的故事。此句表达了诗人殷切希望能使国家安定的思想情感。

⑥山灵：山神。

⑦中川：即江心屿，因江心屿原为两小岛，中贯川流，故名中川。文相国：即文天祥。

⑧云旗：本意指以云为旗帜，也指画有熊虎图案的大旗。此句意为诗人在文天祥精神感召下，积极参加鲁王朱以海的抗清活动。

清 代

【作者简介】

朱彝尊（1629—1709）：字锡鬯，号竹垞，又号甌舫，晚号小长芦钓鱼师，别号金风亭长，浙江秀水（今嘉兴市）人。清朝词人、学者、藏书家。博通经史，参加纂修《明史》。著有《曝书亭集》《日下旧闻》《经义考》；选《明诗综》《词综》。

谒文丞相祠[①]

尚忆文丞相，当年此誓师。计成犹转战，事去只题诗[②]。竹柏空祠屋，牲牢[③]尚岁时。鸱夷[④]他日恨，异代有同悲。

【注释】

①文丞相祠：在江心屿，祀文天祥。

②文天祥从元营脱险到温州，在江心屿题《北归宿中川寺》诗。

③牲牢：祭品。此指祭祀的香火。

④鸱夷：借指伍子胥。《战国策·燕策二》：“昔者伍子胥说听乎阖闾，故吴王远迹至于郢。夫差弗是也，赐之鸱夷而浮之江。”

【作者简介】

张天祐（1629—1705）：清代泰顺县三魁龟岩人，康熙辛未岁贡。

山居遣怀

偶耽幽寂寓山村，两扇柴扉半亩园。无计留春歌芍药，有时锄月种兰荪[①]。销磨岁月凭书卷，检点庖厨剩菜根。遮莫[②]知交断消息，成蹊桃李本无言。

【注释】

①兰荪：菖蒲的别称。

②遮莫：不要。

【作者简介】

林敷紫：字上左，号合峰，别号暮山，清永嘉人，生卒未详。雍正癸卯（1723）拔贡，乾隆初年任龙泉县教谕十年，修学舍，辟讲堂，文风为之一振，士子绘像以志不忘。

游大若岩①

一覆灵岩十亩宫，洞门高与白云通。
冰壶②影彻三更月，石室③寒侵六月风。
似叠龙鳞白骨起，如鸣鼍鼓④足音中。
扶舆⑤钟秀知多少，奇辟由来甲海东⑥。

【注释】

①大若岩：位于永嘉县小楠溪中游，以飞瀑、奇峰、幽洞、秀水和神话传说见长。景区内瀑布众多，又千姿百态；奇峰怪石，妙趣横生。陶公洞被道家誉为“天下第十二福地”，洞穴幽深，口大内旷，相传南朝“山中宰相”陶弘景曾隐居此洞撰《真诰》一书。

②冰壶：盛冰的玉壶，常用以比喻品德清白廉洁。

③石室：被道家誉为“天下第十二福地”的陶公洞，又称石室，位于大若岩山脚下，是一大型天然岩洞，也是浙南最大的石室。

④鼍鼓：亦作“鼉皷”，用鼍皮蒙的鼓，其声亦如鼍鸣。

⑤扶舆：亦作“扶於”“扶与”，犹扶摇，盘旋升腾貌，汉王褒《九怀·昭世》：“登羊角兮扶舆，浮云漠兮自娱。”钟秀：聚集灵秀之气。

⑥奇辟：奇僻，奇特之意。甲：居第一位。

【作者简介】

张天树（1682—1742）：清泰顺县罗阳镇仙居人，廪生。著《旅中草》（已佚）。

课农二首

三月桃花暖，春风雨一犁。痴云常笼岸，活水自通畦。午暗厨烟重，山遥树影低，平塍浮嫩碧，喜见稻苗齐。

白日晖青壁，黄牛放绿阴。溪山遗世味，耕凿老农心。细柳飘风薄，丛篁带雾深。居人不隔远，携酒入前林。

【作者简介】

张南英（1702—1773）：字北学，号渠西，别号中亭，浙江平阳昆阳人，居平阳西郭（今平阳昆阳镇西门）莲池巷。雍正十年（1732）中举人，翌年成进士。乾隆三年（1738）受命去贵州，历任瓮安、平越、清平等县知县，皆有政声。致仕后参与主持编纂《平阳县志》。

与古州蔡司马时豫话鸣山[1]

横阳五里是鸣山，水到桥头第一湾。重叠小山藏古寺，参差远树敞贤关。旧家零落衣冠冷，故国迢遥梦寐还。七载乡人瓯海外，月明一遇锦江间。

【注释】

①乾隆九年（1744），张南英在贵州清平县（今凯里市）任期届满，在铜仁府与黎平同知蔡时豫相遇，写下了《与古州蔡司马时豫话鸣山》一诗。蔡时豫（1695—1746），字立斋，平阳鸣山人。鸣山，在平阳县城。相传山腹有大洞穴，常有声，故名。因山形似伏虎，又名伏虎山。宋代赵几、林芘和明代罗衮等先后题有《鸣山诗》。鸣山南麓有净土寺，前身为鸣山寺。该寺始建于北宋仁宗天圣二年（1024），康熙、光绪年间先后重修。宋代林芘曾在此处留下"十里春风寻小寺"的佳句。南宋陈傅良、元代诗人陈高、明末布衣诗人何白等都留下过游访鸣山寺诗。

【作者简介】

袁枚（1716—1797）：字子才，号简斋，钱塘（今浙江杭州）人。晚年寓居南京，自号仓山居士、随园主人、随园老人。清代诗人、散文家。乾隆四年（1739）进士，历任溧水、江宁等县知县，四十岁告归在江宁。他与赵翼、蒋士铨合称“乾隆三大家”。著作有《小仓山房文集》《随园诗话》及《补遗》《随园食单》《子不语》《续子不语》等。

观大龙湫作歌[①]

龙湫山高势绝天，一条瀑走兜罗绵[②]。五丈以上尚是水，十丈以下全为烟。况复百丈至千丈，水云烟雾虽分焉。初疑天孙[③]工织素，雷棱[④]抛掷银河边。继疑玉龙[⑤]耕田倦，九天咳唾唇流涎。谁知乃是风水相摇荡，波回澜卷冰绡[⑥]联。分明合并忽迸散，业已坠下还迁延[⑦]。有时软舞工作态，如让如慢如盘旋。有时日光来照耀，非青非红五色宣。夜明帘献九公主[⑧]，诸天花散维摩肩[⑨]。玉尘万斛橘叟赌[⑩]，明珠九曲桑女穿[⑪]。到此都难作比拟，岿然独占宇宙奇观偏。更怪人立百步外，忽然满面喷寒泉。及至逼近龙湫侧，转复发燥神悠然。直是山灵有意作游戏，教我亦复无处穷真诠[⑫]。天台之瀑何狂颠，雁山之瀑何蝉嫣[⑬]，石门之瀑何喧阗[⑭]，龙湫之瀑何静妍[⑮]。化工[⑯]事事无复笔，一瀑布耳形万千。要知地位孤高依傍少，水亦变化如飞仙。

【注释】

①此诗作于乾隆四十七年（1782），袁枚赴浙江杭州、绍兴、台州、温州游玩之际，时年67岁。

②兜罗绵：又名兜罗毦、妒罗绵、兜罗锦。是兜罗树上柳絮状棉编织而成。此处形容瀑布像绵丝飘逸。

③天孙：传说中巧于织造的仙女。

④雷棱：棱，疑为“梭”形似而误。雷梭，仙女织布时发出巨大声

音的梭子。

⑤玉龙：神龙。

⑥冰绡：薄而洁白的丝绸。王勃《七夕赋》：“停翠梭兮卷霜縠，引鸳杼兮割冰绡。”

⑦迁延：停留。

⑧夜明帘献九公主：冯梦龙《智囊全集·见大》：“张说有门下生盗其宠婢，欲置之法。此生呼曰：‘相公岂无缓急用人时耶？何惜一婢！’说奇其言，遂以赐而遣之。后杳不闻。及遭姚崇之构，祸且不测。此生夜至，请以夜明帘献九公主，为言于玄宗，得解。”夜明帘，传说中夜间能发光的帘。《采兰杂志》：“张说于元宵召诸姬共宴，苦于无月，夫人以鸡林夜明帘悬之，炳于白日，夜半月出，惟说宅无光，帘夺之也。”

⑨诸天花散维摩肩：用“天女散花”来形容瀑布。维摩，维摩诘，早期佛教著名居士、在家菩萨。

⑩玉尘万斛橘叟赌：玉尘：传说中仙家的食物。橘叟赌：牛僧孺《幽怪录》“橘中之乐不减商山”条：“巴邛橘园中，霜后见橘如缶，剖开，中有二老叟象戏。一叟曰：‘橘中之乐不减商山（商山四皓），但不得根深固蒂耳。’一叟取龙脯食之。食讫，余脯化为龙，众乘之而去。”

⑪明珠九曲：典出殷芸《小说·孔子适陈》：“孔子去卫适陈，途中见二女采桑。子曰：‘南枝窈窕北枝长。’答曰：‘夫子游陈必绝粮。九曲明珠穿不得，著来问我采桑娘。’”

⑫真诠：真实的道理。

⑬蝉嫣：连续不断。

⑭喧阗：喧闹杂乱。

⑮静妍：娴静优美。

⑯化工：造化之功。

【作者简介】

赵翼（1727—1814）：字云崧，一字耘崧，号瓯北，又号裘萼，晚号三半老人，江苏阳湖（今江苏常州）人。乾隆二十六年（1761）进士。官至贵西兵备道。旋辞官，主讲扬州安定书院。长于史学，考据精赅。所著《廿二史札记》与王鸣盛《十七史商榷》、钱大昕《二十二史考异》合称“清代三大史学名著”。颇有诗名，与袁枚、蒋士铨合称“乾隆三大家”。著有《瓯北诗话》。

永嘉舟行

才过飞云渡[①]，篮舆[②]又换船。长途远归客，胜地小游仙。潮退岸痕湿，雨余岚翠鲜。真看淳朴处，别有一山川。

【注释】

①飞云渡：位于飞云江下游，是古时浙闽要津。

②篮舆：一种乘坐的交通工具，类似轿子。

【作者简介】

孙希旦（1736—1784）：字绍周，号敬轩，浙江瑞安碧山桐田（今属陶山镇）人。乾隆四十三年（1778）戊戌科探花，授翰林院编修、武英殿分校官兼充国史三通馆纂修官，《四库全书》编修。著有《求放心斋诗文集》《礼记集解》等。《礼记集解》1989年中华书局列入《十三经清人注疏》出版。有瓯风社印本《敬轩诗存》传世。

宝香寺吊卓侍郎①

碧血伤千载，青山绕旧村。一朝能养士②，七族竟衔怨。古寺骑牛路③，春风化鹤魂。徒封遗疏在，泪恨满乾坤。

【注释】

①宝香寺，卓敬少年时读书之处。卓侍郎，即卓敬。

②一朝能养士：《明史》载，卓敬死后，成祖尝叹曰："国家养士三十年，惟得一卓敬。"

③骑牛路：传说卓敬读书夜归，风雨迷路，得一牛骑归。

【作者简介】

顾清芳（1756—1811）：字苞育，号旭堂，平阳金乡（今苍南县金乡镇）人，诗人。著有《可笑人集》。

赠汪莲塘巡检[①]

一卮[②]春酒对山花，寂寂庭阴未放衙。莫笑蹉跎成隐吏，最宜闲散作诗家。东风吹月到孤城，海上潮回夜有声。若听弦桐翻水调，座中何客不移情？

【注释】

①巡检，官署名巡检司，官名巡检使，省称巡检。始于五代后唐庄宗。宋时于京师府界东西两路，各置都同巡检二人，京城四门巡检各一人。又于沿边、沿江、沿海置巡检司。掌训练甲兵，巡逻州邑，职权颇重，后受所在县令节制。明清时，凡镇市、关隘要害处俱设巡检司巡检为主官正九品，归县令管辖。

②卮：古代盛酒的器皿。

【作者简介】

胡封（1761—1836）：清泰顺县仕阳人，乾隆庚辰年（1760）岁贡。

书怀

课罢归来每日斜，悠然意趣野堪家。溪环绿水春常暖，屋傍青山竹半遮。黄卷有灵容我乞，清风无价许谁赊。还赢乐事儿曹[①]解，小圃分畦学种瓜。

【注释】

①儿曹：指晚辈的孩子们。

【作者简介】

阮元（1764—1849）：字伯元，号芸台、雷塘庵主，晚号怡性老人，江苏仪征人。乾隆五十四年（1789）进士，先后任礼部、兵部、户部、工部侍郎，山东、浙江学政，浙江、江西、河南巡抚及漕运总督、湖广总督、两广总督、云贵总督等职。在经史、数学、天算、舆地、编纂、金石、校勘等方面都有着非常高的造诣，被尊为三朝阁老、九省疆臣，一代文宗。著有《揅经室集》《畴人传》《广陵诗事》《定香亭笔谈》《十三经校勘记》《小沧浪笔谈》等。

大龙湫歌①

山回路断溪谷穷，灵湫阴閟②龙所宫。眼前无石不卓立，天上有水皆飞空。飞空直落一千尺，鬼神不在疏凿功③。绝壁古色划尔破④，山腹元气⑤冲然通。有时静注绝不动，春阳下照神和融。有时飞舞渐作态，已知圆嶂⑥生微风。一瓯春茗⑦啜已尽，水花未散犹复摇玲珑⑧。飒然乘飙更挥霍⑨，随意所向无西东。不向寻常落处落，或五十步百步皆濛濛。岂料仙境在人世，谁作妙戏惟天公。云烟雨雪银河虹，玉尘冰縠珠帘栊。万象变幻那足比，若涉拟议皆非工⑩。石门⑪飞瀑已奇绝，到此始叹无能同。惟有天柱矗立龙湫中，屹然百丈与此争雌雄⑫。

【注释】

①我国古典诗歌中描写瀑布的作品很多，其中不乏名篇佳制，但像此首长篇大论来专力描写瀑布的，并不多见。此诗在描写瀑布方面，继承了李白等写瀑布的艺术手法，如诗中的“飞空直落一千尺”，显然是化用了李白的名句“飞流直下三千尺”（《望庐山瀑布》）。“银河”“白虹”等比拟也来自李白诗。“绝壁古色划尔破”句，化用唐人徐凝《庐山瀑布》诗“一条界破青山色”的名句。宋人葛立方《韵语阳秋》在总结比较瀑布诗写作时提出两种手法：一是“凿空道出”，一是利用“比拟”。就阮元此篇来说，对瀑布的两种艺术手法他都吸收了并加以运用，所谓

“凿空道出”即“赋”法，所谓“犹涉比拟”，即运用“比兴”之法，二者不可偏废。

②阴閟：幽深。

③鬼神不在疏凿功：意思是鬼神没有参与开凿，是自然生成的。

④划尔破：指绝壁被瀑布划割开。

⑤山腹元气：山间的自然之气。

⑥圆嶂：围成圆形屏障的山峰。

⑦一瓯春茗：一杯春茶。

⑧玲珑：拟声词。玉声，泛指清越的声音。

⑨飒然：风声。乘飙：趁着暴风。

⑩“云烟”四句：谓云烟、雨雪、银河、长虹、玉尘、绡纱、珠帘等万象变化都不足以比拟大龙湫瀑布。冰縠（hú），洁白的绉纱。帘栊，窗帘。

⑪石门：永嘉县石门山。

⑫“惟有”句：意谓雁荡山含珠峰北天柱门瀑布，门中有梅雨瀑，高四十丈，可与此瀑布决一雌雄。

温州江中孤屿谒文丞相祠[1]

独向江心挽倒流，忠臣投死入东瓯[2]。侧身天地成孤注，满目河山寄一舟。朱鸟西台人尽哭[3]，红羊南海劫初收[4]。可怜此屿无多土，曾抵杭州与汴州[5]。

【注释】

①文丞相祠：江心屿文丞相祠始建于成化十八年（1482）。

②“独向”二句：指文天祥 1276 年从元营脱身来到温州，在江心屿召集温、台、处三州豪俊共商恢复大计。

③朱鸟：又名朱雀，南方之神。这里指南方。西台：台名，在今桐庐富春山。文天祥抗元失败被杀后八年，即元世祖至元二十七年（1290），谢翱与其友人登西台致祭，并作《登西台恸哭记》记其事。

④红羊：即“红羊劫”，指国难。古人以为丙午、丁未是国家发生灾祸的年份。以天干“丙”“丁”和地支“午”在阴阳五行里都属火，为红色，而“未”这个地支在生肖上是羊，每六十年出现一次的“丙午丁未之厄”，后便被称为“红羊劫”。南海劫：指南宋景炎三年（1278）十二月二十日，文天祥在海丰北五坡岭兵败被俘。次年二月初六，陆秀夫背负帝昺赴海而死。张世杰遇大风溺死。

⑤“可怜”二句：谓孤屿虽不大，文天祥他们曾在此共图恢复大计，抵得过汴州和杭州。

【作者简介】

董正扬（1768—1816）：字眉伯，号昙柯。清泰顺县罗阳镇坪溪人，嘉庆壬戌科（1802）进士，官江西大庾知县。著有《味义根斋诗稿》《太玉山房诗钞》。

题所居壁

生涯只有地双弓[①]，凤岫[②]之南平水[③]东。
与我周旋[④]三径月，干卿何事[⑤]一池风。
债如春草芟难尽，诗比秋莺语不工。
兄弟联吟[⑥]无别业，全家赢得是雕虫[⑦]。

【注释】

①地双弓：十尺之地，形容地方小。弓，旧时丈量土地计量单位，一弓为五尺、三百六十弓为一里。

②凤岫：指舞凤山。《分疆录》："舞凤山在县右，自西而南，横界浙闽，白溪、平溪在其下。"

③平水：指平溪。《分疆录》："平溪在城南，下有第一漈、第二漈。"董正扬故居在舞凤山之南、平溪之东，故有此称。

④与我周旋：《世说新语·品藻》："桓公少于殷侯齐名，常有竞心。桓问殷：'卿何如我？'殷云：'我与我周旋久，宁作我。'"周旋：古代行礼时进退揖让的动作。《礼记·乐记》："升降上下，周还裼袭，礼之文也。"陆德明释文："还，音旋。"孔颖达疏："周谓行礼周曲回旋也。"引申为交往；交际应酬。

⑤干卿何事：与你何干。《南唐书·冯延巳传》："元宗乐府辞云'小楼吹彻玉笙寒'，延巳有'风乍起，吹皱一池春水'之句，皆为警策。元宗尝戏延巳曰：'吹皱一池春水，干卿何事？'延巳曰：'未如陛下小楼吹彻玉笙寒。'元宗悦。"

⑥联吟：犹联句。两人或多人共作一诗。

⑦雕虫：比喻从事不足道的小技艺。常指写作诗文辞赋。

【作者简介】

董斿（1775—1842）：字仲常，号霞樵，自署太霞山人，泰顺罗阳人。清廪生。曾任处州莲城书院山长10年。遗著有《太霞山馆文集》。

雪夜不寐

寒风急雪满天涯，独夜寂寥苦忆家。虚馆不堪倾柏叶，乱山何苦负梅花。单衾摆冷难成梦，叠鼓催更只乱挝[①]。刚喜愁魔容小睡，隔窗又见晃银霞。

【注释】

①叠鼓催更只乱挝（zhuā）：频繁地敲打更鼓。挝，打，敲打。

【作者简介】

梁章钜（1775—1849）：字闳中，又字茝林，号茝邻，晚号退庵，福建长乐人。曾任江苏布政使、甘肃布政使、广西巡抚、江苏巡抚等职。著有《制义丛话》《浪迹丛谈》《称谓录》《归田琐记》《文选旁证》《清书录》《经麈》《夏小正通释》《论语旁证》《孟子旁证》《三国志旁证》《退庵所藏金石书画题跋》《藤花吟馆诗钞》《三思堂丛书》《南省公余录》《退庵诗存》《退庵随笔》《枢垣记略》《楹联丛话》等。

夜宿景山学斋[1]

天外鸦声渡苑墙[2]，千林晚景送斜阳。云光乍与山颜紫，霜意犹容瓦色黄。窥户月华[3]连北极，隔棂虫响尽东箱[4]。沧江青琐俱无著[5]，漫听西风玉漏[6]长。

【注释】

①景山：温州城西部西山的一个山峦。学斋：学舍。

②苑墙：园林的围墙。

③月华：月光。

④棂：窗子上的格子木条。东箱：同东厢，正房东侧的房间。

⑤无著：即无着，没有着落。

⑥玉漏：古代计时壶漏的美称。

浩然楼[①]

凭栏泼眼尽秋光，城树村烟俯莽苍[②]。历览敢希谢康乐，标题漫借孟襄阳[③]。江山如此清辉在，人物当年逝水忙。谁识浩然留正气，西偏丞相有祠堂。

【注释】

①浩然楼：在江心寺。始建于万历八年（1580），相传为孟浩然题诗遗迹，因建此楼。又说楼名取自文天祥《正气歌》诗“于人曰浩然，沛乎塞苍冥”。

②莽苍：形容原野一望无际、草木迷茫的景象。

③孟襄阳：即孟浩然。孟有《登江中孤屿赠白云先生王迥》诗。

【作者简介】

华文漪（1777—1825）：字菉园，平阳招顺乡蒲门所（今苍南县蒲城乡）人。清嘉庆年（1801）拔贡，后再试保和殿，不第，于是放弃举子业，专攻古文。林滋秀称赞他的文章，“兼才学识三长”。著有《逢原斋诗文钞》。

野外看竹（其一）

屋畔修篁[①]自一村，不须拄杖去敲门。浓阴匝地[②]新苔绿，染得烟痕更雨痕。

【注释】

①修篁（huáng）：修竹，长竹。

②匝地：遍地。

一 村

海国初过秋雨天，湿云遥带一村烟。山回日影疏横树，涧纳风声细咽泉。小犊寻刍沿远陌，群鸡争粒散空田。丛祠又卜来秋稼[①]，几处吹豳乐有年[②]。

【注释】

①丛祠又卜来秋稼：意思是到神庙里问卜来年庄稼的长势与收成。

②几处吹豳乐有年：意思是丰收后，唱着丰收的歌谣。豳风，是《诗经》十五国风之一，共七篇，其中多描写公刘封地——豳地的农家生活，辛勤劳作的情景。有年，表示农业丰收，年成好。

【作者简介】

周衣德（1778—1842）：原名家灏，字子莲，号藕农，永嘉县岩头镇上泛村人，住鹿城书堂巷。嘉庆乙卯年（1819）举人，顺天南元，曾任长沙知县。饱读诗书，时人称“行书厨”。著有《太玉山馆诗集》《研经堂随笔》《研经堂文集》《藕农文钞》等，今人合编为《周衣德集》。

溪行

每爱溪行胜陆行，免教攀陟[①]太劳生。水禽导我多闲意，山翠窥人有故情。九丈潭深龙影卧，双岩滩险虎牙撑[②]。淹留[③]日暮沙边宿，何处浮槎[④]贯月横。

【注释】

①攀陟：攀登。

②九丈，双岩：均为地名。双岩，位于沙头庙活村前溪中，过去双岩石壁如虎牙，水湍急，仅容一小舟穿行，现已炸毁，船可畅驶。

③淹留：停留，久留。

④浮槎：传说中来往于海上和天河之间的木筏。晋代张华《博物志》卷十：“旧说云天河与海通。近世有人居海渚者，年年八月，有浮槎去来，不失期。”

楠溪夜航

外沙亭[①]畔复登舟，直抢[②]江风渡乱流。山色西连城阙晚，潮声东上海门[③]秋。夜航喧杂难成寐，旅雁飞鸣各有谋[④]。到处萧条人事拙，无聊诗思寄沧洲。

【注释】

①外沙亭：据说在鹿城，今已毁。

②抢：赶快，赶紧。

③海门：入海港口。

④旅雁飞鸣各有谋：语出宋人戴表元《山中玩物杂言十首》："我观飞鸣族，一一各有营。但为口腹谋，遂尔遗其名。"

【作者简介】

董沄（1779—1866）：一名作诰，字濬哲，号月渔，平阳慕贤西乡东庄（今苍南县龙港镇江山办事处）人。孙诒让评其诗："婉秀温润，文质相附，不事雕琢，独造自然。"《夕阳诗》尤其有名，人称"董夕阳"。著有《弦佩斋吟草》。

夕 阳

其一

虹边飞雨过村东，入目斜阳缕缕红。犹带片云成绮岫，巧将余艳绚江枫。溪岚彩翠开千簇，霜桔玲珑透一丛。闲倚曲栏凝远眺，凄凄夕色满秋空。

其二

牧竖①驱牛欲下山，烘来红叶渥②如丹。半堤幽草熏晴色，万里沙鸥弄晚寒。屋角好将渔网晒，村中恰作画图看。一篙柳外欹斜插，如有扁舟系暮滩。

【注释】

①牧竖：牧童。

②渥：多，厚。

【作者简介】

郑兆璜（1789—1858）：号古渔，平阳金乡郑家楼（今苍南县金乡镇）人，诗人。著有《粲花楼吟稿》。

鲥鱼[①]

其一

我爱银鳞味美腴，却嫌多骨笑髯苏[②]。年年四月江南地，胜似松江一尺鲈[③]。

其二

满江初放橛头船[④]，恰值乡村樱笋天[⑤]。绝爱东家诸姊妹，敲鳞片片作花钿[⑥]。

【注释】

①鲥鱼：鱼类，多刺。属于海鱼，春季到中国长江、珠江等河流中产卵。肉鲜嫩，鳞下多脂肪，是名贵的食用鱼。

②髯苏：宋苏轼的别称，以其多髯故。

③鲈：鲈鱼，生活在近海，秋末到河口产卵。

④橛头船：尖头小船。

⑤樱笋天：樱桃与春笋成熟的时节，指阴历三月。

⑥花钿：古时妇女脸上的一种花饰。

【作者简介】

谢香塘（1792—1872）：平阳矾山苋头庵（今属浙江省苍南县）人，父谢云瞻，国学生。大弟谢青洲，举人；次弟谢青扬，监生，俱以能文著称。嫁平邑蒲壮所城（今苍南马站镇蒲城社区）金家。夫婿洛先好冶游，未三十而殒。香塘抚族子为嗣，教之成立。谢受家庭文化熏陶，从小酷爱诗文，女红之外便耽溺于读书。其性情沉隐，故所作骈文甚为婉约，诗则更加端厚，晚年手编诗词作品为《红余诗词稿》。

卖花声[①]

秋色晚来赊[②]，断雨残霞。萧疏芦荻满丛花。流水小桥红树外，几点归鸦。

园种邵平瓜[③]，蟹簖[④]鱼叉。半村半郭野人家。篱落数枝元亮[⑤]菊，又绽霜葩。

【注释】

①卖花声：词牌名，又称“浪淘沙令”，也称“过龙门”“炼丹砂”。

②赊：多。

③邵平瓜：邵平，亦称“召平”，秦故东陵侯，秦亡后，为布衣，种瓜长安城东青门外，瓜味甜美，时人谓之“东陵瓜”。见《三辅黄图》卷一。后世因以“邵平瓜”美称退官之人的瓜田。

④簖：插在河水里的竹栅栏，用来阻挡鱼、虾、螃蟹，以便捕捉。

⑤元亮：陶潜字元亮。

虞美人

惜花心事无时了，日日窥池沼。星幡一夜起东风。多少落英飞絮满城中。

江南景色今安在，空把朱颜改。留春不住奈春何。岁岁卖花声里客愁多。

【作者简介】

谢青扬（1794—1864）：原名光昶，字次榆，号小嵋，平阳亲仁乡矾山（今苍南县矾山镇）人。道光癸卯（1843）府学岁贡。著有《愈愚斋诗文集》。

横阳名山川各十二景（其二）[①]

玉仓松涛[②]

峨峨[③]玉仓山，雄跨亘百里。登陟[④]良云劳，兴发不容止。涧断路疑穷，峰回路可指。林翠时沾衣，雨洒晴天里。

深谷生回风，谡谡[⑤]松涛起。努力做秋声，自尔成宫徵[⑥]。听之清人心，洗我筝笛耳。会与牙生期[⑦]，相和弹绿绮[⑧]。

桃湖映带[⑨]

远绕松山麓，湖光碧似油。人烟团两岸，树影漾中流。水净寒生月，云闲澹欲秋。有怀徐殿撰[⑩]，拨棹发清讴[⑪]。

【注释】

①横阳：横阳支江是浙江省八大水系之一鳌江的最大支流，为苍南县境内主河道，主流原长 67.5 公里，经过多次裁弯取直后，总长 60.5 公里。其源出泰顺县九峰山，至凤江经朱家站水闸注入鳌江。流域面积达 733.96 平方公里，覆盖苍南县境大部。

②玉仓：即苍南县玉苍山，苍南名胜。1981 年苍南置县，以其在玉苍山南得名。

③峨峨：山体高大陡峭。

④陟：登高。

⑤谡谡：挺拔的样子。

⑥宫徵：古代五音中宫音与徵音的并称，泛指乐曲。

⑦牙生期：伯牙与子期，春秋战国时期的一对挚友。

⑧绿绮：古琴样式。一说为古琴别称。传闻汉代司马相如得“绿绮”，如获珍宝。司马相如精湛的琴艺配上“绿绮”绝妙的音色，使“绿绮”琴名噪一时。后来，“绿绮”就成了古琴的别称。

⑨桃湖：今苍南县观美镇桃湖村，南宋状元徐俨夫故里。

⑩徐殿撰：即徐俨夫，宋理宗淳祐元年（1241）辛丑科状元。明清进士一甲第一名例授翰林院修撰，故沿称状元为殿撰。

⑪清讴：指清亮的歌声。

【作者简介】

孙衣言（1815—1894）：字绍闻，号琴西，晚号遁披，斋名逊学，浙江瑞安人。道光三十年（1850）进士。授翰林院编修。官至太仆寺卿，以疾乞归。生平努力搜辑乡邦文献，阐述永嘉遗学，搜辑遗佚文献编成《永嘉集》74 卷，校刻“永嘉丛书”13 种，收录乡哲遗文佚事，编有《永嘉学案》及《瓯海轶闻》57 卷。筑玉海楼以藏书。遗著有《逊学斋文钞》正续 17 卷、《诗钞》正续 15 卷、《娱老词》1 卷。

华山云送袁翼臣归华阴[①]

君卧华山云，我饮瓯江春。千山万山不相见，一朝握手长安尘。长安尘土牛马走，落落[②]相看意殊否。君言昔居华山巅，自扫落花住五年。明星玉女井，手搴[③]十丈莲。黄河一线云间来，走入怀抱如空烟。松花酿酒酌十斗，醉呼李白看青天。丹砂不就不足惜，奈何堕作马上客。客居蓬蒿[④]青没门，可怜但遭俗眼白。我亦误落尘埃间，夜梦往往居青山。金齑玉脍[⑤]不知爱，只有白鸥怜人顽。燕山六月火云[⑥]厚，芦沟桥边万行柳。下马折柳枝，上马看君走。柳枝婀娜风吹衣，千山万山独回首。今君仍卧华山云，华山云亦长随君。三花玉树[⑦]行可食，群仙笙管空中闻。却看明月云台[⑧]上，记得相思有故人。

【注释】

①华山：在陕西省华阴市，五岳之一。袁翼臣：未详。

②落落：磊落，形容人的气质、襟怀。

③搴：采摘。

④蓬蒿：蓬草和蒿草，借指荒野偏僻之处。

⑤金齑玉脍：指精美的食物。

⑥火云：红云。

⑦三花：三花树的略称。玉树：神话传说中的仙树。

⑧云台：华山的北峰又名云台峰。

九月十五日重至五美园

廿载重来缚屐[①]寻，白云依旧抱遥岑。却看山色羞苍鬓，最爱泉流送玉琴。留客老僧煨芋熟，避人惊鼠入萝深。扶筇[②]欲下犹回首，要借禅机一洗心。

【注释】

①缚屐：绑紧鞋带。

②扶筇：拄杖。

贾宅看梅[①]

在永嘉大罗山麓有梅数百本。

薄雾轻云万竹屯[②]，茶村数里接梅村[③]。小桥乍转香迎客，草屋谁家雪拥门。欲觅荒亭容少住[④]，可无高客共开尊。诗人犹忆徐丞子，煮茗清吟一讨论。[⑤]

【注释】

①选自《逊学斋诗钞·续钞》。

②自注：地亦多竹。

③自注：贾宅旧名梅村。

④自注：花在村人所居前后，而苦无休息之所。土人云故有一亭，久圮矣。

⑤自注：宋徐山民居泉村。国初时徐凝丞子亦能诗，有《泉村集》，盖其后也。今茶村犹有徐氏子孙。

飓变[1]

月在丙申日丁酉[2]，大风夜拔山石走。雌蜺助虐驱雨师[3]，海水倒立长鲸吼。白日不出光冥冥，雷公遁匿安敢争。黑云堕地作昏夜，空中似有蛟龙行。野人妇女走且号，惊绝屋角生波涛。南山万树高十丈，一一拔去如秋蒿。眼见室庐作飞瓦，窃恐性命随鸿毛。嘉庆始年风折木，父老犹言无此酷。一夕欲泻银河干，万里恐成地维[4]覆。我闻自古圣明朝，五日十日风雨调。即今舜禹鸣《箫韶》[5]，雨公飓母[6]尔何骄。得无有司[7]自失职，坐使万室遭流漂。去年少饥民乏食，已有抢掠禁未得。今者禾头一尺没，柑园芋田百无一。贫民昼出归无家，或缚湿茅栖木末。坐视穷饿真可怜，窃虞流徙生戈铤[8]。拟借官米百万斛，旦暮解此哀鸿[9]艰。幸完妻子无远去，忍待麰麦[10]看明年。呜呼！安得有司真仁贤，为汝入言天子前。

【注释】

①飓变：台风灾害。

②月在丙申日丁酉：道光二十六年农历七月十四。

③雌蜺：虹有二环时，内环色彩鲜盛为雄，名虹；外环色彩暗淡为雌，名蜺，即霓，今称副虹。雨师：传说中司雨的神。

④地维：维系大地的绳子。古人以为天圆地方，天有九柱支持，地有四维系缀。故亦指地的四角。

⑤箫韶：舜乐名。《尚书·益稷》：“《箫韶》九成，凤皇来仪。”

⑥雨公：同雨师。飓母：虹霓。李肇《唐国史补》卷下：“飓风将至，则多虹蜺，名曰飓母。”

⑦有司：当政者。

⑧虞：担心。流徙：逃荒的流民。铤（chán）：古代一种铁柄短矛。

⑨哀鸿：形容呻吟呼号的难民惨象。典出《诗经·小雅·鸿雁》。

⑩麰（móu）麦：大小麦。麰，大麦。

【作者简介】

俞樾（（1821—1907）：字荫甫，一字中山，号曲园，浙江德清人。道光三十年（1850）进士。曾任翰林院编修，河南学政。著名学者，主治经学，旁及诸子学、史学、训诂学等，著有《群经平议》《诸子平议》《古书疑义举例》三书。其余著述尚多，有《春在堂随笔》《茶香室丛钞》《诂经精舍自课文》《宾萌集》《春在堂诗编》等。

自福州还杭过瑞安（二首）

其一

瑞安学士最依依，夜雨留宾静掩扉。
杯酒清淡偏有味，黄花鱼小墨鱼肥。

其二

飞云渡口水茫茫，历历风帆海外樯。
江面乱流行十里，依稀风景似钱塘。

壬申春日自杭州至福宁杂诗①（二首）

其一

平桥曲水路纡徐，一叶轻舟载笋舆②。
沿路饱看南雁荡，浓青浅黛染襟裾③。

其二

山溪行尽又山冈，且喜松篁夹路长。
想见山中生计足，高高下下菜花黄。

【注释】

①清同治十一年（1872），为了探望老母，俞曲园从杭州到福建福宁时，道经平阳县城、钱仓、萧家渡（今萧江）、琳溪（灵溪）、桥墩门（桥墩）、出分水关。当他在平阳县城停留时，除游览了东门原仙坛寺外，还在该寺西边岩壁上留有摩崖石刻。该石刻至今仍完整地留在那里，正中“壑云”和下款“德清俞越”等字，均尚清晰地保存着。当俞樾经过鹳巢（鸽巢）、钱仓等地时，也都留有宝贵的诗篇。这些诗的总题为《壬申春日自杭州至福宁杂诗》和《自福宁还杭州杂诗》。。

②笋舆：竹舆，竹轿子。

③作者自注：自平阳坐小舟行三十里至钱仓，一路山色甚佳，层峦叠嶂，应接不暇，盖即所谓南雁荡矣。

【作者简介】

徐定超（1845—1917）：字班侯，永嘉县枫林人。光绪二年（1876）乡试中式，光绪九年（1883）进士。先后任户部广东司主事，户部则例馆修纂，顺天乡试内修掌官，山东、陕西、湖北、河南道监察御史。1917年，偕夫人胡氏回乡，所乘普济轮船在吴淞江口被一艘英国轮船撞沉遇难，终年73岁。

枫林秋景[①]

家住枫林罕见枫，晚秋闲步夕阳中。此间好景无人识，乌桕经霜满树红[②]。

【注释】

①枫林：即今永嘉县枫林镇。

②乌桕（jiù）：也叫蜡子树，落叶乔木，可用于制肥皂、蜡烛等；种仁榨的油叫梓油，可用于制油漆、油墨、润滑油等。叶子秋天经霜后变红。

赴 任[①]

江上波涛海上风，问君底事[②]去匆匆。旁人不识饥驱[③]苦，矍铄[④]依然称老翁。

【注释】

①赴任：官吏去到某地担任职务。

②底事：何事，什么事。

③饥驱：指为衣食而奔忙。

④矍铄：形容老年人身体好、精神旺盛的样子。

【作者简介】

孙诒让（1848—1908）：幼名效洙，又名德涵，字仲容，别号籀庼，浙江瑞安人。晚清经学大师、著名教育家，与俞樾、黄以周合称清末三先生。有“晚清经学后殿”“朴学大师”之誉，章太炎称他“三百年绝等双”。同治六年（1867）举人，官刑部主事，旋归不复出，专攻学术，精研古学垂40年，融通旧说，校注古籍，著书30余种，有《周礼正义》《墨子间诂》《契文举例》《温州经籍志》《四库全书简明目录批注》等。曾组织兴儒会，创办学计馆，在温州、处州（今丽水）等地办学300多所。《清史稿》有传。

自题《顾亭林集校本》后[①]

（光绪二十四年）

岂愿区区王佐学[②]，苍鹅[③]哀怨几人知？流离幸早一年死，不见天骄平郑[④]时。万里文明空烈火，人间尚有采薇[⑤]篇。临风掩卷忽长叹，亡国于今三百年。

【注释】

①顾亭林：即顾炎武（1613—1682），明朝南直隶苏州府昆山（今江苏省昆山市）千灯镇人，明末清初的杰出的思想家、经学家、史地学家和音韵学家。其主要作品有《日知录》《天下郡国利病书》《肇域志》《音学五书》（《韵补正》《古音表》《诗本音》《唐韵正》《音论》）《金石文字记》《亭林诗文集》等。

②王佐学：辅佐帝王创业治国的学问。

③苍鹅：指外族入侵带来的灾难。出自《世说新语·赏誉》。

④天骄平郑：指1683年清兵占领台湾，延平王郑克塽降清，宁靖王朱术桂自杀殉国，明朝彻底灭亡（郑成功收复台湾作为抗清基地，建立明郑王朝，明郑政权继续沿用永历年号）。

⑤采薇：指归隐。《史记·伯夷列传》载，殷末，孤竹君二子伯夷、叔齐，反对周武王伐纣，曾叩马而谏。周代殷而有天下后，他们“义不

食周粟”，隐于首阳山，采薇蕨而食，及饥且死，作歌曰：“登彼西山兮，采其薇矣，以暴易暴兮，不知其非矣，神农、虞夏忽焉没兮，我安适归矣？于嗟徂矣，命之衰矣。”遂饿死于首阳山。其歌称《采薇歌》。

【作者简介】

黄绍箕（1854—1907）：字仲韬，号鲜庵。浙江瑞安人。光绪六年（1880）进士。历任四川、湖北提学使，武英殿编修。著有《黄绍箕集》，包括《中国教育史》《广艺舟双辑评论》及《潞舸词》等。

留别译学馆同事诸君①

结想无穷力不任②，住思避席去沾襟。倚兰傍玉愁非质③，叩角鸣宫感合音④。风暖渐扶荷出水，露浓刚护柳成阴。汉江夜夜婵娟月，长照佳人万里心。

【注释】

①译学馆，光绪二十九年（1903）至宣统三年（1911），清政府在京师大学堂设立的教学机构，宗旨是培养高级翻译人才。黄绍箕担任第三任监督。

②结想：念念不忘。不任：不能忍受。

③质：禀性。

④合音：声音和谐。

【作者简介】

周恩煦：清泰顺县雅阳镇秀涧人，光绪乙科拨贡，著有《晚华居遗集》。

竹居主人惠氏蟹后复贻盘菊即谢

盈盘又见蟹爪簇，异样不与故园复。得蟹忆菊愿正赊，见花如蟹容可掬。鱼与熊掌不得兼，佳贶乃尔相赓续。秋味秋色两佳绝，对此真须酒十斛。有花无酒交淡如，做骨凌霜相知夙。

【作者简介】

林昕（1869—1910）：名林霏开，字杲东，又号万罗狂客、布衣，泰顺县筱村东垟村人。温州图书馆藏有林昕的《乐山诗草》二卷、《乐山杂著》和《泰顺林氏家传》。曾执教于温州东山书院、温州中东书院。

山家信宿

松篁围绕半檐遮，投宿峰前路未差。深涧潺潺三日雨，两山阁阁数声蛙。烟开远嶂阴留树，月照疏篱影弄花。今夜逼人寒气袭，九霄高迥净无涯。

【作者简介】

冒广生（1873—1959）：祖先蒙古族，字鹤亭，号疚斋，江苏如皋人。光绪二十年（1894）举人，后诰授资政大夫。清末任刑部郎中、农工商部郎中，民国后历任农商部全国经济调查会会长，江、浙等地海关监督，抗日战争前任中山大学教授。后任国史馆纂修。1949年后，任上海市文物管理委员会特约顾问。著有《冒鹤亭词典论文集》《疚斋词论》《小三吾亭诗文集》。编有《永嘉诗人祠堂丛刻》《永嘉高僧碑传集》《二黄先生集》《如皋冒氏丝书》等书。

水龙吟·客瑞安作[①]

江湖十载狂名，更无人唱旗亭句[②]。酒阑重省，琴边怨轸[③]，笛边凄语。几日西风，绿蕉红萃，助愁如许。怕绣笼鹦鹉，要人回避，都不到花阴处。

一任闲阶细雨。碧蒙蒙、苔深无数。镫窗秋晕，屏山春远，梦都无据。从此周郎[④]，再休还斗，小乔媚妩。待归来玉剪[⑤]，同他商略，向雕梁住。

【注释】

①水龙吟：词碑名。

②旗亭句：用旗亭画壁的典故。开元中，诗人王昌龄、高适、王之涣在旗亭小聚唱和。

③轸：悲痛。

④周郎：指三国吴将周瑜 。

⑤玉剪：指燕子。因其尾似剪，故称。

长亭怨慢·黄仲韬伯舅以潞舸词属题[1]

又还作、江湖羁旅。官烛[2]凄迷，水窗[3]情绪。贝阙琼楼[4]，人间天上，渺何许。鹭僝鸥僽[5]。如证我、烟中语。说落到杨花，容易化、漫空飞絮。

凝伫。望灵修[6]不见，只见白云春暮。觚棱[7]日远，算犹有、梦魂寻路。念别后、玉砌雕栏，总闲煞、东风无主。且分付回波，寄个断肠词去。

【注释】

①长亭怨慢，词牌名。黄仲韬，即黄绍箕。

②官烛：公家供官吏办公用的蜡烛。

③水窗：临水的窗户。

④贝阙琼楼：指壮丽华美的宫室建筑。贝阙，以紫贝为饰的宫阙。

⑤鹭僝（chán）鸥僽（zhòu）：鸥鹭也感到烦恼、忧愁。僝僽，忧愁的意思。

⑥灵修：神仙。屈原《离骚》“灵修”指楚王。

⑦觚棱：宫阙上转角处的瓦脊成方角棱瓣之形，借指宫阙，又借指京城。

【作者简介】

张綦毋：原名元器，字大可，号潜斋，平阳县昆阳镇人，张南英次子，生卒年未详。乾隆四十二年（1777）岁贡生，清代诗人。著有《潜斋诗钞》。

《船屯渔唱》三首

其一

横阳两屿夹晴川，故老相传泊万船。不信蓬莱有清浅，眼观沧海变桑田。

其二

龙湫顶背雁湖边，采得盈篮紫笋鲜。争趁雨前好天气，竹鸡声里焙茶烟。

其三

种田不收一年事，娶妇不著一生贫。请看山前石翁姥，兀然相对却如宾。

【作者简介】

杨士炳，号蔚亭，平阳江南（今属苍南）人，生卒年不详。清乾隆戊戌（1778）岁贡。

小儿班演剧

檀板[①]声中尽妙年，梨园子弟舞翩翩。衣冠俨具成人状，绰约初疑降谪仙。口带乳香歌乐府，足摇花步蹴金莲。霓裳一曲天香子[②]，暂落红尘结胜缘[③]。

【注释】

①檀板：简称板，乐器，因常用檀木制作而有檀板之名。唐玄宗时，梨园乐工黄幡绰善奏此板，故又称绰板。

②天香子：曲调名。

③胜缘：佛教语，善缘。

【作者简介】

朱步墀（chí）：字超之，清永嘉县楠溪人。县学生员，以诗鸣于时。梅铨在《朱超之先生诗集跋》一文中，称其为“一代诗豪，三生哲匠，丕张坛坫，标举风骚”。

溪山吟·寄郑小舫先生（其一）[1]

楠川山水甲东嘉[2]，十里澄潭五里沙。插石村头峰插石，栖霞岭外渡栖霞。人游石室追仙迹，客到蓉岩忆古家[3]。我欲沿溪访二戴[4]，菰田云树乱啼鸦[5]。

【注释】

①郑小舫：山东新泰知县，河南巡抚郑玄善之子。

②楠川，即楠溪江。

③蓉岩：指永嘉县芙蓉村附近的“芙蓉三冠（岩）”。

④二戴：指宋时合溪戴蒙戴侗父子二人。

⑤菰田：今永嘉县溪口村，古又称菰田。云树：高耸入云的树木。

【作者简介】

戴步龙：字凤笙，号云从，永嘉县黄南人，生卒未详。清光绪秀才。科举废后入杭州旧制师范，后在乡教学，晚年从医。

题戴蒙书院[①]

宋第名儒系泽长，东山传有戴公庄。湾中书带草[②]空绿，垄上龙鳞松尚苍[③]。丽水尉回[④]千载绩，合溪菰涨百年芳[⑤]。嗣音[⑥]倘得文章裔，鹿洞于今见紫阳[⑦]。

【注释】

①戴蒙书院位于永嘉县溪口村，由南宋理学家戴蒙父子和文字学家戴侗共同创办。太子讲读戴蒙辞官回乡后，在家乡创办戴蒙书院，培养士子，由于成绩斐然，宋光宗赐了一方御题匾，上书“明文”二字。因此又称“明文书院”。现存的书院地基仍为宋时所建，地面建筑为清代风格，为清乾隆年间重建。

②书带草：即沿阶草，叶坚韧，相传汉代郑玄门下取以束书。唐《李群玉诗集》：“空余书带草，日日上阶丈。”

③龙鳞松：古松，相传树皮裂为圆圆的小片叠小片，酷似龙鳞。

④丽水尉回：戴蒙曾任丽水尉，不就而回。

⑤合溪：即溪口村，位于永嘉县楠溪江中上游东侧岩坦溪的出口处，也是岩坦溪和大楠溪的交汇处，故古称作合溪。菰：多年生水生草本植物。生在浅水里，开淡紫红色小花。嫩茎经菰黑粉菌寄生后膨大，叫茭白，果实叫菰米，均可食。

⑥嗣音：谓继承前人的事业，继其德音。

⑦鹿洞：指江西九江庐山白鹿洞书院，宋时全国四大书院之一。紫阳：即紫阳先生，宋代理学家朱熹的别称。

感 时

宇宙茫茫事已非，天时人事两依依。干戈扰攘中原遍，野马风高乱翠微。

近现代

【作者简介】

王荣年（1889—1951）：字世瑛，号紫珍，又号梅庵，别署三瓯斋主，永强三甲人，王鸿年弟。1951 年以“不法地主”罪被镇压，1989 年作为冤假错案平反。著名书法家，著有《锄月庐诗钞》《越巢集》《大罗山杂咏》等。

罗隐洞[①]

相传罗隐洞，状元寄榻高。但知其姓罗，不知其名号。何朝何籍贯，何事拾廊庙[②]。或者无其人，假以相号召。非求郡县志，何以资参校。而吾志在山，考古非真要。真既无可羡，假亦听其冒。洞形如覆釜，内枵如困窌[③]。窥之其色墨，入之其形灶。践之其土滑，如溼亦如淖[④]。嗅之其味恶，如腐亦如酵。有底乃如囊，无粟则非窖。和风所不入，炎阳所不照。入室而无榻，安有山童扫。如壁而无门，安有诗僧敲。不如衣锦人，何由得寐觉。洞房为寺屋，曲折殊奥窔[⑤]。其左通禅龛，高亢有遐眺。胡为久不治，外秽中衰耗。轩牖既霉黧[⑥]，庭径亦齞䶦[⑦]。西子蒙不洁，虚此千金貌。寺僧盖有母，寄养相依靠。有妹挈其儿，朝夕随讽祷[⑧]。溲渤[⑨]任堆积，樵牧听喧噪。以此种种故，积重无由疗。出家而有家，在僧似为孝。律以严净发，固已背其教。直如白圭[⑩]沾，那有碧纱罩。比之状元时，知有几分肖。方我入山初，山客以此告。化成[⑪]与罗隐，交口推二妙。迨经我观察，固出人意料。回赐[⑫]虽同门，雅鄙自殊调。千秋多耳食[⑬]，万事须躬到。

【注释】

①罗隐洞：在仙岩景区。是大罗山最大的天然石洞，相传唐室后裔李集避乱而隐居大罗山，改名刘冲，自称罗隐秀才，栖居洞内，故今有

秀才垟村。

②廊庙：指朝廷。

③枵：空虚。窌：地洞。

④漥：同“洼”，深池也。淖：烂泥，泥沼。

⑤奥窔：隐蔽深曲之处。

⑥黧：黑色。

⑦鼿trans：不安。

⑧讽祷：讽诵祷文。

⑨溲渤：大小便。

⑩白圭：玉制礼器。

⑪化成：指化成洞。化成洞，又称“宝岩洞”，是一个天然石洞。相传唐朝宰相任重曾经在此修炼，后来得道登仙升去，故名。

⑫回赐：孔子弟子颜回和端木赐。两人性格迥异。

⑬耳食：传闻。

【作者简介】

夏承焘（1900—1986）：字瞿禅，晚年改字瞿髯，别号谢邻、梦栩生，室名月轮楼、天风阁、玉邻堂、朝阳楼，温州人。曾任浙江大学、浙江师范学院、杭州大学中文系教授，中国社会科学院文学研究所特约研究员，中国韵文学会名誉会长。词学专家，我国传统词学的总结者，现代词学的奠基人，被称为“一代词宗”。

茶山纪游[①]

笠屐[②]诸公望若仙，暂同佳兴亦前缘。欲呼缟袂[③]邀横笛，各挈青山上画船。屋角冷云前度月，马蹄残雪北归年。相逢莫靳杯檑满[④]，五番花时[⑤]在日边。

人间万事任蹉跎[⑥]，莫放花前倒叵罗[⑦]。游屐欲随流水远，酒人更比乱山多。漫从时事谈天宝[⑧]，幸有群贤继永和[⑨]。试析一枝压横笛，催归黄月[⑩]奈愁何。

【注释】

①本诗作于 1926 年《夏承焘集》未收，见于日记。

②笠屐：戴着笠帽，穿着木屐。

③缟袂：白衣。此指白衣女子。

④靳：吝惜。杯檑：酒杯。

⑤五番花时：古人说春天到了，梅花先开放，接下来每五天开一次花，开一种花。

⑥蹉跎：时光流逝。

⑦叵罗：古代饮酒用的一种敞口的浅杯。

⑧天宝：唐玄宗李隆基的年号。天宝十四载（755）十一月，范阳等三镇节度使安禄山联合史思明在范阳（今北京）以诛杀杨国忠为名发动叛乱，史称“安史之乱”，从此，唐帝国由盛转衰，是一个重大的历

史转折点。

⑨永和:《兰亭集序》又名《兰亭宴集序》《兰亭序》《临河序》《禊序》和《禊贴》。东晋穆帝永和九年(353)三月三日,王羲之与谢安、孙绰等41位军政高官,在山阴(今浙江绍兴)兰亭“修禊”,会上各人作诗,王羲之为他们的诗写的序文手稿。

⑩黄月:月色。月带缥黄色,故名。

暗香[①]

丁丑腊月,与徐堇侯、吴鹭山、方介堪、戴幼和、蒋云从诸子探梅茶山,诵白石“千树压西湖寒碧,又片片吹尽也,几时见得”之句,黯然成咏。何时重到杭州,当补填《疏影》也。

段桥擪笛[②]。但水云梦里,依然寒碧。魂断翠禽,一夜枝头暗笳咽[③]。仙羽巢居归否?凭谁[④]问、尧年[⑤]消息?料雪后,树树苔根,千丈劫灰黑。

南北,寄未得。应念我故山,花下踪迹。塞鸿望极,黄竹哀歌况伤别。寒暖商量未定,已一半、飘流潮汐。剩点点、盘露根,似人泪滴。

【注释】

①此词作于1938年。

②段桥:即断桥,在杭州西湖。擪(yè)笛:指按笛奏曲。

③暗笳咽:形容鸟声像幽咽的胡笳声。

④谁:什么。

⑤尧年:古史传说尧时天下太平,因以“尧年”比喻太平。

摊破浣溪沙·避地瞿溪月夜追凉至红桥[1]

一九三八年作

过雨溪风引袂长。风前鸥鹭比人凉。数点暗萤开阖底，见银潢。
飞鹊惊鸿犹未定，黄楼赤壁永相望。想见胡床诸老子，满头霜。

【注释】

①瞿溪：在温州市瓯海区。红桥：瞿溪上一座桥。时诗人为避战乱回到温州。

【作者简介】

方介堪（1901—1987），名严，字介堪、原名文渠。工书，能画，尤长于篆刻。曾延为故宫博物院编辑。40岁后写松梅竹石，有瞿山遗意。历任上海美专、新华艺专、中国艺校教授及教育部二次全国美展会审查委员。著有《玺印》《文综》《两汉官印》《古印辨伪》《秦汉对识拾遗》《介堪论印》等书。

八十自寿

清白传家宝，蔬水怡吾神。小楼惟静坐，斗室足容身。
微风吹户牖，琴几净无尘。远岫明旭日，幽鸟时相亲。
躬耕事笔砚，一日曾几巡。有客来海外，相见似家人。
殷殷劳问讯，清言如饮醇。更传好消息，篇章照眼新。
岁月催人老，历劫还安贫。逢辰聊自慰，岂恨白发纷。
何妨谋一醉，肯计秋与春。

【作者简介】

苏步青（1902—2003），浙江温州平阳人，中国科学院院士，中国著名的数学家、教育家，中国微分几何学派创始人，被誉为“东方国度上灿烂的数学明星”“东方第一几何学家”“数学之王”。1927 年毕业于日本东北帝国大学数学系，1931 年获该校理学博士学位，1948 年当选为中央研究院院士，1955 年被选聘为中国科学院学部委员，1959 年加入中国共产党，1978 年后任复旦大学校长、数学研究所所长，复旦大学名誉校长、教授。著有《苏步青业余诗词钞》。

颂陶小咏

不为五斗折腰身，归去来兮辞赋新。
篱菊曾馨三径月，桃花犹泛一溪春。
行文爽朗而潇洒，咏史激昂如有神。
倘使先生逢盛世，何须高隐作闲人。

【作者简介】

王季思（1906—1996）：学名王起，字季思，以字行。龙湾区永中街道永昌堡人。著名戏曲史论家、文学史家。著作有《西厢记校注》《桃花扇传奇》。主编高校教材《中国文学史》《中国十大古典悲剧集》《中国十大古典喜剧集》。

风入松·自梧湖泛舟至茶山[①]

温州俗谓旧历七八月间乍晴乍雨时为酿禾天。一九四一年九月九日，自梧湖泛舟至茶山，时野荷盛开，盖萍之别种，花叶颤漾水中，绝可怜爱。有感于谢文节公“云萍无情之物”之言，赋示碧霞。

疑晴疑雨酿禾天[②]。云意断还连。殷勤不放兰桡去[③]，有萍根无数相牵。萍叶湖心绿漾，泪花波底红嫣。

乱离时事忍回沿。飘泊几经年。云萍未是无情物，怎禁他浪恶风颠。正是客愁深处，双凫[④]飞堕苍烟。

【注释】

①风入松，词牌名，古琴曲，又名“风入松慢”“松风慢”“远山横”“销夏”。以晏几道《风入松·柳阴庭院杏梢墙》为正体，双调七十四字，前后段各六句、四平韵。梧湖，即鹅湖，在南白象。

②疑晴疑雨：时晴时雨。

③殷勤：频繁。兰桡：小舟的美称。

④凫：又叫野鸭、鹜。生长在江河湖泊中。

【作者简介】

董每戡（1907—1980）：原名华，永嘉横屿头村（今瓯海区潘桥乡）人。戏剧家、学者。著有《每戡剧集》《每戡独幕剧》《中国戏剧简史》《西洋戏剧简史》《西洋诗歌简史》《琵琶记简说》《三国演义试论》《戏剧的创作和欣赏》《说剧》《五大名剧论》等。

乡思[①]

故乡山水有佳名，雁荡幽奇海内惊。昨夜龙湫飞入梦，枕边忽起撼天声。

故乡风物最宜人，膏蟹鲜蜻味可珍[②]。凤尾鱼[③]怀满肚子，蚕虾软甲[④]世无伦。

谢池春草[⑤]年年绿，月夜花朝[⑥]入梦频。我亦有家归未得，痛心追悔负慈亲。

【注释】

①选自《董每戡集》。

②膏蟹：即螃蟹，有膏的母蟹称膏蟹。鲜蜻：蛏子。

③凤尾鱼：俗称“子鲚”，温州名产。属名贵经济鱼类，因其尾部分叉形状像凤凰的尾巴，短呈红色，尖细窄长，犹如凤尾，故称。

④蚕虾软甲：蚕虾是虾的一种，体形瘦长，有很长的须，肉味极鲜美，尤其是软壳蚕虾更为珍贵。软甲，软壳。

⑤谢池春草：谢池巷春草堂。传谢灵运《登池上楼》诗即写于此处。

⑥月夜花朝：指节日。月夜，《辞海》：“特指农历八月十五日，对二月十五日之花朝言。”《梦粱录》卷四《八月望》：“八月十五日中秋节，此日三秋恰半，故谓之中秋。此夜月色倍于常时，又谓之月夕。”花朝，《辞海》：“旧俗以旧历二月十五为‘百花生日’，故称此日为‘花朝节’。一说为十二日，又说为初二日。”

【作者简介】

苏渊雷（1908—1995）：原名中常，字仲翔，后易今名，号钵翁，今苍南县钱库镇玉龙口人。著名文史学家，诗人，佛教学者，兼善书画。生前任华东师范大学教授，中国孔子基金会理事，中华诗词学会顾问兼中华诗词年鉴主编，中国佛教协会常务理事，上海市佛教协会副会长等职。早岁参加革命，历经忧患，才气纵横，诗书画均有独特造诣。著有《苏渊雷文集》《风流人物无双谱》，编著《学思文粹》《经世文综》《元白诗选》《李杜诗选》《五灯会元点校本》等。

归家口占（其一）

山影遥怜客鬓青，生还季子①尚伶俜。未闻母唤肠先断，偶送乡音耳怯听。

【注释】

①季子：年龄最小的孩子。

秋夜不寐送士豪出狱（其一）

深囚似海一身遥，午夜中心郁怒潮。矢志当求戈作枕，诛心应有笔如刀。鸡鸣风雨谁先觉，松耐冰霜独后凋。一蹶何曾伤骥足，关山前路正迢迢。

念奴娇

曾经沧海，渺关山、一派秋声秋色。挟得幽并[1]奇气在，不数亭皋木叶。赤壁拏舟，洞庭飞笛，情想俱通彻。苍茫无际，微词欲托难说。

长忆京国栖迟，旧游多故，有涕凭谁雪。剑胆禅心都未了，对此海天空阔。太白豪情，东坡逸概，今古几狂客。临流一笑，快哉逢此佳夕。

【注释】

①幽并：幽州和并州的并称。约当今河北、山西北部和内蒙古、辽宁一部分地方。其俗尚气任侠，因借指豪侠之气。

【作者简介】

琦君（1917—2006）：原名潘希真（珍），瓯海区人。台湾当代女作家、学者。曾任台湾中国文化学院、中央大学中文系教授。有散文集、小说集及儿童文学作品30余种，主要著作文集有《青灯有味似儿时》《永是有情人》《水是故乡甜》《万水千山师友情》《三更有梦书当枕》《桂花雨》《细雨灯花落》《读书与生活》等。

虞美人

锦书万里凭谁寄？过尽飞鸿矣①。柔肠已断泪难收，总为相思不上最高楼。

梦中应识归来路，梦也了无据。十年往事已模糊，转悔今朝兮薄不如无。

【注释】

①“锦书”二句：以锦书，飞鸿来抒发人世迁移。

第二单元　历代文选

东晋

【作者简介】

谢灵运：见 P3 页。

归途赋[①]

昔文章之士，多作行旅赋。或欣在观国，或怵在斥遣（徙），或述职邦邑，或羁役戎陈（阵），事由于外，兴不自己（已）。虽高才可推，求怀未惬。今量分告退，返身草泽，经途履运，用感其心。赋曰：

永百世之庆灵，遇千载之优渥；匪康衢之唯践，谅跬步之易局。践寒暑以难换，眷桑梓以缅邈[②]。褫[③]簪带于穷城，反巾褐于空谷。果归期于愿言，获素愿（念）于思乐。

于是舟人告办，伫楫在川。观鸟候风，望景测图（圆）。背海向溪，乘潮傍山。凄凄送归，悠悠（愍愍）告旋。时旻秋之杪节[④]，夫既高而物衰。玄上腾而雁翔，霜下沦而草腓。舍阴漠之旧浦，去阳景之芳蕤。林乘风而飘落，水鉴月而含辉。

登青田之枉渚[⑤]，逗白岸之空亭。路威彝（夷）而诡状，山侧背而异形。停予舟而淹留，搜缙云之遗迹。漾百里之清潭，见千仞之孤石。历古今而长在，经盛衰而不易。

【注释】

①本文题目一作“归涂赋并序”。据《全宋文》校勘。这篇赋是谢灵运深秋时节离开温州，退归家乡时作。写沿途所见景物，抒别离温之情，感江山永在，人事无常。

②缅邈：遥远。

③褫：脱下，解下。

④杪节：节侯之末。

⑤枉渚：弯曲之渚。

【作者简介】

郑缉之：生平不详。约生于晋末南朝之间，曾官刘宋员外郎。著有《孝子传》《东阳记》《永嘉郡记》。孙诒让谓其“或游官至永嘉”，作《永嘉郡记》，此为“吾乡地志第一古本”。全书久佚，孙氏自古籍中辑其佚文，编为一卷。

永嘉八辈蚕①

永嘉有八辈蚕：珍蚕（三月绩）、柘蚕（四月初绩）、蚖蚕（四用初绩）、爱珍（五月绩）、爱蚕（六月末绩）、寒珍（七月末绩）、四出蚕（九月初绩）、寒蚕（十月绩）。

凡蚕再熟者，前辈皆谓之“珍”。养珍者，少养之。

爱蚕者，故蚖蚕种也。蚖珍三月既绩，出蛾取卵，七八月便剖卵，蚕生，多养之，是为蚖蚕。

欲作“爱”者，取蚖珍之卵，藏内罂②中，随器大小，亦可十纸。盖覆器口，安硎泉③冷水中，使冷气折其出势，得三七日，然后剖生。养之，谓之爱珍，亦呼爱子。绩成，茧出，蛾生卵，卵七日又剖，成蚕，多养之，此则爱蚕也。藏卵时，勿令见人。用二七赤豆安器底，腊月桑二七枝，以麻卵纸，当令水高下与种卵相齐；若外水高，则卵死不复出；若外水下卵，则冷气少，不能折其出势；不能折其出势，则不得三七日；不得三七日，虽出，不成也；不成者谓徒绩。成茧出蛾生卵，七日复剖生，至明年方生耳。欲得阴树下，亦有泥器口，三七日亦有成者。

【注释】

①文中记载南朝永嘉丝蚕种类及其繁养方法。为古时留存至今养蚕生产技术的唯一文献。八辈蚕是三国时期吴国培育的一种蚕，一年内八次出茧，也就是一年八熟，也称“八辈之蚕”。

②罂：古代盛水贮粮之具。

③硎泉：坑谷之泉。

【作者简介】

丘迟：见 P11 页。

永嘉郡教①

贵郡控带山海，利兼水陆。实东南之沃壤，一都之巨会。而曝背拘牛，屡空于畎亩。绩麻治丝，无闻于窐②巷。其有耕灌不修，桑榆靡树。遨游廛里③，酣醑卒岁。越伍乖邻，流宕④忘返。才异相如，而四壁独立；高惭仲蔚，而三径没人。虽谢文翁之正俗，庶几龚遂之移风⑤。

【注释】

①这篇文章主要责备永嘉人好闲游性惰。然其辞采丽逸，含义深厚，不失为名篇佳品。

②窐：深远。

③廛里：古代城市居民住宅的通称。亦泛指市肆区域。

④流宕：远游。

⑤“谢文翁”二句：谢灵运任温州太守时，曾召集学士亲自授课，有《招学士讲书》诗。“由是民之向学，民风一变”（《永嘉县志序》）。龚遂，西汉官员。担任渤海太守，平定盗贼叛乱、鼓励农桑，很有政绩。

宋代

【作者简介】

沈绅：会稽（今浙江绍兴）人。官至屯田员外郎，宋仁宗嘉祐（1056—1063）初年任温州太守。

白石山记[①]

永嘉北走百里，有岩曰白石者，世传十二真君[②]升真之地。吁，可怪也。长圭峨峨，拔地柱天，势之壮也。谽谺[③]邃深，修楹复厦，其容广也。霰霏乳滴，玲珑漂激，泉高下也。连山培塿[④]，海日夜出，骇众观也。葩华缛鲜[⑤]，霜露刻削，殊四时也。啸猿唳鹤，烟云散聚，朝复暮也。

昔予以从事往焉，其间闻而见者若是。岩下有径，即谢康乐《行田赋》诗之所。由径而趋岩，必越山脊、循危磴[⑥]、升降盘折，而后能至。向之守岩者尝疏李少和遗事，求为刻辞。拒之益劲，旷年不答，心甚赧之。

今假守[⑦]于州，其徒造门，复申前言，则予莫能已也。予闻至道间，天子无事，有言少和筑室于岩，善辟谷[⑧]，得摄生之术。召对便殿，访以治国修身之要，竟不夺其志。赐金以遂其归。自是白石之名，益暴于世。好事者相踵以往，往则欲忘其还。盖乐其清回旷绝，异于耳目之所混混，有发人高明之思焉。

予既嘉二子之谋，永兹岩之传，窃又自喜他日勒名岩石，不随世而磨灭，故详记之。

嘉祐五年[⑨]九月十一日丁酉记。

【注释】

①白石山即乐清中雁，本文记叙中雁景物及开发的初史。

②十二真君：净明道许逊祖师的十二大弟子分别为：吴猛、时荷、

郭璞、甘战、周广、陈勋、曾亨、盱烈、施岑、彭抗、黄仁览、钟离嘉。

③谽谺（hān xiā）：山石险峻貌。

④培塿（péi lǒu）：小土丘。

⑤缛鲜：鲜艳。

⑥磴：石阶。

⑦假守：古时称权宜派遣而非正式任命的地方官。

⑧辟谷：不食五谷，道家养生之术。它源于先秦，流行于唐朝，又称却谷、去谷、绝谷、绝粒、却粒、休粮等。

⑨嘉祐五年：即公元1060年。

【作者简介】

赵屼：一作赵屼，字景仁，衢州西安（今浙江衢州）人。“铁面御史”赵抃之次子，由父荫登第。神宗时擢监察御史，后以父老请外，元丰（1078—1085）年间通判江州、温州。

温州通判厅壁记[①]

始余至温，于厅事之壁间，欲寻记刻而观之，无有也。诘诸吏，吏曰：“昔倅厅[②]在州廨之东偏，治平初，官舍皆煨烬，遂徙建于西隅。旧闻有壁记，后未见立之者。”余叹曰：“此可磨耶！”于是力求姓氏、官职与始至终更之岁月而参订之，由李巽[③]而下，至钱德臣，凡五人，则有簿书可考。自巽而上，至施昌言，凡十人，则得于世为胥史[④]者之言。由昌言之外，则无自而推绎矣。

将琢石刻于左，以告来者，因披《图经》。自晋太宁之改元，号永嘉郡。至唐上元之二年，乃易州为温，我宋因之。然温之为州，旁抵瓯闽，最浙东之极处。濒海负山，冬无祁寒，夏不甚暑。其地岁贡姜柑，而海道是错，细民或诱于牢盆之利，朝廷惧其窃鬻私贩，而盗讼以生，多设官以为巡警。又远运良材由之取道，于是漕运与诸郡之官舟实造于此，故文移牒诉[⑤]比他州为繁。

幸而俗熙事简，四方之宾客非特有故者不至，所以燕劳[⑥]稀阔，得为浮屠[⑦]山水之游。其有志于吏隐者，去此未必不思，而挟其所有以急人知者，居此未必乐也。况佐郡之职，视昔为难，虽无所不当问，其或持偏见，恃虚气，可否、好恶与官长相反，则疑似、猜间之说行，民将无所告，而事且不治。惟平彼我之心，安上下之分，不曲从强止，而惟法是守，议政之暇，坦然露肺腑以笑语，啄歌于黄堂之上，则与夫睚眦而訾毁者，其欢戚岂不相绝也哉！一郡之小可以况大，余乐兹地僻足以养愚，又爱其景胜足以自放也，并道吏职之概，资明者择焉。

【注释】

①这篇文章简记历代温州吏职姓氏，概述温州人文地理史略，叙说州郡诉讼、议政情况。

②倅（cuì）厅：宋代州郡副职官员办公处所。

③李巽：字令叔，赵郡赞皇（今河北赞皇）人。唐朝大臣，经济学家。少苦心为学，以明经举拔萃，长于吏事，书法亦妙。

④胥史：即胥吏，指在地方官府中掌管簿书案牍的小吏，也被称为“庶人之在官者”。

⑤文移牒诉：文移，即文书；牒诉，即诉状。

⑥燕劳：交往应酬。

⑦浮屠：亦作浮图，即佛陀之异译。古人因称佛教徒为浮屠。

【作者简介】

沈括：见 P30 页。

雁荡山[①]

温州雁荡山，天下奇秀，然而古图牒，未尝有言者。祥符[②]中，因造玉清宫[③]，伐山取材，方有人见之，此时尚未有名。按西域书[④]，阿罗汉诺矩罗居震旦东南大海际雁荡芙蓉龙湫[⑤]。唐僧贯休为《诺矩罗赞》有“雁荡经行[⑥]云漠漠，龙湫宴坐雨蒙蒙”之句。此山南有芙蓉峰，峰下芙蓉驿，前瞰大海，然未知雁荡、龙湫所在。后因伐木，始见此山。山顶有大池，相传以为雁荡。下有二潭水，以为龙湫。又有经行峡、宴坐峰，皆后人以贯休[⑦]诗名之也。谢灵运为永嘉守，凡永嘉山水，游历殆遍，独不言此山，盖当时未有雁荡之名。

予观雁荡诸峰，皆峭拔险怪，上耸千尺，穹崖巨谷，不类他山，皆包在诸谷中，自岭外望之，都无所见；至谷中则森然干霄。原其理，当是为谷中大水冲激，沙土尽去，唯巨石岿然挺立耳。如大小龙湫、水帘、初月谷之类，皆是水凿之穴。自下望之，则高岩峭壁；从上观之，适与地平。以至诸峰之顶，亦低于山顶之地面。世间沟壑中水凿之处，皆有植土龛岩[⑧]，亦此类耳。今成皋，峡西水涧中，立土动及百尺，迥然耸立，亦雁荡具体而微者，但此土彼石耳。既非挺出地上，则为深谷林莽所蔽，故古人未见，灵运所不至，理不足怪也。

【注释】

①本文记载了雁荡山开发的历史，认为雁荡诸峰是古代火山喷发后经风化流水侵蚀而形成千峰锦绣的奇特景色。提出“山顶夷平面”的科学论断。

②祥符：北宋真宗的第三个年号（1008—1016），全名为“大中祥符”。

③玉清宫：宋真宗改建昭应宫为玉清昭应宫。

④西域书：指佛经。西域，汉代敦煌以西诸地的总称。

⑤“阿罗汉诺矩罗”句：圣者诺矩罗居住在中国东南方靠海的雁荡山芙蓉峰的龙湫。阿罗汉，也称罗汉，梵语音译，是佛家对“圣者”的尊称。诺矩罗，唐代和尚，据《乐清县志》记载，原名罗尧运，眉州青神（今四川青神县）人。

⑥经行：佛教徒为提高对身体的明觉度和摄受力，锻炼心念对身体的控制，旋回往返于一定之地叫“经行”。

⑦贯休：唐代和尚（832—913），原名姜德隐，善诗画，著有《禅月集》，今传25卷。《全唐诗》编贯休诗52卷，第12卷中有“雁荡经行云漠漠，龙湫宴坐雨蒙蒙”两句。

⑧植土龛岩：直立的土壁或上部突出下部凹陷的岩石。植土，指沟壑两旁高而直立的土层。龛岩，指底部向内凹陷的岩石。

【作者简介】

万规：字仁甫，号东平，乐清万桥人。宋熙宁初试礼部不中，便谢举子业，闭户著书，累荐不就。在村设书塾，教授乡里，为百姓建桥，是一位“退而修于野”之士。

万桥记①

造事之初，以丰财为难；财可为也，而患无其志。将善其始，必思有以善其终，终以不困，虽大必成。无确然不拔之志，则浮议交谲②，一动于中，大事去矣。是故涉沧海者，先虑其险，不可以届③其远；登大山者，先忧其危，不可以造其高，是岂不欲高远也哉！无高远之志，不拔④之识，乐于须臾而忽于持久故耳。盖目前之利，喜于易就，而经远则废；累步之功，厌于难成，而致利则长。天下之事，在我者无不能，而在外者不可必，苟当其义而欲久其传，虽百年后业，犹可图之。况近在数期，当吾身而可侍者乎？

嗟乎！此桥之所以成，乃吾之所易，而众之所以为难者也。吾方谋始也，患力之未济，思有同志者偕成，既不可得也。

越三年而谋于独成，方靖其址，未逾岁月，以洪湍奔突，而颠扑⑤者几半，众乃曰：“是决不可就者欤？”吾独曰：“不然。事之难立者，安可以无患也？无患则忽于有为，无经久之效矣。善处患者，不恤其难成，而恶其中废，安之今日之颠扑，不可为它日之坚固者乎？”

是故再越三年，更募海民运石以址之，民方惮其隆，不应募者数日。且海乏鲜食，濒海民无以为生，翕然⑥相率就工，日不下百余艘，凡两月积五千余运，遂筑成东西两滩，上下一百寻⑦，截江三千丈，方秋雨大集，山溜⑧盘涌，复冲坏其滩。众皆曰：“劳其费而无成，愚亦甚矣。”吾亦不惮劳，复增石以固之，加二十余艘，厥址固矣。乃累横石为四柱，其形锐而大，一柱之广，纵二寻，横二寻有半，其三寻有畸埋滩污之下，出滩之上者裁二寻有半，上跨木为梁，其柱疏以立，其间迂而阔，以石不能跨故也。吾尝谋以石为梁，则曰非刚厚极大者，则不能长久，抑非绵力薄材所能致也。故有待于能者焉。

故经始于岁之丁卯⑨，讫工癸酉⑩之春，凡费财三百有余，万桥成矣。乃集众以落之，吾揖而言曰："吾虑财则大而迂，其役工则费而拙。其悬日月也既博而且旷，宜乎众之所以为难也。噫！不然，唯迂也，而众不知其固之在远；惟拙也，而众不知其巧之在后。博且旷也，而众不知其利之在长。则虽众之所难，吾不难也。"

盖世之于利，不循其变而通之，虽欲竭其智力而成于一日，虽古人为之有所不能久也。吾于是桥旷岁以观其变动，而后能尽其利疚⑪，其梁木它日虽有坏，其址柱之刚固，亘万世不能易，百年之后，有能因其址柱不坏，以时增损之，则其为功也不易乎！由是观之，吾之于利，不独在于落成之日，而久存于救坏之时，他年人安其营，而岂知谋始之难，有贻于厥⑫后也哉！

【注释】

①万桥，即横跨乐清虹桥万桥江面的大桥。在今天成乡万桥村，已有 900 年历史。它创建于宋哲宗元祐二年（1087），由万规倡议建成，故名"万桥"。这篇碑记详述此桥筑造的始末，并得出办理天下难事，必须具有不拔之意志的结论。

②浮议：没有根据的议论。谲：奇异怪诞。

③届：到达。

④不拔：意志不可动摇。

⑤颠扑：翻腾，倾倒。

⑥翕然：和顺的样子。

⑦寻：古代长度单位，八尺为一寻。

⑧山溜：山间水流。

⑨丁卯：元祐二年，即 1087 年。

⑩癸酉：元祐八年，即 1093 年。

⑪疚：缺陷，灾害。

⑫厥：代词，这，此。

【作者简介】

苏轼（1037—1101）：字子瞻，号东坡居士，世称苏东坡，眉州眉山（四川省眉山市）人，北宋著名文学家、书法家、画家。

黄甘陆吉传①

黄甘、陆吉者，楚之二高士也，黄隐于泥山②，陆隐于萧山。楚王闻其名，遣使召之。陆吉先至，赐爵左庶长，封洞庭君，尊宠在群臣右。久之，黄甘始来，一见拜温尹平阳侯，班视令尹。

吉起隐士，与甘齐名。入朝久，尊贵用事。一旦甘位居上，吉心衔之，群臣皆疑之。会秦遣苏轸、钟离意使楚，楚召宴章华台。群臣皆与甘坐上坐。吉咈然③谓之曰："请与子论事。"甘曰："唯唯。"吉曰："齐、楚约西击秦，吾引兵逾关，身犯霜露，与枳棘④最下者同甘苦，率家奴千人，战季洲之上。拓地至汉南而归。子功孰与？"甘曰："不如也。"曰："神农氏之有天下也，吾剥肤剖肝，怡颜下气，以固蒂之术献上，上喜之，命注记官陶弘景状其方略，以付国史，出为九江守，宣上德泽，使童儿亦怀之。子才孰与？"甘曰："不如也。"吉曰："是二者皆出吾下，而位吾上，何也？"甘徐应之曰："君何见之晚也。每岁太守劝驾乘传，入金门，上玉堂，与虞荔、申梠、梅福、枣嵩⑤之徒列侍上前，使数子者口呿⑥舌缩，不复上齿牙间。当此之时，属之于子乎？属之于我乎？"吉默然良久，曰："属之于子矣。"甘曰："此吾之所以居于之上也。"于是群臣皆服。岁终，吉以疾免。更封甘子为穰侯，吉之子为下邳侯。穰侯遂废不显，下邳以美汤药，官至陈州治中。

太史公曰：田文论相吴起悦⑦，相如回车廉颇屈，侄欲弊衣尹姬悔。甘、吉亦然。传曰"女无好丑，入官见嫉；士无贤不肖，入朝见嫉"，此之谓也。虽美恶之相辽，嗜好之不齐，亦焉可胜道哉！

【注释】

①本文以寓言的手法，揭示"女无好恶，入宫见妒，士无贤不肖，

入朝见嫉”这种人际交往的现实状况。作者以柑橘分别代表黄甘和陆吉两位隐士，文中以甘（柑）为何位居吉（桔）之上做一场精彩的辩驳，故事中，陆吉以为自己的资历高过于黄甘，所以理应该是他位居其上，但听过黄甘的解释后，只好俯首称臣。原来陆吉一心只记得自己做了哪些奉献，却没看到别人默默的付出，因此才在心中产生愤懑不平的心态。文章类于游戏之作，所以文中提到的人物，上至传说中的神农氏，中有秦楚之穰侯、苏轸、钟离意，汉之梅福，及南朝梁之陶弘景等都同时出现。

②泥山：即今苍南县宜山镇，此地曾是我国柑橘产地之一，真柑（乳柑）被列为贡品，价值千金。

③咈然：咈，通“怫”，不悦的样子。

④枳棘：枳木与棘木。因其多刺而称恶木。常用以比喻恶人或小人。亦 比喻艰难险恶的环境。

⑤虞荔、申梠、梅福、枣嵩：均为历代大臣。

⑥呿：张开。

⑦田文论相吴起悦：吴起是战国时期著名兵家，曾于魏国任职，魏国置相，田文领之，吴起与之辩，田文论牧民累财外交诸功，吴起拜服。典故出自司马迁《史记·孙子吴起列传》。

【作者简介】

陈经邦（1066—1140）：字贵叙，又字贵新。平阳十都浦源（今苍南县龙港镇陈家宅）人。宋徽宗大观三年（1109）进士，终功迪郎。为慕伊洛之学，经正、经邦与兄弟经德、经郛四人不远千里，同往洛阳受业于理学家程颢、程颐。学成归来，建南雁会文书院，设讲席传授洛学，自此开永嘉学派之先声，全祖望《宋元学案》曰："平阳学统，始于先生兄弟。"

会文阁记[1]

凡物交错而文生。风行水上，为波之文；丹青相杂，为色之文。仰而观之，日月星辰，天之文也；俯而察之，山川草木，地之文也。晦明隐耀，高下夭乔，其皆交错以成之者乎？惟人亦然。入而父子、兄弟、夫妇，出而君臣、朋友、长幼。视其日用、动静、语默间欢然以相爱者，虽无意于为文，而其文岂非交错而然乎？而独问学讲贯之勤以见其为文？故孔圉[2]之所以为文，自夫"敏而好学，不耻下问"得之；而吾曾子亦云："以文会友，以友辅仁。"

盖尝思之：人之情莫密乎朋友，莫乐乎切磋琢磨之益；其开心见诚，握手商论，而真心实意，轩豁呈露。是以"时习""朋来"之说乐，载于《鲁论》之首；而"丽泽，兑；君子以朋友讲习"著于《大易》之书。盖其文生于交际之余，而古之圣贤尤所爱重焉者。但非锦绣綦组[3]之工、丹青绘画之色、吹弹敲击之乐，所能喻也。

邦自髫龄[4]读书，晚而不倦。虽识见不及于前时，而嗜好有甚于初心，孜孜矻矻[5]，废食忘寝，殆若狂然。家人僮仆皆以痴目之，不自知其为癖也。又如是而益甚，家人益之以厌。于是谋于家居之前，创为书阁，且欲远于家务，庶免家人之所讥议。

阁告成，尝试以"会文"名之。而又凿沼于其前，开圃于其侧。环山屏列乎左右，带水萦绕乎东西。日与诸友登临于此，以读书缀文为事。休则凭栏寓目，畅气舒怀，一觞一咏，自有余乐。且为诸友而言之曰："而所谓会文者，其取胸中邪？其取诸人耶？其亦耳剽目窃于简册中邪？”言未既，有笑于列者曰：“君何欺余哉？人与己一理也，胸中、简册非二物也。融物我，剖藩篱[6]，人已何所择？得鱼兔，忘筌蹄[7]，胸中、简册何所拘？文固文矣，混而同之，合而一之，兹其所以为会文也欤？犹之眼、色合为见，色虽去而视自存；耳、声合为闻，声虽希而听自明。是非所以累，是故所以相生也。”于是欣然援笔记之。

时崇宁三年，岁在甲申三月壬子也。

【注释】

①会文阁：在浙江平阳会文书院。又名会邱书院。宋元祐年间薛昌等读书于浦源南雁荡山麓广严庵，继而陈经正、陈经邦兄弟读书于此，建会文阁。陈经邦《会文阁记》曰：“阁告成，尝试以‘会文’名之。凿沼于其前，开圃于其侧，环山屏列乎左右，带水萦绕乎东西。”后来周行己、许景衡等俱于此处讲学著书，深得伊洛渊源。朱熹任浙东茶盐提举，与徒来游，累日尽欢，题写“会文书院”。清光绪十三年（1887）重建。

②孔圉（yǔ）：春秋时期卫国大夫，卫灵公时名臣。史籍记载他虽做出过不符合臣子的行为，但聪明好学，又非常谦虚。卒后谥号“文”，后人尊称他为孔文子。

③綦（qí）组：杂色丝带。

④髫龄：童年八九岁时。

⑤孜孜矻矻：勤勉不懈的样子。

⑥剖藩篱：比喻打破事物的界限，障碍。

⑦忘筌蹄：指忘情、忘我。《庄子·外物》：“荃者所以在鱼，得鱼而忘荃；蹄者所以在兔，得兔而忘蹄。”荃，通“筌”。

【作者简介】

周行己：见 P35 页。

赵彦昭墓志铭[①]

士患不立，不患不闻。元丰作新太学，四方游士岁当数千百人。温海郡[②]去京师阻远，居太学不满十人，然而学行修明，颇为学官先生称道。一时士大夫语其子弟以为矜式[③]，四方学者皆所服从而师友焉。蒋元中、沈彬老不幸早死，不及禄；刘元承今为监察御史；元礼为中书舍人；许少伊今为敕令删定官，方进未艾[④]；戴明仲为临江军教授；赵彦昭为辟雍正以卒；张子充最早有闻，每举不利，今以八行[⑤]荐于朝。凡此吾乡之士，皆能自立于学校，见用于当世。其间或先或后、或贵或贱、或寿或夭则有命也，然不可谓不闻矣。

明仲之丧，某尝为志以哀。不幸今彦昭葬又来求铭。呜呼！吾于彦昭其不可辞乎？彦昭为人博学知古今，性嫉恶，喜论天下事。自其少时已不群，方十岁，能为《猛虎行》[⑥]，乡里大人先生莫不奇之，以为必有立。少孤，季父析[⑦]其资产，与兄异财。稍长，曰："非也"。悉举以属其兄，独游京师，已而有名。登崇宁二年[⑧]进士第。主颍昌府长葛簿。属天子益修学法，州置学官，选为济州州学教授。导学者以为学力行，不专务科举，士有成材。考满，朝廷以为能，迁辟雍正兼摄司业。浸向用矣，不幸有疾，遂至不起，年才四十八，官才承直郎，呜呼！悲夫！

彦昭讳霄，其先盖会稽人，五代之乱，皆隐德不仕。先娶同郡薛氏，生男二人：宁孙、享孙；女三人；长归沈琮、次归陈亶、次在室。再娶括苍祝氏，生男一人：桂孙，早死。宁孙，享孙皆才美而善学，人以为彦昭有子也，仅胜冠相继以死，彦昭之亡，几至绝世，家人求得遗子于外，曰：绍孙，今才十岁。

呜呼！彦昭才而为善者也。其报若此，岂天下丰其名者，啬其福乎？其殁于京师辟雍官舍，大观三年四月六日也。其葬也，于其乡李奥[⑨]之原，政和九年[⑩]十二月八日也。铭曰：

贵寿贱夭属于天，仁义忠信属于人；达非其通穷非屯，殁而不朽为有闻；旁可万家李奥原，善无不报尚后昆。

【注释】

①赵彦昭为温州元丰九先生之一。本文先述元丰太学温州九人简历，然后详记其生平。“元丰九先生”是指北宋神宗元丰至哲宗元祐（1078—1093）时，在都城汴京（今河南开封）太学读书访学的九位温州学者，他们分别是赵霄、张辉、周行己、刘安节、刘安上、许景衡、戴述、蒋元中和沈躬行。他们的生平事迹在《宋元学案》《宋史》及《弘治温州府志》中有记载。

②温海郡：即当时温州。

③矜式：敬重和取法，犹示范。

④艾：停止。

⑤八行：西汉马融《与窦伯向（章）书》曰：“孟陵奴来，赐书，见手迹，欢喜何量，见于面也。书虽两纸，纸八行，行七字。”谓信纸一页八行。后世信笺亦多每页八行，因以称书信。

⑥猛虎行：乐府《平调曲》名。《乐府诗集·相和歌辞六·猛虎行》郭茂倩题解：“古辞曰：‘饥不从猛虎食，暮不从野雀栖。野雀安无巢，游子为谁骄。’”后人作此题者，或写客行，或写劝勉，或写功业未建的苦闷，或以猛虎喻贪暴苛政，题旨不尽相同。

⑦析：分。

⑧崇宁二年：公元 1103 年。

⑨李奥：即今瓯海区丽岙。

⑩政和九年：公元 1119 年。

浮沚记[①]

予浮云其仕，泛然[②]出，油然[③]归。有名无位，凡民如也；有乡无居，逆旅[④]如也。僦[⑤]室净光山下古西射堂之遗址，蕞然[⑥]小洲，缭以汋水[⑦]。予视吾生若沤，起灭不常；予视吾身若萍，去流无止。以吾无止之身而处暂寓之室，聚沫也，尘垢也，蝉蜕也，刍狗[⑧]也，于吾何有哉？

政和岁在元黓执徐[⑨]，六月癸丑，飓风大作，桥断门隳[⑩]，檐折雨漫，乃易桥以舟，墐[⑪]北户而南向，增檐为轩，寄容足之苟安。按《尔雅》："水中可居曰洲，其小者曰沚，人所为曰潏[⑫]。"余恶潏之名而欣沚之义，于是总其名曰"浮沚"。

浮沚之西，旧为小阁，名曰"沤阁"；浮沚之东，新为小轩，名曰"萍轩"。其北旧为门，道所以出，辟而为室，道不行焉，名曰"浮室"。室者，窒也，窒吾心之阴幽不善也。其南假道于邻，引舟南渡，到彼岸焉，名曰"筏渡"。渡者，度也，度一切阳明之善也。是吾居也，因水而为洲，因洲而为室，因室而为名，因名而为义，义皆浮义也，寄焉宜也，聊尔而已耳。

故吾不独浮其仕，又其浮其居；不独浮其居，又且浮其生。然而有之而何得，无之而何失？如此而仕，吾故安于仕也；如此而居，吾故安于居也；如此而生，吾故安于生也。吾闻古之有道者，贫而乐，穷而道，岂谓是欤？非曰能之，愿学焉。记以自警。

【注释】

①选自《周行己集》。

②泛然：随便，漫不经心的样子。

③油然：悠然。

④逆旅：旅居。

⑤僦：租赁。

⑥蕞然：形容小。

⑦汋水：自然涌出的水。

⑧刍狗：古代祭祀时用草扎成的狗，在祭祀之前是很受人们重视的祭品，但用过以后即被丢弃。

⑨元黓（yì）执徐：壬辰年，宋徽宗政和二年（1112）。古时以干支纪年，元黓，即玄黓，天干中“壬”的别称；执徐，地支中“辰”的别称。

⑩隳：毁坏。

⑪墐：用泥涂塞。

⑫潏：水中小洲。

【作者简介】

刘安上：见 P37 页。

望思亭记[①]

某生十有[②]九年，先人奄弃。诸孤[③]业守绪余[④]，能自树立，虽不辱其先，每念不及一日之养，未尝不追痛殒绝也。及滥吹于朝[⑤]，偏亲垂白[⑥]，既惧且喜。方以出入言路[⑦]，奉职唯谨，而又不及朝夕之养，亟欲请外以伸乌鸟之情[⑧]。天降酷罚，夫人即世[⑨]。某衔哀茹荼[⑩]，扶杖护远送归，以终窆事[⑪]，实荆溪余奥山之原，去先人之兆一里而近[⑫]，从先志[⑬]也。

夫合葬虽后世所尚，然谓之古则不可，故后世有不合葬者，世或未之罪也。先人葬方潭山丙地，地小而狭，旧不为圹，今将窆而合之，或挠动其神灵，毁伤其林木，于小子安乎？[⑭]余奥距方潭山矗矗[⑮]相望也，庐[⑯]居于山之下，作亭于巅，名之曰“望思”。左乎高祖之所葬也，右乎先兄之所葬也。登斯亭也，若祖若父，顾盼之间，靡不毕见。既而望而悲，悲而思，愀然省厥躬[⑰]，其不忝前人乎？则庐居之间，不待训谕告戒与夫座右之铭矣。矧[⑱]予忧患之久，重以顽暗[⑲]，若不惕厉[⑳]，何以奉承大训。

经曰：“无念尔祖，聿修厥德[21]。”又曰：“夙兴夜寐，无忝所生[22]。”

呜呼！小子可不念哉！可不念哉！

亭去夫人墓五十二步，建于既葬之年，五月二十三日记。

【注释】

①望思亭是作者在家族墓地搭建的一所亭子。亭在高山之上，可以看见祖先、父母以及亡兄的坟茔。作者筑亭是为了缓解自己的思亲之痛，也让祖先的德行业绩不断勉励自己前行。

②有：通“又”。

③先人：亡父。奄弃，忽然舍弃，犹永别。

④业守绪余：指略微能守住家业。

⑤滥吹于朝：这是谦称自己在朝廷为官不称职，似滥竽充数。

⑥偏亲垂白：意谓寡母年老。

⑦出入言路：指作者时任监察御史、侍御史之事。

⑧乌鸟之情：乌鸦反哺，谓自己要对母亲尽养老送终之责。

⑨夫人即世：指寡母离世。

⑩衔哀茹荼：意谓怀着哀痛受尽苦难。衔，怀着。荼，苦菜。

⑪以终窆事：以完成安葬诸事。窆，墓穴。

⑫先人之兆：先父的墓地。先人，此指作者早先去世的父亲。兆，（其父的）墓地。

⑬先志：先母的遗愿。

⑭“夫合葬……于小子安乎”数句：这几句意在说明未能把去世的父母合葬，而分别于安潭山和余奥山两处安葬的情由。圹，墓地。挠动，搅动、扰乱之意。

⑮矗矗：重叠貌。

⑯庐：指守丧而临时搭建的小屋。

⑰愀然省厥躬：即在丧亲的忧伤中反省自身。愀然，忧愁的样子。厥躬，谓自身。厥，其。

⑱矧：况且，而况。

⑲顽暗：愚拙而不明事理。

⑳惕厉：警惕谨慎。

㉑无念尔祖，聿修厥德：出自《诗经·大雅·文王之什》，意思是说，追念你祖宗的德行，修持你自己的德行，以继续光大祖先的德行。

㉒夙兴夜寐，无忝所生：这两句诗出自《诗经·小雅·小宛》，意谓早起晚睡，勤奋学习，不要愧对了生养你的父母。

【作者简介】

许景衡：见 P38 页。

飘然斋记

余兄少明，倜傥有大节，久不遭时，乃浩然有江湖志。所居瑞安，别业横塘，旁属于西山，要皆山水之国。俄而乘兴，则鼓棹浮游而去，然每恨孤篷短艇，低回龌龊，不足为游览之观。

一日，召工师刻大木以为舫，其修长十丈，而其博十之一，可行，可踞，可倚，可卧，廓然[①]如坐大庭广厦之上，寒暑莫为窘，而风雨不能迫也。于是自号飘然斋。设庖壶庄几其上，朝暮往焉。

客怪而问曰：“夫所谓飘然者，一叶之舟可也，今君高桅重缆，长篙杰橹，上如垂天之云，下如蔽海之鳌，仆夫十余辈，怒目攘[②]臂而操之，然后徐动，恶在其为飘然耶？”少明笑曰：“子所谓飘然者，在乎舟；吾所谓飘然者，在乎我。溯轻飚，截骇浪，而顷刻千里，恶知其果飘然耶？款如辎车，植如枸株，而穷日寻尺，恶知其果不飘然耶？”

客未及语，而少明遽命荡舟以行。举杯大笑，信其所之。日之夕矣，烟波苍莽，云物萧爽，明月杳乎其无涯，清风浩乎其莫穷。夷犹[③]荡漾，如浮虚空，而茫不知其所，于是客矍然大惊，谢而去。

【注释】

①廓然：空旷的样子。

②攘：捋起（衣袖）。

③夷犹：从容不迫。

论宗泽劄子[①]

臣窃闻，议者多指开封尹宗泽过失事，未知是否如何。

泽之为人及其为政，固不能上逃圣鉴，第未知果指何事而言也？若只缘拘留金国使人，此诚泽之失也。然其本心只缘忠义所激，出于轻发，未尽识国家事体耳，又未知别有何等罪犯也！然臣自浙度淮，以至行在[②]，得之来自京师者，皆言泽之为尹，威名政术，卓然过人，诛锄强梗，抚循善良，都城帖然，莫敢犯者；又方修守御之备，历历可观。臣虽不识其人，窃用叹慕，以为去冬京城之内，不能固守，良由大臣无谋，尹正不才之故，使当时有如泽等数辈赤心许国，相与维持，则其祸变亦未至如此其酷也！往者不可咎，来者犹可追，今来只校其末节小疵，便以为罪，而不顾其尽忠报国之大节，则臣虽至愚，窃以为过矣。况泽昔在河朔，遭遇陛下，遮留拱卫[③]，继参幕府，宣力[④]为多。今尹天府，其绩效又彰彰如此，则其所为，终始亦可考矣。而议者独不能少优容之，其不恕亦甚矣乎！且开封，宗庙社稷之所在，其择人居守，尤非他州别路之比。今若罢逐泽，则当别选留守，不识今之缙绅，其威名政绩，亦有加于泽者乎？若有其人，则除授交割，尚费日月，兵民亦未信服，防秋是时，计将奈何？若未有其人，则泽未宜遽然更易也。

人材难全，久矣！惟圣人以天地为度，包容长养，兼收而并用之，庶几其有济也。其宗泽，伏望圣慈上为宗庙社稷，下为京师亿万生灵，特赐主张，厚加委任，使成御戎治民之功，天下幸甚！臣无任[⑤]悬切拳拳之至，取进止[⑥]。臣所论宗泽事，本欲请对敷奏[⑦]，缘臣所患未安，所以先次封进，上勤圣览，伏望独断，力赐主张。其留中及付外廷并取圣裁。

【注释】

①当时南宋朝廷主和派擅权，想罗织罪名，罢黜时任汴京（开封）留守主战派老将宗泽。作者向宋高宗上此劄子，挫败了主和派的阴谋。《宋史》记载，“景衡疏入，上大悟。封以示泽，泽乃安”。劄（zhá）子，即札子，古代一种公文，多用于向皇帝或长官进言议事。

②行在：指天子所在的地方。

③遮留拱卫：挽留、护卫。

④宣力：效力、尽力。

⑤无任：很、非常。

⑥进止：意旨。

⑦敷奏：陈奏，向君上报告。

【作者简介】

王十朋：见 P46 页。

送叶秀才序①

吾乡谊理之学②，甲于东南。先生长者，闻道于前，以其师友之渊源，见于言语文字间，无非本乎子思之中庸，孟子之自得，以诏后学。士子群居学校，战艺场屋，笔横渠而口伊洛③者，纷如④也。取科学，登仕籍，富贵其身，光大其门者，往往自此途出，可谓盛矣。然君子之学为道，小人之学为利，谈论理而谋青紫⑤，果为道乎？为利乎？吾闻洙泗⑥之徒，有堂堂乎张者，欲学干禄，夫子不以其禄之不可干而辟之也，而告之曰："言寡尤，行寡悔，禄在其中矣⑦。"古人之学，谨言行而禄自至，修天爵而人爵自从。所谓谊理者在是。

予假守⑧楚东，乡人叶生处和者，亦客游是邦，每暇过予郡斋，音琅然而可听，议论粲然而成文，仰其所蕴，皆吾乡师友渊源之学也。处和早丧二亲，能刻苦自立，友爱诸弟，急难之念，不顷刻忘怀。其于所学，岂口耳云者。今将之武林就秋试，求赠言以行。吾谓生之学问议论文采，取一第不足道。赠人以言而勉之科第，是亦利而已矣。何异市井相与言耶？若夫谨言行而禄在其中，修天爵而人爵从，孔孟所谓义理者在是。恩子之弟虽不足道，亦不能外是而得之也，敢不以告。

乾道乙酉五月二十二日，永嘉王某序。

【注释】

①这篇赠序先议论温州理学师友渊源，阐明学者必须谨言行、修天爵的孔孟学说。

②谊理之学：宋以来之理学为义理之学。

③伊洛：北宋程颢、程颐所创理学学派。二程为亲兄弟，均为洛阳人，长期在洛阳讲学，后来程颐又居临伊川，二人讲学于伊河洛水之间，因称其所创学派为"伊洛之学"，也叫"洛学"。

④纷如：杂乱、众多的样子。

⑤青紫：《汉书·夏侯胜传》："胜每讲授，常谓诸生曰：'士病不明经术。经术苟明，其取青紫如俯拾地芥耳。学经不明，不如归耕。'"汉制，丞相、太尉皆金印紫绶，御史大夫银印青绶。后以青紫指代高官显爵。谋青紫也谓谋求获取高官显位。

⑥洙泗：即洙水和泗水。古时二水自今山东省泗水县北合流而下，至曲阜北，又分为二水，洙水在北，泗水在南。春秋时属鲁国地。孔子在洙泗之间聚徒讲学。后因以"洙泗"代称孔子及儒家。

⑦言寡尤，行寡悔，禄在其中矣：语出《论语·为政》："子张学干禄。子曰：'多闻阙疑，慎言其余，则寡尤；多见阙殆，慎行其余，则寡悔。言寡尤，行寡悔，禄在其中矣。'"

⑧假守：时称权宜派遣而非正式任命的地方官。

【作者简介】

韩彦直：字子温，绥德（今陕西绥德）人。生卒年不详，抗金名将韩世忠之子。宋绍兴进士，乾道二年（1166）出任户部郎官，总领淮东军马钱粮，政绩斐然；乾道七年（1171），担任鄂州驻扎御前诸军都统制，严格训练军队。在淳熙年间初期，他受命就任遣金使。淳熙五年（1178），在知温州任上编撰《永嘉橘录》，为世界上第一部柑橘学专著。晚年，韩彦直潜心学问，搜集宋以来的史事撰成《水心镜》一书。

《橘录》序[①]

橘出温郡最多种，柑乃其别种。柑自别为八种，橘又自别为十四种，橙子之属类橘者，又自别为五种，合二十有七种。而乳柑推第一。故温人谓乳柑为真柑，意谓他种皆若假设者，而独真柑为柑耳。然橘亦出苏州、台州，西出荆州，而南出闽广数十州，皆本橘耳，已不敢与温橘齿[②]，矧[③]敢与真柑争高下耶？且温四邑俱种柑，而出泥山者，又杰然推第一。

泥山[④]，盖平阳一孤屿，大都块土不过覆釜[⑤]，其旁地广袤只三二里许。无连岗阴壑，非有佳风气之所淫渍郁蒸。出三二里外，其香味辄益不逮。夫物理何可考耶？或曰：温并海，地斥卤，宜橘与柑，而泥山特斥卤[⑥]佳处，物生其中，故独与他异。予颇不然其说。夫姑苏、丹丘，与七闽[⑦]、两广之地，往往多并海斥卤，何独温处？而又岂无三二里得斥卤佳处如泥山者？自屈原、司马迁、李衡、潘岳、王羲之、谢惠连、韦应物辈，皆尝言吴楚间出者，而未尝及温。温最晚出，晚出而群橘尽废，物之变化出没，其浩不可考如此。以予意之，温之学者，繇[⑧]晋唐间，未闻有杰然出而与天下敌者，至国朝始盛，至于今日，尤号为文物极盛处。岂亦天地光华秀杰不没之气来钟此土，其余英遗液犹被草木，而泥山偶独得其至美者耶？

予北人，平生恨不得见橘著花，然尝从橘舟市橘，亦未见佳者，又安得所谓泥山者啗之？去年秋，把麾[⑨]此来，得一亲见花而再食其实以为幸。独故事，太守不得出城从远游，无因领客入泥山香林中，泛酒其下。而客乃有遗予泥山者，且曰：“橘之美当不减荔子，荔子今有谱，得与牡丹、芍药花谱并行，而独未有谱橘者。子爱橘甚，橘若有待于子。不可以辞。”

予因为之谱。且妄欲自附于欧阳公、蔡公[10]之后，亦有以表见温之学者，足以夸天下，而不独在夫橘尔。淳熙五年[11]十月，延安韩彦直序。

【注释】

①选自《橘录校注》。

②齿：并列。

③矧：况且。

④泥山：今苍南县宜山镇。

⑤釜：古代的炊事用具，相当于现在的锅。

⑥斥卤：盐碱地可煮盐而不能耕种。

⑦七闽：古指福建与浙江南部少数民族地区，后泛指福建。

⑧繇：同“尤”，从，由。

⑨把麾：宋代知州别称。

⑩欧阳公、蔡公：指欧阳修与蔡襄，欧著有《洛阳牡丹记》，蔡著有《荔枝谱》。

⑪ 淳熙五年：即公元 1178 年。淳熙，南宋孝宗年号。

真柑[1]

真柑在品类中最贵可珍。其柯木与花实皆异凡木，木多婆娑，叶则纤长茂密，浓阴满地。花时韵特清远，逮结实，颗皆圆正，肤理如泽蜡。始霜之旦[2]，园丁采以献，风味照座，擘[3]之则香雾噀[4]人。北人未之识者，一见而知其为真柑矣。一名乳柑，谓其味之似奶酪。

温四邑之柑，推泥山为最。泥山地不弥一里，所产柑其大不七寸围，皮薄而味珍，脉不粘瓣，食不留滓，一颗之核才一二，间有全无者。南塘之柑，比年尤盛。太守燕赏为秋日盛事。前太守参政李公赏柑之诗曰：“忘机白鸟冲船过，堆案黄柑噀手香。”侍郎曾公[⑤]之词曰：“满树叶繁枝重，缀青黄百千。”皆佳句也。

【注释】

①真柑，乳柑，别称柑、瓯柑。

②旦：早晨。

③擘：掰开，分裂。

④噀（xùn）：含在口中而喷出。

⑤曾公：指曾逮，字仲躬，为诗人曾几（陆游之师）次子。曾以右朝奉郎知温州。

【作者简介】

戴溪（1141—1215）：字肖望，一作少望，永嘉人。淳熙五年（1178）省试第一，监潭州南岳庙，领石鼓书院山长。后主管吏部架阁文字，除太学录兼实录院检讨官，升博士。改宗正簿，累官兵部郎官。开禧间，召为资善堂说书，由礼部郎中转为太子詹事兼秘书监。权工部尚书，以龙图阁学士致仕。是南宋著名学者，时称岷隐先生。著有《易经总说》《诗说续》《续吕氏家塾读诗记》《春秋讲义》《通鉴笔议》《石鼓论语答问》《石鼓孟子答问》和《岷隐文集》等。

重修淮海先生墓记[①]

淮海先生秦少游，建中靖国[②]初卒藤，归葬高邮，政和中迁葬于常州无锡县惠山之原，子孙因家焉。墓故有亭，刻建炎四年追赠龙图阁告并山谷送秦少游诗[③]，置之亭中。秦氏仕不显，诸孙贫窭[④]，墓四旁地皆为豪右[⑤]所得，亭亦毁坏不存，山谷诗归邑好事者。独赠碑荒芜榛杞中[⑥]，樵苏不禁[⑦]，墓祭几绝。

开禧丙寅[⑧]，永康应纯之以州判官摄邑事，访问遗迹，慨然兴念，封植[⑨]其墓，取旁近地还之，率士大夫合钱建亭，乃立赠碑，且赎还诗石，择秦氏诸孙知学者，使肄学职[⑩]，得月给[⑪]，使具祭祀。仓台黄公、常守汤公皆助其凡费。

应君故从余学，余自澄江召归，道出无锡，应君首及兹事[⑫]，且请余记之。余嘉其志，不待再请，然行役[⑬]未及作也。至吴门会淮东漕孟良夫，因论少游醉卧古藤阴下，人谓卒于藤之谶[⑭]也。独未知一事，少游墓后古松一株，直干高耸，有巨藤自墓穴中出，周匝[⑮]数四，已乃施于松上，盖覆其墓，此真古藤阴下也。松为人斫去，藤芽暨今仅存尔。良夫，信安孙，惠山寺功德院也，故知其事详。

应君来索记，因并及之。四月朔日，永嘉戴溪撰。

【注释】

①本文是作者写的一篇记叙文。叙写了其学生应纯之（时任常州通判）重修北宋著名词人秦观（少游）墓地的缘由和经过，文末还记叙了少游与树藤之间神奇的传说故事，赞扬了学生应纯之及当地官员名流重视人文景观、支持重修秦观墓的义举，表达了对前辈杰出作家的尊敬与缅怀。淮海先生即秦观（1049—1110），北宋词人，字少游，一字太虚，号淮海居士，别号邗沟居士，扬州高邮（今属江苏扬州）人。曾任秘书省正字、国史院编修官等职因政治上倾向于旧党，被视为元祐党人，绍圣后遭贬谪。文辞为苏轼所赏识，为"苏门四学士"之一。著有《淮海集》。

②建中靖国：宋徽宗首个年号，公元1101年。

③山谷：黄庭坚（1045—1105），字鲁直，号山谷道人，晚号涪翁，黔安居士，八桂老人。江西修水县人。诗书画号称"三绝"，与当时苏东坡齐名人称"苏黄"。曾与秦观、张耒、晁补之游苏轼之门，号称苏门四学士。黄山谷为江西诗派之宗。著有《山谷集》。秦观于宋高宗建炎四年（1130）被追赠为"龙图阁直学士"。

④贫窭（jù）：贫穷，读音。

⑤豪右：封建社会的富豪家族、世家大户。

⑥榛杞：泛指丛生的灌木。

⑦樵苏：打柴为樵，割草为苏，樵苏指砍柴刈草。

⑧开禧丙寅：即开禧二年，公元1206年。

⑨封植：堆土为坟，植树为饰。

⑩学职：宋代太学地方职员，称学职或职事人，每月有俸钱。

⑪月给：月俸；月饷。

⑫兹事：此事。

⑬行役：因公务而出外跋涉。

⑭谶（chèn）：指将要应验的预言、预兆，一般指一些"凶"事，不吉利的预言。

⑮周匝：环绕一周，叫做一匝。

【作者简介】

薛季宣：见 P50 页。

与叶适书[①]

某闻之：务博学者必自约，乐教人者必自修。执事通百氏诸子之书，可以为博矣。为人师而学不厌，又知所谓约矣。听于涂说，不以某之不肖，惠然肯顾，投以尺书，望我以急难，扣我以学问。以诸葛武乡之英特，谓我闻风而慕之。以王梅溪[②]，郑著作一乡之善士，许以雁行而肩随[③]。某虽至愚，自知甚悉，未能为己，何以为人？未克自明，于何明物。若武卿则吾岂敢，王梅溪、郑著作之冲养是皆吾党之望，愿学焉。而未能者，其又何可拟耶？读诵觍颜[④]，不知何自而得此也，范文正公镇陕右，孙泰山、张横渠初以游客干之，公能资以读书，告之以名教之乐。二先生赖以有立，卒为天下大儒。范公得位时，任大非吾事也，名教之乐，愿与执事同之。

执事秀发妙颜，多闻多识，通于古，明于文，行不自贤，不耻下问，一日千里，吾知方轫焉。及于八阵为邦将无著鞭之大蚤，而某庸敢当也。约文以孔颜氏所以立于仲尼之门，执事方以教人，敢请人事于此。

若夫夏时、商辂、周冕、部乐四代损益，孔子非亚圣弗之告，先王寓兵丘井、建之邦国，舞之行缀，教民后战，不以军容。入国有本、有末、有次第，仲尼岂敢欺我哉！故欲执事先之军旅为邦，愿执事之姑舍是也。抑某又尝闻之子夏曰："君子敬而无失，与人恭而有礼，四海之内皆兄弟也。"士患敬恭之不立，夫不容虞甘旨之弗给，不抵人而抵我，其所望于我者，甚厚且深，某方空腹而游，独行踽踽，不足相为轩埕[⑤]，以孤之来之意，甚恐。姑诵以所闻于博约之说者，复之将命执事之不我弃，庶几能谅之乎？

【注释】

①宋乾道四年（1168），叶适上书薛季宣，求教八阵为邦的军事学，

又以生活困难请求援助。作者时任婺州司理，答书告以为学博约之说，但对其生活，无力相助。

②王梅溪：即王十朋，号梅溪。

③肩随：古时年幼者事年长者之礼

④靦颜：厚颜，此处为作者自谦辞。

⑤垤：小土堆。

答徐元德[①]书

某不肖之迹见疑于世，久矣。兹蒙三兄眷顾特达，然若有不相察者，敢尽底蕴[②]，冀一知之。某不天[③]，蚤失义方之教，仕缘世荫，以惰不为科举之习，居官无有治迹。可以求知上官，心非不欲为众所为，顾不能耳。士夫过听，或意其尚古人之学。不知我者，遂有众多之论。二者于我，虽异。其不相知，一也。

前某伏蒙轩车见过，不以愚鄙见绌，�辱名刺，则以学生自居。昔者徂徕先生与泰山先生德比名齐[④]，举相似也，徂徕自谓不及，拜泰山而师之，天下方知有师，后世不以过，以二先生道谊之重，天下信之不疑。回既倒之狂澜，故不难也。执事之举，将无欲效之乎？

师道不明，此风之不作也久矣。某小丑，其何德以堪之？在执事自处则贤。为人谋者，不几乎厝诸炉炭之上矣？某虽不学，其自知甚明。非其有而取之，何远于盗？此所以逡循退辟，不敢当大礼之盛也。兹蒙携谕谆复，敢固以辞？且执事之下交，夫岂徒然者也？某所期于大君子者，端不在是。不我瑕弃，固所愿也。尚几以道为度，毋以过礼见加。姑为朋友相从，亦足以讲道为学，无骇俗目，使某不堕于好为人师之诮。爱人以德之意，想执事乐为之。用布腹心，切希财量。

【注释】

①徐元德：生卒年为1139—1201年，字居厚，号牧斋，台州仙居人。从学于薛季宣。宋孝宗淳熙五年（1178）进士及第，淳熙十三年（1186）

官邵武军学教授，为纪念李纲民族气节倡建李忠定祠，请朱熹作《李忠定公祠记》。淳熙十五年（1188）得叶适向宰执荐举。官太常寺薄，任徽州通判，擢通州知州。居官清正廉明，杨万里誉其为“浙东名儒，朝列正士”。与叶适、吕祖谦、陈亮、戴岷等交游甚密。陆游70岁大寿时，他携酒往贺，陆游为此作《谢居厚携酒见访》诗。与同门陈傅良合著《周官制度精华》。著有《樵夫集》等。

②底蕴：内心所想的。

③不天：不为天所护佑。指父亲早逝。

④徂徕先生：石介（1005—1045），字守道，一字公操。兖州奉符（今山东省泰安市岱岳区徂徕镇桥沟村）人。孙复弟子。北宋初学者，思想家。宋理学先驱。曾创建泰山书院、徂徕书院，以《易》《春秋》教授诸生，“重义理，不由注疏之说”，开宋明理学之先声。世称徂徕先生。泰山先生：指泰山学派的创始人孙复。孙复是晋州平阳（今山西临汾）人，曾长期客居泰山讲学，学者称其为泰山先生，其学派由此得名。是北宋前期与胡瑗齐名的教育家和经学家，他所创立的泰山学派，对北宋理学的兴起起到了很大的作用。

【作者简介】

陈傅良：见 P52 页。

温州重修南塘[1]记

自中兴，永嘉为次辅郡，其选守盖多名卿士大夫矣。然境内有宜治者三：间岁贡士[2]，群试且万人，于浮屠宫中草舍托处，一宜治。兵与民杂居，颉颃[3]市人间，要束不行而斗讼多，二宜治。州城外南达瑞安，有石塘百里所，不知起何时，而岁积坏，倾者为嵌，陷者为汇，遇时潦，咫尺不得进，往往溺死，自闽山至于吴会，去来者病之，三宜治。而历年久，更太守几人，皆畏其役不敢议，议辄弗就，虽仅就，亦苟简[4]复废者。何哉？

吴兴沈公治郡之明年，谓宾佐曰："上方朝德寿官为寿，加惠宇内，诏减算钱之半，吾属备数奉诏，何以仰称，而适无一事可以宣劳效能广上意者？唯是郡之百废终将累民，吾幸逢年帑[5]有币余，而吝其藏，失今弗图，以烦后来，将安取此也？"于是作贡院，于是作五营。盖晚而有以塘事告者，公与通判率两邑大夫即里居[6]，谋曰："役复有大于此者乎？奈何使吾民锱聚铢敛[7]，窃自支补，甲前而乙却也。苟无愆时[8]，工勿问庸几何；苟无乏事，石勿问价几何。舆匠肯来，市无强贾。"自冬十月至今三月，而塘成。凡是役，邦人亟请于州，于部使者。前太守李公以钱三百万，提举[9]勾公、岳公，继以米四百斛，倡民兴之。民亦输钱累至四百三十二万。起淳熙十有一年，而事不集[10]。今靡钱一千一百万，而弛民钱六百五十余万不取，邦人以是役为宜，而属予焉，以予所闻于公者如此。

况州县官数易，事弥废。熙宁考课[11]，又削桥道弗拟。世相蒙习，以偷为得，间有兴作，则议者顾曰"是希进务以出名迹"，则又曰"是一切厉民为美观耳"，则又曰"彼将以为利"。长吏虽欲自信而不得骋[12]。公以法从旧人，起家为郡，且复用矣。向使过计[13]收声养尊，安用事事而独意？乡不挠愈勇[14]，以今较昔，难易淹速[15]，是皆宜书，然公他所为便民者虽多，而其大者在石塘。水行御舻，陆行蹑踵，更相和歌，不争以贺。夹河老翁，有年七八十者，携持小儿嬉戏于其上，不谓继今民免于死，或为诗谣，或香火以祝公，且乞田二顷，嗣岁[16]积之。盖欲公德与是塘为无穷云。

公名枢，字持要，前为太子詹事兼吏部侍郎。淳熙十四年[17]三月记。

【注释】

①南塘：南宋淳熙十三年（1186），温州太守沈枢倾温州全部财力，发动民众整治疏浚温州到瑞安长达70多里的七铺塘河，修缮河东岸的石堤，铺设石板，辟为“南塘驿路”，并在河里遍植莲藕，南塘因此有“旧时驿路，百里荷花”美誉。南塘河，现称温瑞塘河，有温州的大运河、母亲河之称。

②间岁贡士：隔一年举行考试。贡士：这里指州一级的科举考试。

③颉颃：这里是傲慢的意思。

④苟简：草率简陋。

⑤帑：贮藏钱财的府库。

⑥里居：乡居。

⑦锱聚铢敛：一点一点积聚起来的钱财。锱、铢，均为古代重量单位，是相对很小的重量单位。锱铢用来比喻极微小的数量。

⑧愆时：失时。

⑨提举：官名。原意是“管理”，宋代以后设主管专门事务的职官，即以“提举”命名。

⑩集：成功。

⑪考课：中国古代职官管理的一项制度，按一定的标准对官吏的政绩进行考核，以决定其升降赏罚。

⑫骋：纵马向前奔驰，引申为放开、尽情施展。

⑬过计：过多地考虑。

⑭挠：挠扰、烦扰。

⑮淹速：迟速，指时间的长短。

⑯嗣岁：来年，新的一年。

⑰淳熙十四年：即公元1187年。

民论[1]

天下之事，有可畏之势者易图，而无可畏之形者难见也。易图者亦易应，难见者必难支。故明智之君，不畏夫方张[2]之敌国，而深畏夫未见其隙之民心。盖民心之摇，操于敌国之变，其变之迟者其祸大，而患在于内者必不可以复为也。古者有畏民之君，是以无可畏之民；后之人君，狃[3]于民之不足畏，而民之大可畏者，始见于天下。嗟夫！民而至于见其可畏，其亦无及也。

夫秦之先，盖七国也。自孝公至于庄襄，亟[4]耕力战，荐食[5]诸侯之境，历七世而并于始皇之手。吁，亦艰矣！始皇唯知天下之难合，而其患在六国也，故危其社稷，裂其土地而守置之，以绝内争之衅。中国不足虑，而所以为吾忧者，犹有四夷也，于是郡桂林，城碛石[6]，颈系百粤，而却匈奴于千里之外。始皇之心，自以天下举无可虞，足以安意肆志，拱视[7]于崤函[8]之上，而海内晏然者万叶[9]矣。而不知天下之大，在畏者伏于大泽之卒，隐于巨鹿之盗，而其睥睨觇觑[10]者，已满于山之西、江之东也。一呼而起，氓隶[11]云合，虽邯郸百万之师建瓴[12]而下，而全关之地已税驾于灞上之刘季矣。

呜呼！秦以七世而亡六国，而六国之民以几月而亡秦，以秦之强，不能当民之弱，天下之真可畏者果安在乎？人君不得已而用其民，以从事于敌国，可不惧哉！

【注释】

①此文为陈氏早年所作科举“时文”之一，主要是评论时务国策。

②方张：谓正当扩展、强大之际。

③狃：拘泥，因袭。

④亟：急切。

⑤荐食：不断吞并。

⑥碛石：沙漠。

⑦拱视：拱手坐看。

⑧崤函：崤山与函谷关的合称。是“襟带两京”的锁钥，是自古以来中原通关中的咽喉要道。为历代兵家必争之地。

⑨万叶：万世。

⑩睥睨：眼睛斜着看，表示傲视或厌恶。觇觑（chān qù）：窥视。

⑪氓隶：旧时对劳动人民的贬称。

⑫建瓴：形容居高临下、难以阻挡的形势。建，倾倒。瓴，盛水的瓶子。

【作者简介】

楼钥：见 P55 页。

祭周通判去非[①]

呜呼直夫！而谓止于斯乎？始虽同登，各天一隅。余分郡符，君方忧居。间至偃室，退公之余，讲易谈元（玄），为之踌躇。剧论世故，发蒙砭愚。再仕峤南，备历崎岖。《代答》[②]一书，曲尽锱铢，倘不忘远，当有取诸！前宰剧邑，赫然有誉。遇事不苟，动有规模。忧患熏心，笃志弗渝。渴然自忧，求方于余。谓当良已，乃终弗除。抱负不凡，有衔不祛。曾是半刺，仅得绯鱼[③]。近传短牍，周姓言孤。启缄恍然，乃君遗书。死生大矣，何其舒徐。挥翰寄别，其言穆如。数五十五，尚明堪舆[④]。明月清风，犹能自悟。通乎昼夜，晏然不殊！

呜呼直夫！而又何憾乎？下交私情，惊怆欷歔。对客三诵，泪与之俱。净光东麓，遥望故庐。矢哀以词，奠之生刍[⑤]。

【注释】

①周去非，字直夫，永嘉人。历任桂林尉、州学教授、绍兴府通判。著有地理学名作《岭外代答》。去非与作者同为隆兴元年（1163）进士，交往颇密。孙衣言云："此文可以见其历官行治之大略。"

②《代答》：南宋偏安江南，广西变成派官、经商的重要门户，士子官商都想了解此地。曾在广西为官6年的周去非归乡后，就因为穷于酬答那些打听岭南情况的访客，从而写出一部《岭外代答》。这部书稿不但为宋人"解渴"，还成为后世研究广西地方史、宋代海外交通及亚非古国的珍贵文献。

③绯鱼：是指绯衣与鱼符袋，旧时朝官五品以上为佩鱼符袋。

④堪舆：即风水，中国传统文化之一。《史记》将堪舆家与五行家并行，本有仰观天象，俯察地理之意，后世以之专称看风水的人曰："堪舆家"，故堪舆在中国民间亦称之为风水。

⑤生刍：贤人。《诗·小雅·白驹》："生刍一束，其人如玉。"陈奂传疏："刍所以萎白驹，讬言礼所以养贤人。"鲜草可养白驹。后因用作礼贤敬贤之典。

【作者简介】

陆九渊（1139—1193）：字子静，号象山，金溪（今属江西）人，乾道八年（1172）进士，调敕令所删定官，诏主管台州崇道观，后还乡讲学。提倡心学，遂与朱熹分为理学二派。著有《象山全集》。

与徐子宜[①]

某无能，连黜铨寺[②]，今始以免试拟隆兴靖安簿。六年阙[③]，去家四百里，久离侍下，欲急归。文字但托淳叟取。比来所得朋旧，多好气质，讲切端的，亦自觉稍进。兄为学必日新，恨不证于兄也。

端卿、蕃叟、诚之、淳叟诸公，自相讲切，皆自谓有益。某观之，甚不谓然。诸公虽各不同，然学失其正，一也。尝论其说均为邪说，其行均为诐行。淳叟最先知过，诚之相信甚笃，然蒙滞竟未开明。端卿力战大屈，而后有省。蕃叟相见，始恐惧，而又不能翻然[④]。见李叔润，与之言恶俗交戕之处，泫然流涕，感激良深。自此亦可以言学，第恨相处不及耳！

此心之良，人所均有，自耳目之官不思而蔽于物，流浪展转，戕贼[⑤]隐溺之端，不可胜穷。最大害事，名为讲学，其实乃物欲之大者，所谓邪说诬民，充塞仁义。质之懿者，乃使之困心疲力，而小人乃以济恶行私。兄质性笃厚行己有耻，不至有是。然近来讲学，大率病此，不敢不相告。

刘伯正尝相聚否？闻其庄整，乃是有进，不及作书，烦为致意。天民重困犹昔，皆闻见驳杂之弊，近尝苦口与言，稍能自反应之，亦复荒唐。今此相聚相款，志向却笃知非甚明。有可喜者，亦可为天民庆也。端木、君举、象先、益之诸兄，时相聚否？蔡行之何以不来参部？彭子复、戴少望皆安在？为况如何？前年得少望书，复书颇切磋之，不知其书曾达否？兄讲下多秀异否？刘司业在江西，民甚赖之。以与同官不协，得绵州去矣。便中特此奉记室。余祝为吾道自重。

【注释】

①徐子宜即平阳徐谊，其受陆九渊理学影响颇深。这封信中，谈论当时理学之争，书中多次提到永嘉学派人物。足资参考。

②铨寺：古代掌管官员选拔任免的机构。

③阙：补官缺。

④翻然：即幡然，迅速转变貌。

⑤戕贼：伤害，损害。

【作者简介】

戴栩：字文子，宋永嘉县菇田人。嘉定元年（1208）进士，累官太学博士，秘书郎、衡州知府，终官湖南安抚司参议官。学于叶适，得其旨要，文章法度，能守师传；诗与“永嘉四灵”相近。著有《五经说》《诸子辩论》《浣川集》。

永嘉重建三十六坊记[①]

分画井廛[②]，摽[③]表术衖[④]，此政也而有教焉。何谓教？示以好恶，而著之风声，兴其视听，而纳之轨物，斯为教矣。古者闾必有门，孝友睦姻，任恤有学，昕出夕入，实具而名未立也。唐人以在市为坊，坊门纵闭，水沴[⑤]禳焉。然则唐之坊，古之闾也。其后植以双木，结屋覆之，门不设而揭扁于上为美名，以志名者，教之所自出也。讵容漫漶[⑥]而就湮，摧圮而终废哉！

永嘉州郛延袤十八里，较诸雄藩会府，虽不及，眂列城则过之。在昔，民聚未稠，甲乙可数。比缁黄者称寺观，目姓氏者兼艺能，大略有以辩识足矣。质而俚厖而未纯者，弗计也。后乃文化寖成，藩饰聿至，《祥符图经》坊五十有七。绍圣[⑦]间，杨侯蟠[⑧]定为三十六坊，排置均齐，架缔坚密，名立义从，各有攸趣。故摭其胜地，则容城、雁池、甘泉、百里是已；溯其善政，则竹马、棠阴、问政、德政是已；挹其流风，则康乐、五马、谢池、墨池是已。否则歆艳以儒英，掖导以世美、梯云、双桂、儒志、棣华，与夫扬名、袭庆、绣衣、画锦云者，彪布森列，可景可效。而最切于防范，俾家警户省，则孝廉、孝睦之号，遗忠、遗爱之目，或旌以招贤、从善，或蕲以简讼、平市。义利明而伦类彰，取舍审而操向正，有不说之教焉。独慨夫风霜之剥泐[⑨]，水火之荡毁，百二十余年而沈守枢更建如杨侯之旧。又五十年而焕章少卿史公实来，其规设益逾于沈矣。

观其博栋竦楹，翼以楗础，飞榱[⑩]延撩，被之藻彤，阡周陌匝，绚焉如眉目之在人。出者入者，触名感义，一睹而三思焉。渠不知所以自懋[⑪]哉！绍其续增者曰：状元、衮绣、祈报、丰和；复其续废者曰：

崇仁、荣亲，又永宁、馔酒、宝珠、井莲，为一郡都会。撤而新之，还明伦曰登瀛，易浣沙曰鼎桂，总四十。而仍旧称，以杨侯重也。

初杨侯既名其坊，又什以咏之曰：“三十六坊月，一般今夜圆。”至今稚髫弱娈，交口诵道，岂非以其人蕴藉而平易近民之效哉！今焕卿公以锐志恢永图，以余力辑小务，凡城郭道路，役之至难者，既以灿然毕就，其于区坊琐琐若不足为公纪；而郡人请伐石以侈之，盖公不独优于治办，而其礼贤下士，有足多者，乡饮释菜，日与诸生周旋，揖逊士，至歌而颂之，如鲁泮然。公于教思无穷之义，其必有得于政理之外矣。

【注释】

①这是一篇记载永嘉城区巷里建设的历史。绍定间太守史宜之为了便于城市建设，对城区予以重建、续增，使其更有利地方发展。

②廛：古代城市平民的房地。

③摽：古同“标”。

④衖：同巷。

⑤水沴：水灾。

⑥漫漶：模糊不可辨别、犹迷茫不清。

⑦绍圣：宋哲宗赵煦的第二个年号，公元1094—1098年。

⑧杨侯蟠：北宋哲宗绍圣二年（1095）出任温州太守。

⑨泐（lè）：开裂。

⑩飞榱：高架的椽子

⑪自懋：自我勉励。

【作者简介】

叶适：见P64页。

温州社稷记[①]

社，土也；稷，谷也。非土不生，非谷不育。国始建则壝[②]以祀，示民有命也。风云雷雨，随地而兴；禾黍菽麦，随种而生；神明之所由出，至严至敬，不敢忽也。怪淫诬诞[③]之说起，乞哀于老、佛，听役于鬼魅，巨而龙罔，微而鲫蜴，执水旱之柄，擅丰凶之权，视社稷无为也。呜呼！岂民悖而不知礼哉？乃长吏导之非其义也。

盖温州之社稷，昔者莫能详矣。某自童年，见其坛陛[④]颓缺，旁无四墉[⑤]，敝屋三楹，饮博嬉遨聚焉。祭且至，徐薙茀蔓草，燔燎[⑥]甫毕，已丛生过其旧矣。地气一不应，浮屠之普觉，行庙之祠山、湫渊之玉函、莆杓，椒邱之三王、海神，奔走拜伏，咒诵呶杂，社稷顾漠然无预也。夫莫尊于地，莫察于地，众灵群望环拱效职者也，何急彼而慢此哉？故曰非其义也。

嘉定四年，守杨简始加甓土上，于是灌莽尤盛，刺[⑦]壮城卒专修平之。十年，守巩嵘伉[⑧]其大门，改造斋房，筑墙百五十堵，具凡佩服、器用之须。杨公谓："守莫先于社稷。"巩公曰："吾寝处漏不补，它观游无用也。"二公知以义导其民矣。

夫山水之高深，像设之诡特，众灵群望诧之以为神也；社稷无有，然则民之耳目虽新于一时，而不能久于异日矣。古人必树之田主，各以其野之所宜木。郑康成[⑨]曰："后土，田正之所依也。"周人以栗。宰我[⑩]曰："使民战栗。"以为恐惧不自安，非亲地之道也。永嘉之木莫宜于豫樟：豫，雷出地奋[⑪]也；樟，章之也，皆美善之名也；数十百年，其大百围，其崇干霄，民无敢不肃也。然后知古之治其国者，社稷之臣；今之守其地者，社稷之守。

【注释】

①此记写于嘉定十二年（1219），作者已70岁，应永嘉县令胡衍之请而作。文中叙述温州社稷兴衰的历史。论说古代社稷祭祀的重要，又提出“永嘉之木，莫宜于豫樟”的主张，至今也有参考作用。宋代黄震《黄氏日抄》云：（叶氏）以社稷神明之正，与世俗淫诬对形。文极华赡。

②壝（wéi）：古代祭坛四周的矮墙。

③诬诞：浮夸，不真实。

④陛：本义指可以借以登高的台阶，又特指帝王宫殿的台阶。

⑤墉：高墙。

⑥燔燎：烧柴祭天。

⑦剌：同“拉”。

⑧伉：使高大。

⑨郑康成，即郑玄，东汉末年儒家学者、经学大师。

⑩宰我：字子我，春秋末期鲁国人，孔子弟子，“孔门十哲”“言语”科之首，“孔门十三贤”之一。

⑪雷出地奋：语出《周易·豫·象》：“雷出地奋，豫。”此以卦象明卦义。豫卦坤（地）在下，震（雷）在上。古人认为雷冬藏地中，于春始出，雷在上故说雷出，雷震报春，地上万物生机勃发，故说地奋。

温州新修学记①

学立于绍兴②初，积久蠹毁。嘉定七年，留公茂潜来守，既修崇之，食增田焉。告诸生曰：

峙饰庐廪③，苟厚其养而已；若夫本原师友，必纳诸道德，太守职也。昔周恭叔④道闻程、吕氏微言，始放新经、黜⑤旧疏，挈其俦伦⑥，退而自求，视千载之已绝，俨然如醉忽醒、梦方觉也。颇益衰歇，而郑景望出，明见天理，神畅气怡，笃信固守，言与行应，而后知今人之心可即于古人之心矣。故永嘉之学必兢省以御物欲者，周作于前而郑承于后也。

薛士隆愤发昭旷，独究体统。兴王远大之制，叔末寡陋之术，不随毁誉，必遮故实；如有用我，疗复之方具在。至陈君举尤号精密，民病某政，国厌某法，铢称镒数，各到根穴，而后知古人之治可措于今人之治矣。故永嘉之学必弥纶以通世变者，薛经其始而陈纬其终也。四人，邦之哲民也，诸生得无景行⑦哉！

夫学不自身始而曰推之天下，可乎？虽曰推之天下而不足以反其身，可乎？然则妄相融会者零落而不存，外为驰骤者粗鄙而不近矣。虽然，未至于圣人，未有不滞于所先得而以偏受为患者。孔子进参与赐示之道，皆曰“吾一以贯之”，岂非无本末之辨，而欲合门人同异之趋哉！今观曾子最后之传，终以笾豆⑧有司之事为可略，是则唯而不悟者自若也；子贡平日之愧，终以性与天道为不可得而闻，是则疑而示达者犹在也。且道无贵而苟欲忽其所贱，学无浅而方自病其不能深乎！

诸生侧听，转相语，自学官及其父兄皆请余笔受。嘉定八年⑨五月。

【注释】

①这篇文章写于嘉定八年（1215），作者为太守留元刚新修州学学舍而作。文中论叙永嘉之学渊源和演变，提出永嘉之学必弥纶以通世变，经制致用的主张。是一篇重要的永嘉事功学派的文献。

②绍兴：宋高宗年号。

③庐廪：公家发给的食物。

④周恭叔：即周行己。

⑤黜：废除，取消。

⑥俦伦：同辈或同列的人。

⑦景行：高尚的德行。

⑧笾豆：古代祭祀及宴会时常用的两种礼器。竹制为笾，木制为豆。

⑨嘉定八年：即公元 1216 年。

【作者简介】

戴侗（1200—1285）：字仲达，号合溪，永嘉溪口人。登淳祐元年（1241）进士，由国子监簿出守台州。德祐中以秘书郎迁军器少监，皆以疾辞不赴。系我国古代文字学史上有突出贡献的文字学家。著有《六书故》33卷，另著有《周易家说》《四书家说》，惜已不存。

《六书故》序[①]

侗也闻诸先人曰：学莫大乎格物[②]，格物之方，取数多者，书也。天地万物，古今万事，皆聚于书。书之多，学者常病乎不能尽通。虽然，有文而后有辞[③]，书虽多，总其实六书而已！

六书既通，参伍[④]以变，触类[⑤]而长，极文字之变，不能逃焉。故士唯勿学，学必先六书。古之教者，子生十年，始入小学[⑥]，则教以六书。六书也者，入学之户门，学者之所同先也。以为小学者，过矣。由秦而下，六书之学遂废，虽有学焉者，往往支离傅会，而不适于道。至与曲艺小技，下为曹伍[⑦]，故士益不屑，而其学益不讲。千载而下，殆无传焉。

夫不明于文，而欲通于辞；不通于辞，而欲得于意，是聋于律[⑧]而议乐，盲于度而议器也[⑨]，亦诬而已矣。先人既以是教于家，且将因许氏[⑩]之遗文订其得失，以传于家塾而不果成，小子[⑪]惧先志之坠，爰摭[⑫]旧闻，辑成三十三卷，《通释》一卷。其所不知，固阙如[⑬]也；抑其所知，亦焉敢自是乎哉？姑藏家塾，以俟[⑭]君子。

【注释】

①《六书故》是戴侗在其父（戴蒙）、兄（戴仔）及舅父等对“六书”和《说文》研究成果的基础上，继续深入从事“六书”研究而最终完成的一部文字学著作。六书故：意谓用六书理论来解释、分析汉字。六书，即象形、指事、会意、形声、转注、假借。故，通“诂”，意思是解释字义旨趣，所谓“通古今之异辞”。此书订正了许慎《说文解字》多处错误，颇多创见，是我国一部别具特色的文字工具书。本篇即作者为此

书所做的自序。

②格物：推究事物之理。《礼记·大学》：“致知在格物，物格而后知至。”

③有文而后有辞：文，文字；辞，言辞，文辞。

④参伍：亦作“参五”，参，三，伍，五，或三或五，指变化不定的数。

⑤触类：推知同类事物。后以“触类旁通”谓掌握了某事物规律，就能推知同类事物。

⑥小学：汉代称文字学为小学。因儿童入小学先学文字，故名。隋唐以后为文字学、训诂学、音韵学之总称。《汉书·艺文志》：“古者八岁入小学，故《周官》保氏掌养国子，教之六书，谓象形、象事、象意、象声转注、假借，造字之本也。”

⑦曹伍：同伙，同伴。

⑧律：音律，乐律。古人按乐音的高低分为六律和六吕，合称十二律。

⑨度：度，法制也。器：器物。《易·系辞》：“形乃谓之器。”

⑩许氏：即《说文解字》作者许慎。

⑪小子：作者自称谦辞。

⑫摭：拾取，摘取，此处有整理记录的意思。

⑬阙如：存疑不言，空缺不书。

⑭俟：等待。

【作者简介】

陈昉：字叔方，号节斋，平阳蒲门（今苍南县蒲城乡）人，生卒年不详。南宋理宗。端平元年（1234），以真德秀推荐，与刘克庄等八人，赴都堂审察，即时面试，时称“端平八士”。后在福建安抚使任内做出许多实绩，被誉为“良牧之首”。善于知人，文天祥即为他赏识。累迁吏部尚书，拜端明殿学士致仕。著有《颍川语小》。

《颍川语小》五则[①]

（一）

剑曰南剑，雄曰南雄，和曰西和，盖郡有同名，以方别之。温为永嘉郡，俚俗因西有嘉州，或称永嘉为东嘉。然《图志》曰“永嘉”，《谱》曰“永宁”，遍考前辈题识处，未尝用东字，为传记无有也。近时纶诰[②]中或用“东嘉”二字，殆未详考云。

（二）

本朝奏事时，虽宦者亦远避，而杜诗云“朱衣只在殿中间”，不知所指朱衣为何官。今考朱衣者，乃台省[③]引班之小吏耳。“朱衣引马黄金带”，盖咏宰相之贵也。今宰相出乘马时，二人朱衣，而前趋者为朱衣一人，紫衣而骑导者为引马，皆直省官也。唐宰相早朝，列炬甚盛，今马前惟秉烛一枝，所谓“煌煌火城安在哉”。

（三）

姓氏之学，散漫久矣，世鲜习者，往往自幼至老，竟莫知其身从何来。且以陈姓言之，《左传》称为神明之后，盖自舜也。古者天子建德，因生以赐姓，胙[④]之土而命之氏。如舜生姚墟，以姚为姓，封于虞，即号有虞氏，其子孙更不得赐姓，即以虞为氏。舜之后封于陈，则是陈与虞同姓而异氏，可以类推。《史记》称“自黄帝至舜、禹，皆同姓而异其国号者”是也。许氏云：“族者，氏之别名也。姓者，所以统系百世使不别也；氏者，所以别子孙之所自出也。故《世本》[⑤]之篇，言姓则在上，言氏则在下。”此论最为明白，然观《史记》之语，则有未喻者。其叙老子曰：“姓李氏。”注谓：“李氏女所生，因母姓。”则姓氏亦有出于母者何也？禹之母吞薏苡[6]而生禹，因姓姒[7]；契之母吞乙子而生契，因姓子，则又诡异之甚者。要是众仲及许慎之语、柳芳之论为可信，余不必惑。大观中，永嘉仰孝子忻，有富族求婚忻，忻辞之，著《同姓图》曰："姬、周、郑、江，与仰同姓，百世不通婚姻。"正缘后世论氏而不及姓，故忻特行之，其知本之君子欤？

（四）

"有马者借人乘之"，"孟之反，策其马"，皆谓车也。古者乘车不跨马，"服牛乘马，引重致远"是也。跨马乃北俗，后人便之，遂备鞯镫[8]之用，朝士大夫皆跨马矣。思陵[9]在维扬，雨中见扈从臣僚奔走泥淖甚苦，至杭州，令悉用肩舆[10]，汪浮溪撰谢表云："臣劳于下，宜无俟驾之行；君恤其私，至许肩舆之便。"又云："怀塞翁折臂之忧，从汉相小车之佚[11]。"朝士之得用轿自此始。唐武后时，王求礼为监察御史，上书云："自轩帝[12]以来，服牛乘马，今辇以人负，则人代畜。"张安道之父，年九十余，一生不乘轿担，云"岂可以人代畜"。司马温公不喜肩舆，山中亦乘马，路狭策杖以行。王荆公辞相位，居钟山，惟乘驴，或劝其令人肩舆，公正色曰："自古王公虽不道，未尝敢以人代畜。"今无贵贱尽肩舆矣，而武臣军帅亦用之，何也？

（五）

诗多识鸟兽草木之名，名或讹[13]则实必乱，正其名可也。且如桂，《尔雅》名梫木[14]，"斫却月中桂"，以月中之影似之。木犀[15]，乃岩桂，诗人便引木犀作月中桂，误矣。赵紫芝诗"岩前未有桂花开"，却下得好。芙蓉，莲华也，又名芙蕖，其花菡萏；拒霜乃木芙蓉，因其映水而艳，直称为芙蓉，误矣。沈元周词云："湖上秋来莲荡空，年华都付木芙蓉。"此最分晓。卢橘、枇杷，其名既异，实非一物。桄榔子[16]可以为面，而面不可称桄榔。兰有国香，泽兰也，又云即零陵香也。《楚辞》所称者，囊之可佩，汤之可浴，其气正可以祓[17]不祥，故比君子。今之兰花与牡丹花，唐以前皆未得见。愚观《嘉祐本草》[18]，凡草木诸品，多有莫辨其名，莫名所用者，至大观[19]重修，悉删去之，斯不惑矣。蕙，至今莫辨。

【注释】

①选自《颍川语小》。

②纶诰：皇帝的诏令文告。

③台省：汉代之"尚书"属少府，在宫禁台阁之中。当时称宫禁中

为省中，故尚书省又有台省之称。唐高宗时以尚书省为中台，门下省为东台，中书省为西台，总称为台省，亦有合“三省”及御史台称台省者。

④胙：古代宗庙祭祀所用的肉。

⑤《世本》：又称作世、世系、世纪、世牒、牒记、谱牒等，是古代谱牒。“世”是指世系；本则表示起源。据说是由先秦时期（亦有说汉代）史官修撰的， 记载从黄帝到春秋时期的帝王、诸侯、卿大夫的世系和氏姓，也记载帝王的都邑、制作、谥法等。

⑥薏苡：一年生或多年生草本植物。颖果卵形。果仁叫薏米，可入药。

⑦姒：姓，上古八姓之一。

⑧鞯镫：鞯：马鞍下面的垫子。镫：挂在鞍边供脚登的东西，多为铁制。

⑨思陵：指宋高宗赵构，卒后葬会稽（今绍兴）之永思陵，故后人尊称“思陵”。

⑩肩舆：轿子。

⑪怀塞翁折臂之忧，从汉相小车之佚：前句用塞翁失马典故，后句典出西汉车千秋事，《汉书·车千秋传》：“千秋年老，上优之，朝见得乘小车入宫殿中，故因号曰车丞相。”车千秋本姓田，江充谮害卫太子，他曾为太子鸣不平，受到汉武帝的赏识提拔。汉昭帝时，因为年老体衰，受到照顾，恩准他可以乘小车出入宫廷。

⑫轩帝：指黄帝轩辕氏。

⑬讹：错误。

⑭梫木：古书上指可做药的肉桂。

⑮木犀：也作木樨，通称桂花。

⑯桄榔子：俗称砂糖椰子，糖树。汁可制糖，茎中的髓可制淀粉。

⑰祓：古代一种除灾去邪的祭祀活动。有斋戒、沐浴、举火或用牲口的血涂身等形式。也泛指扫除。

⑱《嘉祐本草》：唐慎微所撰《经史证类备急本草》，嘉祐年间掌禹锡、苏颂等奉敕重修。嘉祐，宋仁宗年号。

⑲大观：宋徽宗年号。

【作者简介】

林景熙：见 P89 页。

蜃说[1]

尝读《汉书·天文志》，载“海旁蜃气象楼台”。初未之信。

庚寅季春[2]，予避寇海滨[3]。一日饭午，家僮走报怪事，曰：“海中忽涌数山，皆昔未尝有。父老观以为甚异。”予骇而出。会颍川主人走使邀予[4]。既至，相携登聚远楼东望。第见沧溟浩渺中[5]，矗如奇峰，联如叠巘[6]，列如崒岫[7]，隐见不常。移时，城郭台榭，骤变欻起[8]，如众大之区，数十万家鱼鳞相比[9]，中有浮图、老子之宫[10]，三门嵯峨[11]，钟鼓楼翼其左右，檐牙历历，极公输巧不能过[12]。又移时，或立如人，或散若兽，或列若旌旗之饰、瓮盎之器[13]，诡异万千。日近晡[14]，冉冉漫灭。向之有者安在，而海自若也。《笔谈》纪登州“海市”事[15]，往往类此，予因是始信。

噫嘻！秦之阿，楚之章华，魏之铜雀，陈之临春、结绮[16]，突兀凌云者何限。运去代迁，荡为焦土，化为浮埃，是亦一蜃也。何暇蜃之异哉[17]！

【注释】

①蜃：蜃，大蛤，此指蜃气。蜃气，光线经过不同密度的大气层发生折射，将远处景物显现在天空或海上的一种光学现象，古人误以为蜃吐气而成。说，文体之一。

②季春：春季的最后一个月，农历三月。

③海滨：此指平阳宋埠镇仙口。乾隆《平阳县志》：“仙口山，在县东南二十五里，枕海，又名神山，古称叶岙。”

④颍川主人：姓陈的主人。陈姓以颍川（今河南许昌）为郡望。走使：走使之人，也就是供奔走的仆人。

⑤第：只。

⑥叠巘（yǎn）：重重叠叠的山岭。

⑦崒岫：险峻的山峰。

⑧欻起：忽起。欻，快速。

⑨鱼鳞相比：像鱼鳞一样整齐而密集地排列着。

⑩浮图：佛塔。老子之宫，道教建筑。

⑪三门：此指寺院大门，即山门。

⑫公输：名班，即鲁班，一作公输般，春秋时期鲁国巧匠。

⑬瓮盎：二者都是腹大的陶制盛器。

⑭晡：申时，黄昏时分。

⑮笔谈：即《梦溪笔谈》，北宋科学家沈括著作。

⑯阿房、章华、铜雀、临春、结琦：秦始皇营建的阿房宫，故址在今西安市北。春秋时期楚灵王营建的章华台，故址在今湖北监利。汉末曹操营建的铜雀台，故址在今河北临漳。南朝陈后主营建的临春、结绮二阁，故址在今南京。均是历史上著名建筑。

⑰何暇蜃之异哉：为“何暇异蜃”的倒装，哪里顾得上对海市蜃楼感到惊讶呢？意思是不值得惊讶。暇，空闲。

粦说[①]

柔兆困敦之岁[②]，朔骑压境，所过杀掠，数十里无人烟。

明年秋，予舟夜过北塘，半醒睡。一奴坐舟尾，曰：“何怪也？”予瞪目视，有火青青，什什伍伍；已而散漫阡陌，弥千亘万，直际林麓。予曰：“异哉！此粦火也。《释文》谓‘人马之血，积而有光’[③]，其信然与？”奴熟视浸玩，脱草屩[④]招之，冉冉近舟次；复麾使去，渐远渐稀。

予抚舷叹曰："阳乌西徂[⑤]，万目如漆，彼冯托幽昏[⑥]，以恣弄光怪，何独粦也！"然粦不能近远人，而近远之者人也。晋温峤然犀牛渚[⑦]，海族百怪不能遁其形。若有呼者曰："于君幽明道远，何意相照？"世未为无怪也。孔氏不语怪，道其常而已矣。故人失人之常，鬼行其怪；中国失中国之常，夷行其怪。怪且不可言，而况乎招之以自近也哉！

【注释】

①粦：亦作燐。《广韵·震韵》："粦，《说文》作粦，鬼火也。兵死及牛马血为之。"

②柔兆困敦之岁：指丙子年，即宋恭帝德祐二年（1276），是年元军攻陷宋都临安。古代岁星纪年法用岁阳和岁阴相配合，《尔雅·释天》："（太岁）在丙曰柔兆……在子曰困敦。"

③释文：即唐陆德明《经典释文》。

④屩（juē）：草鞋。

⑤阳乌西徂：太阳西下。徂，过去。

⑥冯：通"凭"，依靠。

⑦晋温峤然犀牛渚：借用温峤"牛渚燃犀"典故。《晋书·温峤列传》："（温峤）至牛渚矶，水深不可测，世云其下多怪物，峤遂毁犀角而照之。须臾，见水族覆火，奇形异状，或乘马车著赤衣者。峤其夜梦人谓己曰：'与君幽明道阁，何意相照耶？'"牛渚，又名采石矶，在今安徽当涂县西北长江边。幽明，冥界和人间。

胡汲古乐府序[1]

唐人《花间集》[2]，不过“香奁”[3]组织之辞，词家争慕效之，粉泽相高，不知其靡，谓乐府体固然也。一见铁心石肠之士，哗然非笑，以为是不足涉吾地。其习而为者，亦必毁刚毁直，然后宛转合宫商，妩媚中绳尺，乐府反为情性害矣。

乐府，诗之变也。诗发乎情，止乎礼义，美化厚俗，胥[4]此焉寄？岂一变为乐府，乃遽[5]与诗异哉！宋秦、晁、周、柳[6]辈，各据其垒，风流蕴藉，固亦一洗唐陋[7]，而犹未也[8]。荆公《金陵怀古》[9]，末语“后庭遗曲”，有诗人之讽。裕陵[10]览东坡月词[11]，至“琼台玉宇，高处不胜寒”，谓“苏轼终是爱君”。由此观之，二公乐府根情性而作者，初不异诗也。

严陵胡君汲古以诗名，观其乐府，诗之法度在焉。清而腴，丽而则[12]，逸而敛，婉而庄，悲凉于残山剩水[13]，豪放于明月清风，酒酣耳热，往往自为而歌之。所谓乐而不淫，哀而不伤，一出于诗人礼义之正。然则先王遗泽，其犹寄于变风者[14]，独[15]诗也哉！

【注释】

①胡汲古，严州严陵（今属浙江桐庐县）人，出身官宦之家，而无心仕禄，遁迹丘园，诗书自娱。乐府，本指汉乐府官署所采集的民间乐歌，后来用称文人模仿乐府体的诗作，宋元以后的词曲也称乐府，此处指词。

②花间集：五代后蜀赵崇祚编，选录唐五代词十八家百余首，内容多写冶游享乐生活，词格靡丽。

③香奁：唐末韩偓有《香奁集》，多写艳情，辞藻绮丽。后世称这类作品为“香奁体”。

④胥：舍弃。

⑤遽：立即。

⑥秦、晁、周、柳：指北宋词人秦观、晁补之、周邦彦、柳永，均为婉约派词人。

⑦唐陋：指晚唐五代鄙陋之风。

⑧犹未也：尚未达到最高境界。

⑨荆公《金陵怀古》：王安石封荆国公，世称王荆公。《金陵怀古》

指《桂枝香》词，结句：“至今商女，时时犹唱，《后庭》遗曲。”后庭，指南朝陈后主所制《玉树后庭花》歌舞曲，被称为亡国之音。

⑩裕陵：宋神宗陵墓称永裕陵，故称裕陵。

⑪月词：指苏轼《水调歌头·丙辰中秋》词。《历代诗余》卷一一五引《坡仙集外记》：“苏轼于中秋夜，宿金山寺，作《水调歌头》……神宗读至‘琼楼玉宇’二句，乃叹云：‘苏轼终是爱君。’即量移汝州。”

⑫则：规范，榜样。

⑬残山剩水：指故国破碎山河。语出杜甫《陪郑广文游何将军山林十首》之五：“剩水沧江破，残山碣石开。”

⑭变风：旧称《诗经》十五国风中《周南》《召南》以外的风诗。《诗·大序》谓变风“发乎情，止乎礼义”“先王之泽也”，也是承继了周王朝遗留的绪统。

⑮独：岂独。

【作者简介】

林一龙：字景云，宋永嘉县大若岩镇篁潭（今黄潭村）人。相传年轻时，曾在家乡大若岩十二峰筑室读书，后入太学。咸淳七年（1271）登进士第，授绍兴教授。未久，除史馆检阅，累官秘书郎、崇政殿说书。南宋亡后，隐居在家乡大若岩，寄情山水，徜徉林泉。著有《石室文集》（已散佚），时称石室先生。传见《万历温州府志》，清人曾唯辑《东瓯诗存》中存诗 10 首。

大若岩记①

大若岩者，即石室也。永嘉郡楠溪小源②，从郡北江口入，溯流而上，山盘水折，凡百五十里。有洞状卷螺，呀立③千尺，深窈虚廓④。梁陶弘景尝集《真诰》于此，所谓石室也。

山从西北来，积天地奇险之气，磅礴纠郁⑤。或峭众激⑥，为芒、为角、为高峻；或怒自决，为罅⑦、为龛⑧、为大窍⑨。而其溃散不可收拾者，又复泄为飞瀑，萃为诡石⑩。吞吐变现，感遇凝射⑪，千态万状莫可数。而《真诰》石室则其精神聚会也。山水俱到，众妙尽呈，名之曰“大若福地”者，其说盖出于道家云。

大若岩之外，去⑫十数里，又有小若岩。予推其初所以名之者，义皆无当⑬。按古文𡽱字，其上皆从山，凡字谱中从山者，皆山之貌名称也。而人莫之识者，盖古字之不传久矣！自秦变古字以小篆、隶书，法行厥久，风气浸移⑭，日趋简便，承讹袭谬，人用其私，盖今之所谓古者，已非古矣。

予读古文《周易》，十二篇中始得见此字。盖古文𡽱字皆如此，因表而出之。使人知有宇宙，则有此岩，自有此岩，则有此名，而所以定其名而发其奇者，则自余始。

是为记。

【注释】

①此记最早见于一块碑刻，约刻于宋咸淳年间（1265—1272），这

是最早见介绍大若岩的记载，明人何镗将此记辑入《古今游名山记》一书。大若岩，据《光绪永嘉县志》记载，又名石室山、真诰山、赤水山，是永嘉县一处历史悠久的名胜风景区。据传南朝梁代的道教思想家和医药家陶弘景曾在此处隐居，并撰写其道家名著《真诰》。

②楠溪：即今之楠溪江。逆溪而上，楠溪江在永嘉渠口坦下村一分为二，即大源、小源。

③呀立：耸立，呀，空而且大。

④深窈虚廓：幽深而宽大。

⑤磅礴纠郁：磅礴，形容山之气势盛大；纠郁，形容水之缠绕盘曲。

⑥或峭而激：激，急流撞击岩石而迸溅；此句意为山岩陡峭，阻挡水流而迸溅。

⑦罅：裂缝。

⑧龛：石壁被急流冲击而成的状如盒形的小石室。

⑨大窍：大洞穴。

⑩诡石：奇形怪状的石头。

⑪感遇凝射：指水石感应遇合而聚击溅射。

⑫去：距离。

⑬无当：不恰当。

⑭浸移：逐渐转移。

元代

【作者简介】

李孝光：见 P95 页。

始入雁山观石梁记[①]

予家距雁山五里，岁率[②]三四至山中，每一至，常如遇故人万里外。

泰定元年冬，予与客张子约、陈叔夏复来。从两家僮，持衾裯杖屦。冬日妍燠[③]，黄叶布地，客行望见北山立石，髡[④]然如浮屠氏，腰隆起，若世之游方僧自襆被[⑤]者，客辴然[⑥]而笑。时落日正射东南山，山气尽紫，鸟相呼如归，入宿石渠。

石梁拔地起，上如大梯，倚屋檐端；下入空洞，中可容千人；地上石脚空嵌，类腐木根，檐端有子树长尺许，倒挂绝壁上，叶著霜正红，始见谓是踯躅花[⑦]，绝可爱。梁下有寺，寺僧具煮茶醅酒[⑧]，客至俱醉。月已没，白云西来如流水；风吹橡栗堕瓦上，转射岩下小屋，从瓴[⑨]中出，击地上积叶，铿铿宛转，殆非世间金石音。灯下相顾，苍然无语。夜将半，设两榻对卧。子约沾醉[⑩]，比晓，犹呼其门生，不知岩下宿也。

【注释】

①石梁：雁荡山有三个石梁洞，北石梁洞、西石梁洞和东石梁洞。作者所游所写为东石梁洞。

②率：都。

③妍燠：暖和。

④髡：古代男子剃去头发的刑罚。

⑤自襆被：自带行李被卧。

⑥辴然：笑的样子。

⑦踯躅花：杜鹃。

⑧醅酒：喝未滤去糟的酒。

⑨瓴：瓦沟。

⑩沾醉：大醉。

大龙湫记[①]

大德七年秋八月，予尝从老先生来观大龙湫，苦雨积日夜。是日，大风起西北，始见日出。湫水方大，入谷未到五里余，闻大声转出谷中，从者心掉。望见西北立石，作人俯势，又如大楹。行过二百步，乃见更作两股相倚立；更进百数步，又如树大屏风，而其颠谽谺[②]，犹蟹两螯时一动摇，行者兀兀。不可入，转缘南山趾。稍北，回视如树圭。又折而入东崦[③]，则仰见大水从天上堕地，不挂著四壁，或盘桓久久不下，忽迸落如震霆。东岩趾有诺讵那庵，相去五六步，山风横射，水飞著人。走入庵避之，余沫迸入屋，犹如暴雨至。水下捣大潭，轰然万人鼓也。人相持语，但见口张，不闻作声，则相顾大笑。先生曰："壮哉！吾行天下，未见如此瀑布也。"是后，予一岁或一至。至，常以九月。十月，则皆水滴，不能如向所见。

今年冬又大旱，客入，到庵外石矼[④]上，渐闻有水声，乃缘石矼下，出乱石间，始见瀑布垂，勃勃如苍烟，乍小乍大，鸣渐壮急。水落潭上洼石[⑤]，石被激射，反红如丹砂。石间无秋毫土气，产木宜瘠，反碧滑如翠羽凫毛。潭中有斑鱼廿余头，闻转石声，洋洋远去，间暇回缓，如避世士然。家僮方置大瓶石旁，仰接瀑水，水急舞向人，又益壮一倍，不可复得瓶，乃解衣脱帽著石上，相持扼掔，欲争取之，因大呼笑。西南石壁上，黄猿数十，闻声皆自惊扰，挽崖端偃木牵连下，窥人而啼，纵观久之。行出瑞鹿院前，今为瑞鹿寺。日已入。苍林积叶，前行，人迷不得路，独见明月，宛宛如故人。

老先生谓南山公也。

【注释】

①《雁山十记》是写天下名山北雁的十篇游记。世人视之为一组雁

山小史。这里选录《始入雁山观石漂记》《大龙湫记》两篇。石梁在雁山东山谷，作者写他始入石梁与夜宿石梁所见所闻，俱极可爱。大龙湫以瀑布闻名。文章前部分写大水时瀑布壮观，催人奋发；后部分写水旱瀑布景色，清峻落寞，令人欢欣。

②谽谺：山谷深的样子。

③崦：泛指山，古代常用来指日落的地方。

④石矼：石桥。

⑤洼石：低凹，深陷的石头。

【作者简介】

高明：见 P97 页。

碧梧翠竹堂后记[①]

昆山顾君仲瑛，名其所居之室曰“玉山草堂”。筑圃凿池，积土石为丘阜，引流种树于中。为堂五楹，环植修梧巨竹，森密蔚秀，苍缥阴润，炎歊[②]不得达其牖，羲晖不能窥其户，乃名其堂曰“碧梧翠竹”。堂中列琴、壶、觚、砚、图籍及古鼎、彝器，非韵士胜友不趣延入也。凡自吴来者，既夸仲瑛之美，则必盛称梧竹之雅致。

今年八月，余至昆山，过仲瑛所居，仲瑛延客入堂。时日已暮，余暑尚酷。及既坐，萧爽阒寂，清气可沐。须臾，有风出于梧竹之间，摩戛[③]柯叶，调调刁刁[④]，泠然于喁，如耳琴筑。久焉，皎月自水际出，光景穿漏，泛漾栏槛。仲瑛出酒觞客。客数人皆能诗歌谈辩，饮酒甚乐。夜将半，露瀼瀼[⑤]下梧竹中，清炤拂席，凉气袭人，毛骨欲寒。客相与笑曰：“安得从浮丘公[⑥]招青童吹灵霄之笙，击洞阴之磬，以终此乐耶？”饮酣，客将就枕寝，余以公事有程，不得留。

舟至河浒，时已曙矣。回望玉山之居，树木葱翠，烟霏芊绵，楼观缥缈，隐露若图画，因叹曰：“史称蓬莱、方丈、瀛洲，有欲至者，风辄引其船去，世或疑其怪诞。然以余观之，若梧竹之胜，虽欲优游夷犹，而以尘累牵掣，不得少留而去，况欲涉海求所谓方丈、瀛洲、蓬莱者哉！然则引船之风，意或有之也。”余又观史传中所载古今人物，类皆功名势位之人，而以洁身遁世称者，仅一二见，岂非山林泉石之乐，固少有得之者耶？乃知谢幼舆[⑦]自以一丘一壑过人，彼盖深有所见也。遂乃命舟人，缓移击棹，且顾且去，意眷眷不能舍也。比至城郭，车马杂遝[⑧]，尘坌滃起[⑨]，概想昨昔所游，则已疑为梦中见矣！

适袁君子英[⑩]来自昆山，乃记其事，以示子英，俾以遗仲瑛。且语之曰：“为我语仲瑛君，碧梧翠竹之乐不易得也，第安知他日毋或[⑪]汩[⑫]于禄仕，而若余之不能久留也。”

至正九年九月既望，永嘉高明则诚记。

【注释】

①碧梧翠竹堂：遗址在今江苏昆山市巴城镇。元末昆山人顾瑛（1310—1369）营造了一座园林别墅“玉山草堂”，内有种玉亭、金粟影、小蓬莱、书画舫和碧梧翠竹堂等26个景点，召集四方宾客，在各景点轮流开展诗文创作和书画声歌等文化艺术活动，号称“玉山雅集”。碧梧翠竹堂的堂额由大书法家赵孟頫以篆书题写，文坛盟主杨维桢写《碧梧翠竹堂记》，高明写了后记。

②炎歊：亦作“炎熇”，暑热。

③摩戛：摩擦。

④调调刁刁：摇动的样子。出自《庄子·齐物论》：“而独不见之调调之刁刁乎？”

⑤瀼瀼：露水盛多。

⑥浮丘公：古代中国传说中的仙人。

⑦谢幼舆：即谢鲲（281—324），字幼舆，陈郡阳夏县（今河南太康县）人。一丘一壑：指寄情山水。

⑧杂遝：即杂沓，众多杂乱的样子。

⑨尘坌滃起：尘土弥漫。尘坌：灰尘、尘土。

⑩袁君子英：袁华，苏州府昆山（今昆山市）人，字子英。工诗，长于乐府。

⑪毋或：不可。

⑫汩：沉迷。

《琵琶记》[①]

第廿一出　糟糠自厌（节选）

（旦上唱）

【山坡羊】乱荒荒不丰稔[②]的年岁，远迢迢不回来的夫婿。急煎煎不耐烦[③]的二亲，软怯怯不济事的孤身己[④]。苦，衣尽典，寸丝不挂体。几番要卖了奴身已，争奈[⑤]没主公婆教谁看取？（合[⑥]）思之，虚飘飘命怎期？难捱，实丕丕[⑦]灾共危。

【前腔】滴溜溜难穷尽的珠泪，乱纷纷难宽解的愁绪。骨崖崖[⑧]难扶持的病身，战钦钦[⑨]难捱过的时和岁。这糠，我待[⑩]不吃你，教奴怎忍饥？我待吃呵，怎吃得？（介[⑪]苦）思量起来不如奴先死，图得不知他亲死时。（合前）

（白）奴家早上安排些饭与公婆，非不欲买些鲑菜[⑫]，争奈无钱可买。不想婆婆抵死[⑬]埋冤，只道奴家背地自吃了甚么。不知奴家吃的是细米皮糠，吃时不敢教他知道，只得回避。便埋怨杀了，也不敢分说。苦！真实这糠怎的吃得。（吃介）（唱）

【孝顺歌】呕得我肝肠痛，珠泪垂，喉咙尚兀自[⑭]牢嗄住。糠！遭砻被舂杵[⑮]，筛你簸扬你，吃尽控持[⑯]。悄似[⑰]奴家身狼狈，千辛万苦皆经历。苦人吃着苦味，两苦相逢，可知道欲吞不去。（吃吐介）（唱）

【前腔】糠和米，本是两依倚，谁人簸扬你作两处飞？一贱与一贵，好似奴家共夫婿，终无见期。丈夫，你便是米么，米在他方没寻处。奴家恰便是糠么，怎的把糠救得人饥馁？好似儿夫出去，怎的教奴供给得公婆甘旨[⑱]？（不吃放碗介）（唱）

【前腔】思量我生无益，死又值甚的！不如忍饥为怨鬼。公婆老年纪，靠着奴家相依倚，只得苟活片时。片时苟活虽容易，到底日久也难相聚。谩把糠来相比，这糠尚兀自有人吃，奴家骨头，知他埋在何处？

（外净[⑲]上探，白）媳妇，你在这里吃甚么？（旦遮糠介）（净搜出，打旦介）（白）公公，你看么？真个背后自逼逻[⑳]东西吃，这贱人好打！（外白）你把他吃了，看是什么物事？（净慌吃介）（吐介）（外白）媳妇，你逼逻的是甚么东西？（旦介）

【前腔】这是谷中膜，米上皮，将来逼逻甚疗饥。（外净白）这是糠，你却是怎的吃得？（旦唱）尝闻古贤书，狗彘食人食[21]，公公，婆婆，须强如[22]草根树皮。（外净白）这的不嗄杀了你。（旦）嚼雪餐毡，苏卿犹健[23]；餐松食柏，到做得神仙侣[24]。纵然吃些何虑？（白）公公，婆婆，别人吃不得，奴家须是吃得。（外净白）胡说，偏你如何吃得？（旦）爹妈休疑，奴须是你孩儿的糟糠妻室[25]。

（外净哭介，白）原来错埋冤了人，兀的不痛杀了我。（倒介）（旦叫介）（唱）

【雁过沙】（旦）他沉沉向迷途，空教我耳边呼。公公，婆婆，我不能尽心相奉事，番[26]教你为我归黄土。公公，婆婆，人道你死缘何故？公公，婆婆，怎生割舍抛弃了奴？

（白）公公，婆婆。（外醒介）（唱）

【前腔】媳妇，你耽饥[27]事公姑。媳妇，你耽饥怎生度？错埋冤你也不肯辞，我如今始信有糟糠妇。媳妇，我料应不久归阴府。你休为我死的把生的受苦。（旦叫婆婆介）（唱）

【前腔】婆婆，你还死，教奴家怎支吾[28]？你若死，教我怎生度？我千辛万苦回护[29]丈夫，如今到此难回护。我只愁母死难留父，况衣衫尽解，囊箧[30]又无。（外叫净介）（唱）

【前腔】婆婆，我当初不寻思，教孩儿往皇都。把媳妇闪[31]得苦又孤，把婆婆送入黄泉路，只怨是我相耽误。我骨头未知埋在何处所？

（旦白）婆婆都不省人事了，且扶入里面去。正是：青龙共白虎[32]同行，凶吉事全然未保。（并下）

【注释】

①《琵琶记》写书生蔡伯喈与赵五娘的爱情故事。书生蔡伯喈在与赵五娘婚后想过幸福生活，为其父蔡公所逼上京赶考，中了状元后又被要求与丞相女儿结婚，虽不允，但牛丞相不从而依之。当官后家里遇到饥荒，其父母双亡，他并不知晓。他想念父母，欲辞官回家，朝廷却不允。赵五娘一路行乞进京寻夫，最后终于找到，并团圆收场。自伯喈离家后，陈留连年遭受旱灾，五娘任劳任怨，服侍公婆，让公婆吃米，自己则背着公婆私下自咽糟糠。蔡公、蔡婆去世后，五娘祝发卖葬，罗裙包土，自筑坟墓。又亲手绘成公婆遗容，身背琵琶，沿路弹唱乞食，往京城寻

夫。后来夫妻得以团聚，皇帝下诏，旌表蔡氏一门。

②不丰稔：即荒歉年景。稔，庄稼成熟。

③不耐烦：不能忍受。

④身己：指自己的身体。《广韵》："己，身也。"

⑤争奈：怎奈，无奈。教：使。管取：照顾。

⑥合：南戏中的"合"字有两种含义，一指合唱，一指合头。同一曲牌连续使用两支以上而最后几句曲词相同的称为合头。在上曲合头上注一"合"字，下面不再重出曲文，仅注"合前"二字，意即"合头同前"，合头往往合唱时多用，也有独唱的。此处的"合"即是指合头，下支曲子的"合前"即指合头同前，曲文不再出现，唱则为独唱。

⑦实丕丕：即实实在在。

⑧骨崖崖：瘦削的样子。

⑨战钦钦：战战兢兢。

⑩待：打算。

⑪介：南戏里关于动作、表情、效果的舞台提示，与杂剧中的"科"相同。此应为"吃介"。

⑫鲑菜：泛指鱼菜。鲑，即鱼类菜肴。

⑬抵死：竭力。埋冤：即埋怨。

⑭尚兀自：还，还是。牢嗄住：紧紧地噎住。

⑮砻：用砻去掉稻壳。舂杵：用舂杵捣去谷物的皮壳。

⑯控持：折磨，磨难。

⑰悄似：恰似，完全相同。

⑱甘旨：美味。这里特指供养父母的食物。

⑲外：南戏中的"外"有两种含义。一为外生，扮演老年男子；一为外旦，扮演老年妇女。南戏中的"净"可以扮演男，也可以扮演女，剧中扮演蔡伯喈母亲蔡婆。

⑳逼逻：安排，张罗。

㉑狗彘食人食：语出《孟子·梁惠王》，原意是说狗彘吃人的食物，这里意思相反，是说人吃狗彘的食物。彘，猪。

㉒须强如：比……强。

㉓"嚼雪餐毡"一句：汉朝苏武出使匈奴，匈奴逼他投降，他宁死

不屈，被关在大窖中，他嚼雪，同毡毛一起吞下充饥，得以不死。事见《汉书·苏武传》。

㉔“餐松食柏”一句：旧传神仙不吃人间烟火，以松柏的果实为粮。

㉕糟糠妻室：指贫贱时共患难的妻子，后人亦以自称妻室。语见《后汉书·宋弘传》。

㉖番：反而。

㉗耽饥：忍饥。

㉘支吾：应付。

㉙回护：曲为辩护，袒护。

㉚囊箧：口袋和箱子。

㉛闪：抛撇。

㉜青龙共白虎：古代的星象家以青龙为吉星，以白虎为凶星。

【作者简介】

宋濂（1310—1381）：初名寿，字景濂，号潜溪，别号龙门子、玄真遁叟等。祖籍金华潜溪（今浙江义乌），后迁居金华浦江（今浙江浦江）。元末明初著名政治家、文学家、史学家、思想家，与高启、刘基并称为“明初诗文三大家”，又与章溢、刘基、叶琛并称为“浙东四先生”。被明太祖朱元璋誉为“开国文臣之首”，学者称其为太史公、宋龙门。

宋濂与刘基均以散文创作闻名，并称为“一代之宗”。其散文质朴简洁，或雍容典雅，各有特色。他推崇台阁文学，文风淳厚飘逸，为其后“台阁体”作家的文学创作提供范本。其作品大部分被合刻为《宋学士全集》75卷。

题顾主簿上萧侍郎御书后[①]

呜呼！君子之制行，毫末不可不谨。一行有玷，则众善皆隳。虽其后痛自克责，而覆水不可反瓶矣。此濂于侍御史萧振之事，不能无感焉。

振字德起，温之平阳人，本赵忠简公鼎所荐，因秦桧引之入台，遂亲桧而疏鼎。盖主和议者桧也，鼎与刘大中毅然不从，振劾大中以摇鼎，鼎竟罢相。及乎物议不可屈，振颇自悔，乃与桧时相异同，闻杨炜上书责李光徇桧议和，振因荐炜改秩[②]，意将藉此以自洗涤，殊不知适为池阳之谪矣。

呜呼！振之治政，历历可纪，其在西蜀尤有声故，高宗为发“前有胡世将[③]，后有萧振”之叹。使无劾鼎一事，振能得不为君子矣乎？后世公论之定，卒侪之何铸、王次翁、楼炤、勾龙如渊、罗汝楫之间，号为桧党。立身一败，万事瓦裂，岂不信然哉！

振之友同里顾冈次凤，时为钱唐县主簿，移书于振，其辞虽甚柔婉，隐然有上鼎不附和议之意。当时主桐庐簿贾廷佐，亦疏桧累数千言。桐庐与钱唐其地密迩[④]，岂或相为谋耶？然廷佐剧论仇耻不可忘，名分不可贬，和约不可信，请诛王伦，拘虏使，决意用兵，其言尤壮烈。又可见一时士大夫忠义所激，虽小官且然，不特李纲、张焘、曾开、胡铨诸公而已。惜乎冈之书，不附戊午谠议[⑤]中，余故备论之，使读者知戴天履地为人，一刻弗忘君而不失足权奸之门，庶几仰不愧俯不怍。所以然者，既深为振惜，亦以振为大戒也。

冈五世孙元龙，请白野忠介公缮写其书成卷，而欧阳文公、黄文献公、今忠宣公，咸为题识。元龙之弟仲华复来征濂文不已，冈亦多贤子孙也哉！

【注释】

①顾冈，字次凤，平阳县慕贤西乡夏较里（今属苍南县龙港镇）人。

②改秩：改变官吏的职位或品级。多指提升。

③胡世将（1085—1142）：字承公。常州晋陵县（今江苏武进）人。两宋之际名臣、诗人。

④迩：近。

⑤戊午谠议：南宋绍兴七年（1137）十一月，金废伪齐，以许还梓宫（宋徽宗及皇后尸棺）及河南、陕西之地为条件，对南宋诱降，赵构遂又决心"屈己就和"。绍兴八年（1138）三月，复以秦桧为相，接受金之议和条件。臣僚纷纷上书反对，横遭冷落打击。枢密院编修胡铨抗疏，指责赵构含垢忍耻，不顾国家存亡，对金屈膝称臣；请斩秦桧、王伦、孙近三个卖国奸臣以谢天下；拘留金使，兴师伐金，收复失地。朝野上下也纷纷谴责赵构、秦桧的妥协投降行为。赵构决意屈膝求和，乃罢斥胡铨等人，坚持命秦桧代为跪受金朝国书，和议遂成。因绍兴八年为戊午年，故史称这年胡铨等人抗疏反对议和的言论为"戊午谠议"。

二贤母传

瑞安有大姓曰吴氏[①]，世守礼度，而严于昏姻[②]。

柳州教授埏，生子钦。年近弱龄，埏欲为之择配，久且未成。或曰："同郡胡节有容德[③]，且达宦之后，可室也。"乃遣行媒知名，节之父悦焉。六礼[④]既备，故节来归于钦。内外宗暨媪御而下宜之。生子璟，鞠育至长，为娶县人林廉。廉名卿孙，粗习书传，躬躬然勤[⑤]，翼翼然抑畏。节爱之不翅若亲女，廉亦事节若母。怀娠九阅月，璟以病死。未死，执廉手，涕泣惓惓，以养亲存孤为托。廉诺之。后三十日，廉生一男子，且悲且喜，曰："吴氏之宗，其不为若敖氏馁鬼乎！"未几，钦亦卒。节与廉蓬首垢面，自称曰"未亡人"，誓抚遗孤，以不坠其家。

后六年，元政日紊，四方寇盗蜂起，市魁、都伯各聚农为兵，阳号保障，阴则倚藉为奸。有利吴氏多赀，欲夺廉之志。廉年二十有余尔，善自闭拒，不可撼。遂有谋杀其孤者。廉惧，弃家挟姑[⑥]而遁，择邻境大山匿焉。艰难备尝，室如悬磬，无丝豪怨怼意，惟饬励儿以学，无有寒暑昼夜。年三十九卒，节抚棺哭泣，竟欲无生，益督儿事书诗勿怠。又二年，节亦卒。儿名荃，今为巨儒。州人识与不识，咸称为吴氏二贤母云。

大史公曰："吴氏之系，何其危哉！当璟濒亡时，荃在母腹，男女未可知，林氏毅然以存孤为诺，非见义明如曒日[⑦]能然乎？使林氏之足一移，吴氏宗祀坠矣，此其功非再造其家者乎？譬犹狂澜东奔，欲举只手以障之，抑难矣。予谓林氏具五美焉。其不畏强御，一也。富而能贫，二也。炳于几先，而不陷于虎口，三也。干戈纷纭之中，鬻环钏市书，励子以学，四也。终始一致，不为浮议所惑，卒令终于牖下，五也。

夫然故其能以节操显著者，宜哉！虽然不为之先，孰为之后？非胡氏挈纲振维于上，则林氏茕茕然无依矣。是则，胡氏者不为尤贤乎？贤哉，二母！如楚之双璧，光彩交映，见者动容；如越之双剑，光芒闪铄，不可狎玩。诚可谓无愧于彝伦者矣。呜呼！女妇且尔，则凡受人家国之寄委弃若土梗者，果何心哉！

【注释】

①吴氏：明朝景泰年间前，泰顺飞云江流域属瑞安县管辖，这里吴

氏指泰顺县南浦溪镇的吴氏。

②昏姻：同婚姻，古礼娶妇以昏时，故曰昏姻。

③容德：宽容之德。

④六礼：婚姻仪礼。指从议婚至完婚过程中的六种礼节。即：纳采、问名、纳吉、纳征、请期、亲迎。纳采即男方家请媒人去女方家提亲，女方家答应议婚后，男方家备礼前去求婚。问名，即男方家请媒人问女方的名字和出生年月日。纳吉，即男方将女子的名字、八字取回后，在祖庙进行占卜。纳征，亦称纳币，即男方家以聘礼送给女方家。请期，男家择定婚期，备礼告知女方家，求其同意。亲迎，婚前一两天女方送嫁妆，铺床，隔日新郎亲至女家迎娶。

⑤躬躬然勤：躬亲勤谨。

⑥姑：婆婆。

⑦暾日：明亮的太阳。

【作者简介】

苏伯衡：字平仲，金华人，生卒年均不详，元末明初诗人，苏辙九世孙，苏友龙三子。博洽群籍，为古文有声。学士宋濂致仕，荐伯衡自代，称他“文词蔚赡有法，殆非虚美”。著有《苏平仲文集》。

坚白斋记[①]

平阳王伯原，业诗书而乐恬静，工文翰而慎交游，洁庵孔子升先生之内侄。世家王薁[②]，邑著姓也。尝即居第之西，辟斋以为藏修之所。负凤冈，揖龟屿，远则层峦联络乎左右，近则乔木参错乎后先。问名于先生，先生名之曰坚白斋，未及为作记，而先生逝矣。至是，介先生仲子怡伯谒余而请焉。

嗟夫！先生岂不欲伯原以公孙龙[③]之幻为戒，而以仲尼之言自勉乎？其望之也至矣！盖天下之物，方其未磨涅[④]也，坚白有余者恒多；及其既磨涅也，坚白不足者恒多。今夫瓴也、甓也[⑤]、石也，非不确乎其坚，磨之则磷[⑥]矣。不以磨而磷者惟玉乎？是故物无定坚，定坚，玉焉尔矣。今夫雪也、羽也、丝也，非不皦[⑦]乎其白，涅之则缁[⑧]矣，不以涅而缁者惟玉乎？是故物无定白，定白，玉焉尔矣。莫坚于玉，而亦莫白于玉。故天下无物可以言坚，惟玉可以言坚；无物可以言白，惟玉可以言白。玉也者，足于坚白者也。锤石以击之，不毁也；污泥以渍之，不染也。虽百磨百涅，又岂忧磷与缁哉？

富贵贫贱，祸福死生，所谓事也无常，而使人丧其大节，有甚于磨；声色臭味，轻煖狗马，所谓物也善惑，而使人失其本心，有甚于涅。然而君子惟患志之不足，而事之无常不患也；惟患德之不纯，而物之善惑不患也。古之君子，当大任而不惧，蒙大难而不忧，变故交乎前而不乱，穷达更乎身而不易；诱之以不赀之利而不诡随，劫之以𫓧钺[⑨]之威而不回屈。无他焉，志定而已矣！目视采色而不眩，耳听声音而不莹[⑩]，口食肥甘而不爽，身处佚乐而不溺，驰骋田猎而不荒，从车百乘而不骄。无他焉，德纯而已矣。

嗟夫！志之定也，德之纯也，犹玉之坚也白也。应乎事而事不能累，交于物而物不能引，不犹玉之不磷不缁乎？然则学者不持其志，不经其德可乎？何以经德？曰寡欲。何以持志？曰养气。气养则志定矣，欲寡则德纯矣。德纯而志定，则玉不足为吾坚，亦不足为吾白矣。吾也，接物而本心不失，临事而大节不丧，焉往而不若古之君子哉？先生名斋之意讵不以此？伯原其亦知所勉夫！书而归之，所以记也。

【注释】

①选自《苏平仲文集》卷八。

②王奭：地名，今属苍南。

③公孙龙：战国时哲学家，善名辩，主张“离坚白”“白马非马”。认为石头具有“坚”和“白”两属性是可以互相分离的。“白马”和“马”，存在特殊和一般的差别，是不同的概念。著有《公孙龙子》。

④涅：染黑。

⑤瓴也，甓也：指砖瓦。

⑥磷：薄。《论语·阳货》：“不曰坚乎？磨而不磷。不曰白乎？涅而不缁。”

⑦皦：纯白，明亮。

⑧缁：黑色。

⑨鈇钺：古代兵器，青铜或铁制成，形状像板斧而较大。

⑩莹：应为“荧”之误，荧，迷乱疑惑。

【作者简介】

梅颐：字昌年，号苏庵，永嘉人。父芹，元末隐居为道士。颐以事母孝谨著闻。明洪武（1368—1398）初，为乐清县学训导，后以明经荐任都昌主簿，迁夔州判。所撰《养正蒙求》之书，曾被作为与《三字经》同等重要的蒙学教材。著有《苏庵存稿》。

《养正蒙求》自序[①]

古者八岁教之以洒扫应对进退之节，礼乐射御书数之文[②]，所以涵养德性于幼稚之时，而下学上达之理无不在也。及其长也，自致知格物以至于修齐治平，由家国以及于天下，是以古之君子少而学之有素，长而施之，于是无不可者。又推而至于参天地赞化育[③]之道，举不外乎是矣。

呜呼！今之人自蒙童至于成人，养之弗端，口不道先王之法言，身不服先王之德行，是故愈趋而愈下，日薄日偷[④]，岂三光五岳之气不全，而人心昧昧[⑤]若是，天理亦从而不够昭昭邪？非邪？抑耳涂目惑[⑥]，惟利之趋，先王之道其不泯灭而无闻者。

幸矣，天之未丧斯文也，故濂洛关闽[⑦]诸先生者出，拯人心于坏乱之余，阐人文于将坠之日，谆谆切切，而所以梯航[⑧]乎后学者惟恐不及，此教之所以立，而君臣、父子、夫妇、长幼之道粲然复明于世，何其幸邪！

斯道也，又不能家喻户晓，又有昧于所学而不知所以为教者，唯词章浅技之是攻，篆籀[⑨]末学之是尚，朝讲暮习者不过如此。而于所谓天理人心之说，蔑[⑩]不知为何事；三纲五常之道又视为常谈，则望其如古之人，自小学以进乎修齐治平[⑪]，以底乎参赞位育者，吾知其不能也明矣。

颐赖先人之余绪，少而知学，长无以成，每于圣贤道德之格言与夫日用彝伦[⑫]之至理，盖尝窃与有闻焉。积之之久，亦粗识夫天理人欲之分，公私义利之辨，而于濂洛以来诸夫子之遗言，窃得以知所趋向而心究焉。辄于暇日编次诸夫子及近代大儒箴铭赞训[⑬]之作，继之以七君子之赞终焉。盖欲使人诵其名，耳熟而心慕焉。缮写成卷，率以四言为则，兼有韵语，庶用便于童习。意者欲其自僮幼时口诵斯文，长而从先生长者求问其义，则能知夫圣贤所以为学之方，而尊德性、道问学之事，亦未必不从是而有得焉，亦足以养正于蒙矣。《易》曰："蒙以养正，圣功也。"又曰："童蒙求我，匪我求童蒙。"敢窃取其义而名之曰《养正蒙求》云。

【注释】

①养正蒙求：书名取义自《易经》，意为启蒙为了涵养正道。此文是作者对自己编写《养正蒙求》这部蒙学教材的背景、宗旨和目的说明。作者站在正统儒学立场上，在自序中盛赞古时以儒家思想为准则的教育制度，充分肯定宋代几位著名理学家对儒学的振兴，同时也表达了对儿童教育事业的高度重视。

②古者八岁句：语出宋朱熹《〈大学章句〉序》："人生八岁，则自王公以下至于庶人之子弟，皆入小学，而教之以洒扫应对进退之节，礼乐射御书数之文。"

③参天地赞化育：即"参赞化育"，语本《礼记·中庸》"能尽物之性，则可以赞天地之化育；可以赞天地之化育，则可以与天地参矣"，指人与天地自然间的参与和调节作用。

④日薄日偷：指日渐苟且怠惰或者日益衰弱。

⑤昧昧：昏暗貌。

⑥耳涂目惑：耳朵犯了糊涂，眼睛受了迷惑。

⑦濂洛关闽：主要理学流派的代表人物，濂学以周敦颐为代表，洛学以程颢、程颐、邵雍为代表，关学以张载为代表，闽学以朱熹为代表。

⑧梯航：即"梯山航海"，意为登山航海，比喻长途跋涉，经历险远的旅程。

⑨篆籀：篆文和籀文。晋左思《魏都赋》有："雠校篆籀，篇章毕觌。"

⑩蔑：微小。

⑪修齐治平：出于《礼记·大学》，即修身、齐家、治国、平天下。

⑫日用彝伦：日常伦理。

⑬铭箴赞训：箴是规戒性的韵文；铭是刻在器物或碑石上兼于规诫、褒赞的韵文；赞是旧时称颂人物的一种文体，多用韵文写成；训是教导或训诫的话，类似于家训、族训。

【作者简介】

刘基：见 P101 页。

象虎[1]

齐湣王[2]既取燕灭宋，遂伐赵侵魏，南恶楚，西绝秦交，示威诸侯，以求为帝。

平原君[3]问于鲁仲连[4]曰："齐其成乎？"鲁仲连笑曰："成哉？臣窃悲其为象虎[5]也。"平原君曰："何谓也？"鲁仲连曰："臣闻楚人有患狐者，多方以捕之，弗获。或教之曰：'虎，山兽之雄也。天下之兽见之，咸詟而亡其神，伏而俟命。'乃使作象虎，取虎皮蒙之，出于牖下，狐入遇焉，啼而踣。他日，豕暴于其田，乃使伏象虎，而使其子以戈掎诸衢[6]。田者呼，豕逸于莽，遇象虎而反奔衢，获焉。楚人大喜，以象虎为可以皆服天下之兽矣。于是，野有如马[7]，被象虎以趋之。人或止之曰：'是驳[8]也，真虎且不能当，往且败。'弗听。马雷呴[9]而前，攫而噬之，颅碟[10]而死。今齐实象虎，而燕与宋，狐与豕也。弗戒，诸侯其无驳乎？"

明年，望诸君[11]以诸侯之师入齐，湣王为淖齿[12]所杀。

【注释】

①本文以楚人以假老虎模型吓唬住了狐和野猪，以为能借此征服天下之兽，最终落得个粉身碎骨的下场的寓言故事，比照齐湣王一心想称霸天下，不惜与六国为敌，最后被乐毅打败身亡的史实，讽喻那些自恃强大、阴谋独霸天下的狂妄者引以为戒。

②齐湣王：战国时齐国国君，公元前 301 年至 284 年在位。

③平原君：即赵胜，战国时赵国贵族，惠文王之弟，封于东武城（今山东武城西北），曾为惠文王、孝成王之相。

④鲁仲连：又名鲁仲连子，鲁连子，鲁仲子和鲁连，是战国末年齐国稷下学派后期代表人物，著名的思想家、辩论家和卓越的社会活动家。

⑤象虎：假虎。

⑥以戈掎诸衢：拿着戈茅守在路口。掎，牵制。衢，大道。

⑦如马：即“驳”，传说中的一种猛兽。《山海经·西山经》：“中曲之山……有兽焉，其状如马，而白身黑尾，一角，虎牙爪，音如鼓，其名曰驳，是食虎豹。”

⑧驳：兽名。《尔雅·释畜》：“驳，如马，倨牙，食虎豹。”

⑨雷响：响，通“吼”。郭璞《江赋》：“溢流雷响而电激。”

⑩颅礫：脑袋碎裂。

⑪望诸君：战国时燕将乐毅出奔到赵国后，赵国封他为望诸君。

⑫淖齿：战国时楚国人，本为楚将，后为齐相。

谕瓯括父老文[①]

告瓯括[②]父老：

皇朝以武德[③]一九有[④]，服而不杀，煦休滋润[⑤]，罔有荼毒，至今八十余年矣。父老目不睹旌旗，耳不聆钲鼓[⑥]；茹蔬饭稻，哺孙育子；早卧晏[⑦]眠，优优坦坦[⑧]；通无贩有，蹈山涉水，不睹不类[⑨]。谁之赐欤?帝德宽大，务在休息，与百姓安乐太平。故禁网漏而弗修，官缺其人，偷惰潜生，以不能宣德化，达壅滞，咎在有司，非主上意也。今父老子弟，不察其故，怼暑嗟寒[⑩]，徒怨于天，乘间造衅，窃弄戈兵，睚眦跳踉[⑪]，曼及草木、禽兽，率遏厥生。所过所止，山夷土赤，甚亡谓也。百姓无辜，吁号于天，惊动天心。天子乃授钺[⑫]左丞相曰：“其从便宜[⑬]，死之生之，无倚无颇[⑭]。”

丞相矜念[⑮]小民，谓不教而诛，有辜帝仁。询于庶言[⑯]，知使者父老乡里姻戚，与父老故无恶，为能奉扬朝廷仁恩，以启迪父老，心不逖伤[⑰]，是用发传[⑱]，俾使者来谕父老，冀父老各体上意，约束其子弟，变极[⑲]作福，以活乃胤属[⑳]，俾引[㉑]勿割，惠至渥[㉒]也。今使者至郡且弥月矣，布告已至，而父老子弟犹豫未决，使者实愚朴，不能测人意。而尝闻大君子之教曰：“惠迪从逆，吉凶犹影响。”[㉓]

火生于木，厥惟[㉔]自灼。匹夫不可仇，况敢触天子、丞相怒乎？大命不僭[㉕]，大恩不再。怨可释不可结，乱可已不可长。冥行[㉖]弗返，厥[㉗]途乃穷。《易》曰：“不远复，无祇悔，元吉。”[㉘]又曰：“迷复[㉙]，凶。”父老念哉！

语曰：“因不失其亲，亦可宗也。”[㉚]使者虽微，丞相命也，惟父老审图之，无自失厥时，以贻悔莫及。

【注释】

①写作本文时，元王朝正处在风雨飘摇之中，刘基因得罪上司，被革职羁管绍兴。至正十三年（1353），浙南山区以吴成七为首的农民武装起义声势颇大。刘基于至正十六年（1356）春三月，奉行省之命，从杭州回归处州，使“自募义兵”“招安山寇吴成七等”。刘基到处州后所做的第一件事，就是奉行省旨意撰写《谕瓯括父老文》。刘基对于农

民起义的态度是，对方国珍一类的“首恶”者，须严惩不贷，而对胁从者则认为须从轻发落。他明白，对于大多数的民众来说，是在无衣无食，左右俱死的情况下，才铤而走险落草为“寇”的，根子还在官府本身。

所以，文告落笔即宣称元王朝开国八十多年来执政为民的“功德”，而之所以不能“宣德化，达壅滞”，则“咎在有司，非主上意也”，也就是说皇帝还是好的，是下面的官吏有问题。接着又说，“今父老子弟，不察其故，怼暑嗟寒，徙怨于天。乘间造衅，窃弄戈兵”，也就是说，山民作乱主要是认识模糊，责任还在有司。随后语气一转，小民作乱，已殃及百姓，惊动上听，故授丞相以生杀之权，便宜行事。这是晓之以利害。结尾语气又趋平缓，谓丞相体恤小民，认为“不教而诛，有辜帝仁”，“是用发传，俾使者来谕父老”，希望父老乡亲“各体上意，约束其子弟”，迷途知返，未为晚矣；若执迷不悟，则“贻悔莫及”。据《明史》记载，因有刘基等人为石抹宜孙运筹帷幄，献计献策，未几，“山寇”即平。

②瓯括：瓯、括指温州、处州（今丽水）二地。括，括苍山脉。

③武德：指用兵打仗所要遵循的准则。见《左传·宣公十二年》：“楚子曰：‘夫武，禁暴、戢兵、保大、定功、安民、和众、丰财者也……武有七德，我无一焉，何以示子孙？’”

④九有：九州。《诗经·商颂·玄鸟》：“方命厥后，奄有九有。”《毛诗》：“九有，九州也。”

⑤燠休滋润：抚慰爱护。燠休，优恤、抚慰。亦作“燠烋”“燠咻”。

⑥钲鼓：见《八骏》注⑧。

⑦晏：安乐。

⑧优优坦坦：优优，安逸、闲适。坦坦，安定、泰然。

⑨不类：不善。

⑩怼暑磋寒：怼、磋，都是怨恨的意思。

⑪睚眦跳踉：睚眦，龙之七子，龙身豺首，性格刚烈，好勇擅斗，嗜杀好斗，总是嘴衔宝剑，怒目而视，刻镂于刀环、剑柄吞口，以增加自身的强大威力。跳踉，跳跃。

⑫钺：古代兵器，青铜制，像斧，比斧大，圆刃可砍劈，中国商及西周盛行。文中指兵权。

⑬便宜：指便宜行事之权。

⑭无倚无颇：不偏袒。倚、颇，均是“不正”的意思。

⑮矜念：体恤。

⑯庶言：群言，舆论。

⑰心不逖伤：不要因为远离朝廷而伤悲。逖，远。

⑱发传：下发准许通行的符信。传，封传。《史记·孟尝君列传》：“孟尝君得出，即驰去，更封传，变名姓以出关。”司马贞索隐：“封传，犹今之驿券。”

⑲极：同“殛”，杀或罚。

⑳胤属：子嗣，后辈。

㉑引，延长、延续。

㉒渥：优厚。

㉓“大君子”句：大君子，指文章受人尊仰或地位高的人。惠迪从逆，犹言顺善从恶也。吉凶犹影响，谓吉凶之应于善恶，犹影响之出于形声也。

㉔厥惟：厥，语首助词。惟，为、是。

㉕大命不僭：帝王的命令没有虚言。僭，虚伪。

㉖冥行：盲目行事。

㉗厥：其，他的。

㉘不远复，无祇悔，元吉：意谓不要走得很远就回返，是不会有什么后悔的，吉利。

㉙迷复：指执迷不悟。

㉚因不失其亲，亦可宗也：（由于）依靠的都是关系亲近的人，（这个人）也就可靠了。因，依靠。

【作者简介】

陈高：见 P106 页。

栖云巢记[①]

人有居于巢者乎？上古之世，其民盖尝为巢而居矣。自上栋下宇[②]之制兴，易营巢以宫室，于是乎高堂邃宇，重屋广厦而犹不足以居也。讵庸处危巢以取颠蹶哉[③]！予来华亭[④]，乃闻有巢居者。意其必遁世俗、离人群，而与鹳鹤[⑤]并栖于丛木之上也。及往窥其居，则为屋数楹，深广丈余，而表其名曰：栖云巢。怪而问之主人，主人曰："若岂疑吾之名室乎，夫鷦鷯[⑥]巢于深林，不过一枝，而人之寓形宇内，偃仰一室者，亦若是而已。百堵九埏[⑦]，门万户，穷雕巧而极壮丽。其自处也不过容膝，又有异乎鷦鷯之巢者哉？"

"然则吾之兹室，岂非居巢乎？且吾之居是巢也，除风雨，绝尘嚣，俗虑不至焉，惟白云往来其间，与吾同处同休。吾游而嬉，云兮我随；吾倦而息，云兮我即。我卧云衾，我坐云席。吾依云而栖，而云之与我，未始相离也，是故有栖云之名。若以吾之巢为小乎，大而观之，万物以天地为巢，天地一巢也。苟吾巢于天地之内，六合八荒皆吾巢也。吾又泛观乎天地之物，苟可以玩目娱心者，非有力不能致，彼造物者，复靳[⑧]于人；惟云也，出入无常，变化无方，不以吾贫而独与吾亲。取之以自怡，而人莫与争。吾将始终与云栖于是巢之中，淡泊乎相安，逍遥乎无穷。世有知我者，必且以我为有巢氏之民。"

予于是释然而喜，谓主人曰："子之言似有道者，吾为子笔之。"遂书以为记。

巢之主人，杨君伯成也。记之者，永嘉陈高也。其时则至正甲午八月朔日也。

【注释】

①选自《不系舟渔集》。

②上栋下宇：指宫室的基本结构形式。出自《易·系辞下》："上古穴居而野处，后世圣人易之以宫室，上栋下宇，以待风雨，盖取诸大壮。"

③讵庸处危巢以取颠踬哉：讵，难道，表示反问。颠踬，困顿。

④华亭：松江的古称。

⑤鹳鹤：鸟名。形似鹤，嘴长而直，顶不红，常活动于水旁，夜宿高树。

⑥鷦鹩：鸟名。一类小型鸣禽，多在灌木丛中活动，歌声嘹亮。《庄子·逍遥游》："鷦鹩巢于深衣，不过一枝；偃鼠饮河，不过满腹。"

⑦百堵九埏：堵：土墙。九埏，九州。

⑧靳：吝惜。

明远楼记[1]

吴子中居平阳之夏口里[2]，作楼三间，题其额曰"明远"，而求予言记之。

予乡[3]日尝过子中，子中邀予登楼饮酒，予乃游目环视。见夫川原平衍[4]，峰峦罗列。南挹[5]龙山、霞岭之幽，北瞻青华、墨城之耸，西览雁宕、玉苍之秀[6]，而东极溟海之广大，睹日月之所出，与夫客帆渔艇之往来上下焉。凡四向山水之奇，烟景之胜，百里外所有之物，举不能逃吾瞳睫间。信乎其明之所及者，不近而远矣。虽然明远名也，必有义存焉。吾试为子中言之，子中当试为吾听。

今夫人之有目所以视也，视之有明所以见也，而明所见之远近，实系乎所处之高下焉。故登高而望，则虽千里可见者远。身之所处者卑，则目之所及者近，理固然也。故君子自修之道，必立身于崇高之地，使夫私欲无以累其中，则本然之明，物莫能蔽，而无远弗照矣。是故君子之视也，必用夫明焉。君子之明也，必烛[7]夫远焉。《书》曰"视远惟明"，其是之谓乎？子中平居暇日，俯仰于斯楼之上，而加修省于延览舒眺之余，则其为益大矣。夫岂徒曰居高明远眺望而已哉？

子中曰：“子之言甚善，吾请终身用之弗忘。”于是书之，以为记。

【注释】

①选自《不系舟渔集》。

②夏口里：今浙江省苍南县钱库镇夏口村。

③乡：通“向”。

④平衍：平坦宽广。

⑤挹：牵拉。

⑥龙山、霞岭、青华、墨城、雁宕、玉苍：均为当时平阳境内山名。雁宕，即雁荡。玉苍，即玉苍山，在今苍南境内。

⑦烛：照亮。

【作者简介】

张著：见P109页。

隐耕堂记[①]

练川章君宝氏，其先淮东人。自大父[②]徙居是土，至君宝益大其居第。于是新作堂成，命之曰隐耕，以寓其志，征余记之。

夫士之不乐于仕进者，往往业民所业，以资其隐焉。是故有山而樵焉，有水而钓焉，有市而贩粥[③]焉，有野而陶与耕焉。夫岂择而处之哉？亦因其所遇焉耳。然樵之所资，止于薪而已；钓之所资，止于鲜而已；陶之所资，止于器而已；贩粥之所资，止于货贿而已。是犹有待于人而食也。苟非能安乎命，一旦知己汲于上，利达招于前，不随而往者盖寡矣。若耕而隐，则无是焉。茅茨[④]而安，吾不知其有榱题[⑤]也；巾车[⑥]而适，吾不知其有仆马也；布褐而温，吾不知其有纨绮也；蔬食而甘，吾不知其有膏粱也。是其心悠然自足，且将终身而无慕乎外矣。吁！君宝之志，其有是耶？

虽然，伊尹之起莘野[⑦]，诸葛孔明之起南阳，非以富贵也，天下之任在己也。彼无伊尹、孔明之具[⑧]，能卒不为贵富所骄者寥寥，千载之上，其维庞德公[⑨]乎？君宝苟有志乎庞公，使他日如刘表者，相候陇上，为之叹息，则是堂之名不虚辱矣。君宝勉乎哉！是为之记。

【注释】

①选自《永嘉集》。

②大父：祖父。

③粥：通“鬻”，卖。

④茅茨：茅草屋的屋顶。

⑤榱题：指代高楼大厦。榱，屋檐的椽子头，通称出檐。

⑥巾车：有布幕遮盖的车。

⑦伊尹之起莘野：伊尹，商朝政治家。伊尹出生后，被有莘国庖人

收养。耕于莘野，乐尧舜之道。因后被商汤封官为尹（相当于宰相），故以伊尹之名传世。

⑧具：才干。

⑨庞德公：东汉襄阳人，躬耕于襄阳南岘山。他拒绝刘表礼请，后隐于鹿门山，采药以终。

梅竹堂记[①]

潇湘君与罗浮山人相遇于松老主人之庭。二人相谓曰："吾曹[②]盍[③]各言其素于主人，以缔岁寒之交乎？"

罗浮山人进而言曰："吾世出梅福[④]后，宗支蕃衍，分处四方，至罗浮为大族。吾生盘错根节，不辱于斧斤；冰玉肌骨，不污于尘俗；铁石心肠，不挫于风霜。花不争靡于群英，而岁晚见焉；实不欲称于众口，而九鼎调焉。水月吾不避其影，兰蕙吾不知其香，盖自好而近于隐者之流，纳交左右，可乎否耶？"

继而潇湘君曰："吾世出孤竹国[⑤]，子孙日滋，凡溪涧幽僻之所靡不有之，潇湘则吾所处也。吾生丱角[⑥]而谢锦绷[⑦]，立节而挺琅玕[⑧]，凌轹[⑨]风霜而不失正色。吾质修挺，无俯屈也；吾中虚直，无容心也；吾外圆洁，无汙染[⑩]也。遇清风则鸣吾珮玉，遇明月则顾影徘徊，盖亦自修而进于君子者。敢辱交于主人焉？"

松老喜而作曰："吾方谢栋梁于廊庙，退修晚节，幸二君相与为交，不虚辱矣。"于是延之于堂，引酒相对而为之歌。歌曰：

"彼美人兮山之阿，清而癯兮颠以皤[⑪]。衣苔绿兮带薜萝[⑫]，芳菲菲兮婆娑。岁云晏兮我过，终吾与游兮矢靡他[⑬]。"

又歌曰：

"有美兮此君，楚之山兮湘之渍[⑭]，清泠泠兮不垢氛，修亭亭兮思凌云。飞葆盖兮纷纷，即吾居兮止云。羌[⑮]吾生兮终与群。"

松老，则邹宗彝自号也，永嘉子闻而记之。

【注释】

①本文似有寓言味道。

②吾曹：我们。

③盍：何不。

④梅福：九江寿春人，字子真。少学于长安，为郡文学，补南昌尉。王莽专政，福乃弃妻子离开九江，后有人遇福于会稽，已变姓名为吴市门卒，《汉书》有传。关于他成仙的传说，则多出于附会。

⑤孤竹国：古代国名，是伯夷、叔齐的出生地。

⑥丱（guàn）角：头发束成两角形。旧时多为儿童或少年人的发式。

⑦锦绷：比喻竹笋。

⑧琅玕：中国神话传说中的仙树，其实似珠。

⑨凌轹：超越。

⑩汙染：汙，同“污”。

⑪癯：瘦。皤：大。

⑫薜萝：薜荔和女萝。两者皆野生植物，常攀缘于山野林木或屋壁之上。

⑬矢靡他：形容立场坚定。语出《诗经·鄘风·柏舟》：“之死矢靡它，母也天只，不谅人只。”

⑭渍：水边，岸边。

⑮羌：文言助词，用在句首，无义。

明代

【作者简介】

卓敬：见 P112 页。

送周孟秩之任序[①]

洪武己巳孟春[②]，周君孟秩世居温之瑞安溪西。世家由人材举授永春县丞，有政声。考最[③]，钦受朝命，升知河间宁津令，归乡里省墓而行。邑缙绅之士，平昔与君交游者，皆歌诗以饯之。祖筵[④]既陈，予为序，乃酌酒而告之曰：

昔者圣门高弟子贱之治单父[⑤]，终日鼓琴而大治。子游为武城宰[⑥]，以礼乐为教夫子闻而讳之。周君生长衣冠之系，诗礼之传，固有本矣。游于圣人之门，学圣人之道，则是圣人之徒也。观其人品高迈，资质醇厚，倜傥有为。学既久，措诸政事，其设施必有大过人者。今也制锦[⑦]于斯，固未足以尽其才也。虽然郎官出宰百里，上应列宿，当思所以忠君爱民之道，以对扬天子之休命[⑧]也。幸勿以一邑如斗而屑意焉。吾闻子程子[⑨]有言曰："使民各得输其情，正己以格物[⑩]。"斯言足为后世法。君今莅政宁津，以礼乐为教，不欺于心，毋怠于事，化成俗美，使民为三代之民而乐圣朝雍熙[⑪]之治，则君不负所学，而循吏可几。讵容二贤专美于前而已乎？他日言治邑，廉能有声者，必吾孟秩也。敬忝辱令先君之德，故赠言不以颂而以规，并系之以诗云：

分符百里信非轻，果尔[⑫]莺迁[⑬]宠渥荣。邑属宁津称大地，政成单父擅嘉名。门前柳拂疑仙令[⑭]，境内花明是锦城。顾我相知年已茂，云笺时寄慰交情。

【注释】

①周孟秩，未详。

②洪武：明太祖朱元璋年号。

③考最：古代考核政绩军功，上等曰“最”。

④祖筵：送行的酒席。

⑤子贱：即宓子贱（前521或502—前445），名不齐，字子贱，春秋末年鲁国人（一说宋国人），孔门七十二贤之一。曾任单父（今山东省菏泽市单县）宰。

⑥子游：姓言，名偃，字子游，春秋末吴国人，“孔门十哲”之一。曾为武城宰。

⑦制锦：喻贤者出仕从政。出自《春秋左传正义·襄公三十一年》。

⑧对扬天子之休命：报答皇上的旨意。休命，美善的命令，这里指天子的旨意。

⑨子程子：即程颐（1033—1107），字正叔，学者称为伊川先生。北宋哲学家、教育家，与其兄程颢学于周敦颐，并同为北宋理学的奠基者，世称“二程”。前一个“子”字，意为夫子，引申为老师之意。后一个“子”字，为古代男子的尊称。

⑩格物：推究事物的道理。

⑪雍熙：和乐升平。

⑫果尔：果真如此。

⑬莺迁：这里作官吏升擢的颂词。

⑭仙令：对县令的美称。

【作者简介】

邢宽（？—1454）：明南直隶无为州（今安徽芜湖市无为县）人。永乐十三年（1415）第七名进士。殿试后，明成祖召见，询及祭祀、兵戎，应对中肯，考究详明，被成祖擢为第一，称状元。授修撰，纂修《宣庙实录》，升侍讲。不久，因疾告假归里。正统十一年（1446）复任。翌年主持顺天乡试。景泰三年（1452）以侍讲职，兼任南京掌院员。后升侍讲学士，代理南京国子监事，卒于官。

新建儒学记[①]

泰顺训导华桢遣书诣南京官次，请曰：泰顺为邑，国朝景泰三年，因山寇殄绝，巡抚大臣与诸藩臬[②]重臣虑民僻处，政教有所不及，奏割瑞、平二地以建县。地瘠民贫，习多尚气，直而寡文。郡守王公允、推官[③]温公仪慨然兴叹，询诸知县郭公显宗、主簿[④]徐君福昌、典史[⑤]邓颢。鸠工抡材，琢石陶甓，建学于县治之西，作正殿三间，殿有像，高三十丈，广四十尺有奇，深如高之数。东西庑各七间，庑有主；大成、棂星门各三间；明伦堂五间，广加于高，深杀于广。东西斋亦各七间，以及庖湢[⑥]廪库皆缮完之，巍然翼然，规模壮观，丹碧辉煌，照耀山溪之间。始于景泰六年[⑦]春，成于七年夏，诚斯文之幸也，愿求记之。

呜呼！学校之设，其来尚矣。粤自三代盛时，皆为化民善俗之地。降自汉唐以来，而治道之隆替亦因是而可以考见矣。

窃惟圣明稽古崇文，自京师以至郡邑皆有学，学必有政、教条之施与。夫糜饩[⑧]之丰，经籍之颁，惓惓垂范，养育人材，亦欲化民善俗而已。化民善俗，政之本也。巡抚大臣、藩臬重臣、郡守佐、县令佐皆学校之士也，赞襄筹画，从事斯学，诚所谓知本者矣。泰顺温州称为文物之邦，为生徒者能体朝廷之至意与诸大臣之盛心，隆师亲友，专务乎学，迁善改恶以进于德，出而为公卿、为大夫、为守令，而文章事业有所称述，其父兄耆老率其子弟相劝成善，礼仪与孝弟之化洽于乡，庶有以见我圣朝建立学校有其实、诸大臣远虑深谋之效也。余虽衰老，亦与有光焉。

景泰丙子[9]夏五月日记。

【注释】

①儒学：供生员修业的学校（学宫），又是祭祀孔子场所（文庙）。

②藩臬：指藩司和臬司。布政使和按察使的并称。

③推官：是各府的副职，掌理刑名，赞计典。州县作为府的下级机构，初审之后的案件需要递交府级的推官进行审核。

④主簿：掌管文书的佐吏。

⑤典史：知县下面掌管缉捕、监狱的属官。

⑥庖湢：厨房浴室。

⑦景泰六年：公元1455年。

⑧糜饩：各种食物。

⑨景泰丙子：景泰七年，即公元1456年。

【作者简介】

黄淮：见 P114 页。

两山草堂记[①]

永嘉号佳山水。其崇大雄杰者，率多沦于幽逖[②]；城居不能专其胜，环城内外，可名列指数者其山有九，术者以其上应北斗，故名其城曰斗城云。

九山之清秀秾丽，莫若华盖；孤奇峭拔，莫若积谷。华盖三据城之东，积谷由华盖少折而南，拱揖回顾，断而复续，曲尽情态。郡学司训刘朝缙甫居于两山之间，北牖洞启，则华盖之秀色森然郁然，近可揽结；宴坐堂上，则积谷之清气郁郁纷纷，排户而入。华盖之项，有古松数十株，偃蹇[③]盘错，宛类虬龙。天风间作，则松声怒吼，若轰雷、若奔涛、若万马驰突，振撼林谷，闻者毛骨飒竦；积谷之麓有龟湖，泓渟莹彻，可舟可钓，可饮可濯。沿龟湖东行数十步，有仙人之窟宅，曰飞霞洞。尝见丹光起于其隙，焕若霞彩，鹨耀人目。景物可爱，大约若此。

若夫朝云暮霭，春雨秋露，雪霜之凝积，阴晴之蔽舒，变化倏忽，莫穷其状。朝缙之居，适据其会。不出户庭，而华盖积谷之胜概，皆在目睫间，因名其堂曰两山草堂。乐得其所也。

属考绩来京，间过余请记。夫人之恒情，处城市者厌喧哗，处山林者厌岑寂。尝患不能相见也。今朝缙处城市而有山林之乐，其所得可谓厚矣。然而两山之左右前后，屋庐比栉，居者不知所以为乐，而独朝缙得之。何哉？盖天下之事，有所重，则有所轻；彼逐逐于利欲，营营于纷垢者，虽有山，不暇顾也。朝缙心地夷坦，神气爽远，不为形役，不为物累，静观天壤间纷纷总总，无非而得之妙，故于两山也。仰而视，俯而思，豁焉有契于中，盖将与渊明篱菊，濂溪[④]庭草同一天机之流动，岂徒景物云乎哉？是则名堂之义，信有其实，而无愧乎古人矣！

虽然，朝缙一士人也。自非际遇明时，优游教职，藉禄入以仰事俯育，殆不能遂其乐于两山之间否乎？是为记。

【注释】

①这篇文章明时被选入《名世文宗》。作者描述温州三城区华盖、积谷两山的景色，文中表达了作者不为“物累”，寄情山水的思想。

②幽逖：幽远。

③偃蹇：高耸的样子 。

④濂溪：北宋理学家周敦颐，居道州营道（今湖南道县）濂溪，世称“濂溪先生”。

【作者简介】

王瓒：见P133页。

章恭毅祠记[①]（节选）

忠臣义士之于天下，恒怀贞干节固之心，事变之来，山压霆震，而不失其素，仗大谊，明大伦，执正论，直欲国本有定归，人志有定向，披逆鳞而勿詟触[②]，时忌而愈奋，苟利社稷，死生以之。呜呼！此恭毅章公之所以为烈也。

公讳纶，字大经，吾温乐清人……景泰中，公在仪曹[③]，陈言修德弭灾十四事，罔不痛切时病。其一曰敦孝悌，欲景帝朝两宫以修问安之礼；朝南内以叙同气之情；复储位以推犹子之义。忤旨逮系，被箠楚炮烙之刑，惨酷万状。天顺改元，始释还职，又特加升，以旌其忠，而公之名益著……亲征虏寇，志拯民殃，而为奸臣所误，驾留北庭。景帝以监国即真，固一时救乱之权宜。乃并储位易之，此天命舆情所不与者。当时公卿百执事固先朝食禄受秩臣也，顾饕拳[④]富贵，噤无一语，趋和劝相，恬不知耻。独公以五品部曹，义激于衷，抗疏力诤，开迷撤蔽，起颓振靡。国是既摇而欲植，神器已欹[⑤]而欲正。天下之所徯赖者，翕然兴焉……

【注释】

①明直臣章纶殁后，温州人民在弘治十年（1497）、十四年（1501）先后在乐清、温州城中建祠纪念。作者为之作记，赞颂其忠直不阿，忧国爱民的精神。

②詟：惧怕，禁忌。

③仪曹：官署名。三国曹魏尚书台有仪曹，以尚书郎主其事。后世称礼部郎官为仪曹。

④饕拳：贪慕，贪图。

⑤欹：倾斜。

【作者简介】

朱谏（1462—1542）：字君佐，号荡南，乐清人。明弘治九年（1496）进士，官至吉安知府，而后退居故里，以诗文自娱。著有《荡南集》等书。

重修蒲岐千户所教场记[①]

太平不忘武备，久安长治之道也。国初设守御千户所于蒲岐，命信国汤公和度山川之要会，崇雉堞[②]于海隅，爰辟场地于城南西畔，日肄甲胄之士，但其旧规稍隘，部伍驰骤，气不甚张。是时以民业相界，未遂展拓故也。

至正德元年，总督备倭都指挥白公宏，乃檄掌印千户何彪买军人杨毛民田四亩五分，又以官地易积庆寺民田一亩七分，补南北之不足，而地稍长，坎岸低笙，犹未垫贴。至嘉靖五年，平溪白公文，前都指挥宏嗣子也，以把总备倭事按所练军。顾视西界仍尔逼侧，将贸地以广之。地乃致政千户何彪业也。平溪公明意谕之，何无靳色[③]，曰："彪有民田一亩，并以作小可者计二亩三分，俱连界畔，愿弗取售以赞厥美。"平溪公悦，乃命工荷锸[④]，不日告平。则南北之长与东北之广相称，纵横一望，可立万人。至是则步伍之周旋，戈矛之运掉，弓矢之及远者，无所碍矣。

载视厅事楹宇，界狭朽腐，无以肃中坚之威，并是二者，白诸巡海副使傅公钥、兵备分巡副使黄公质，总都指挥西公靖、李公节，皆如所请。于是辟地抡材，不日告成，措置宜而用度省，无所扰于下焉。

翌日，平溪公躬莅厅事，鸣角集旅，三令五申，训而饬之，进退左右，绰有余地。如臂运指，罔不如意。骑者直驰，远抵于堑[⑤]，影若流星。由是军容壮，兵气扬而人心固，以此而论防御，宜克有济也。

越明年，闽广之蜓蜓[⑥]丁，有不畏于法者，泛舟入境，骚我居民，使斥卤赤子仰哺于邻邦之谷粟者，将束手待尽。平溪公廉得其情，恻然悯奋厥义勇，大发战舰，选习水者捕之，生擒数十人，被创而溺死者又若干人。余党散落，闽越而遁。民得苏息，田亦有秋。本之内备修而外侮缉，军政严而边圉安也。伊谁之功，宜文于石，揭示诸后人。嘉靖六年[7]丁亥月日。

【注释】

①蒲岐千户所，在乐清蒲岐镇，为明朝抗倭军事要地。本文记载此所练兵场重建的始末，以及正德二年击败闽广流寇的一段历史。

②雉堞：又称齿墙、垛墙、战墙，是有锯齿状垛墙的城墙。可用来作为守御城墙者在反击攻城者时的掩蔽之用。

③靳色：吝色。

④锸：古代一种掘土用的工具。

⑤堑：古代防御用的壕沟，护城河。

⑥蝘蜓：害虫，此处喻流寇。

⑦嘉靖六年：即公元 1527 年。

【作者简介】

王銮，福建莆田人，明弘治（1488—1505）间任泰顺教谕。

封银坑序[①]

圣天子临御之五年，诏天下郡县，凡有银场而矿脉尽绝者，核实封闭之。其悯念元元，惟恐政繁赋重，一夫不得其所之意欤！

泰顺银坑发于成化五年[②]，上命大臣开办，每岁白银三千八百二十两。厥后矿脉日微，渐次减免。弘治改元，减至六百四两。三年以来，矿脉已竭，有司设法或派里甲[③]，或派坑夫[④]，罄帑补输，疮痍日甚。

会诏书下临，黎元[⑤]莫不稽首曰："何幸复见尧舜之君！"东莞范侯揄扬[⑥]上意，遂进管坑官张文潭、陶器、张礼，爰集耆老三覆勘视，坑果已竭，即申檄重任大臣会议。事闻，遂封闭之。一邑黎元又皆欢忻无已。张文潭等诣予请文，以记其盛。予以自古圣帝明王以仁治天下，藏金于山，抵璧于谷；赋税之贡，岁有常数。禹之所谓贡，即后世之所谓赋，若扬之金[⑦]、雍之琳琅[⑧]、荆之大龟[⑨]、梁之熊皮[⑩]，皆偿田赋之轻，未尝于赋之外有过求也。天地生物，亦有限数，岂应无已之求哉！传曰："敛时五福，敷厥庶民。"诚哉是言也。

【注释】

①选自《分疆录》。

②成化五年：公元 1469 年。

③里甲：明州县统治的基层单位，后转为明三大徭役（里甲、杂泛、均徭）的名称之一。里甲之役以户计，以邻近的 110 户为 1 里，从中推丁多田多的 10 户轮流充当里长，余 100 户分 10 甲，每甲 10 户，轮流充当甲首。每年由里长 1 人率领 10 甲的甲首应役，称"当年"。10 年轮流一遍，称"排年"。期满后，按各户人丁和田地增减重新编排。若里长有贫困者，在 110 户的另选；逃亡的补足。

④坑夫：矿工。

⑤黎元：黎民百姓。

⑥揄扬：宣扬。

⑦扬之金：古代扬州贡品以“金三品”居首，即金银铜及其制品。《尚书·禹贡篇》：“厥贡……惟金三品。”

⑧雍之琳琅：《尚书·禹贡篇》：“厥贡惟球、琳、琅玕。”

⑨荆之大龟：《尚书·禹贡篇》：“九江纳锡大龟。”

⑩梁之熊皮：《尚书·禹贡篇》：“厥贡璆、铁、银、镂、砮磬、熊、罴、狐、狸、织皮。”

【作者简介】

蔡芳：见 P132 页。

游南雁荡山记①

东瓯雁荡，为天下名山。山有二，其南在平阳者，出名尤早，第②以僻，游者难焉；游必秋杪③冬初，是以尤难乎其时。去年丁丑，邑大夫前给谏马君约往，今年重九，乃决策。

夜半放舟抵城南，黎明出南津亭，西塘河十里外，山翠如泼。过荆溪，舍舟而陆，至钱仓，看凤山岩，乃饷于宝胜寺。潮来发棹，抵詹家埠，乘月行二三里许，至径川，憩智觉寺。明日，鸡初号，钟声方尽，遂出寺。不数里过水头，前见数岫远露，如抽乱笋，如架笔格，如横修眉，争献奇状。又前过溪，流驶多砥石④，不可以舟，就舆马上以渡，凡历三溪，始达其境。

在畔山际，有峙石斗绝，表里天光通透，人谓石门楼。稍前，见三岩品列如屏风状，嵌于山腰。乃步循山麓，右折而行，有两岩相距当其前，高数十仞，如开两扉，人谓石华表，是为入荡门户。其岩石之小者，如芝房⑤、如珊瑚，皆有玲珑孔窍可观，又盘桓涧道里许，抵石柱寺。山有洞四，其西洞尤胜。乃步自寺后草径，历磴⑥而登，夹道筼筜⑦万个，晴日筛光，钟声清远，响落翠微。又陟磴，凡再折，抵洞前，遂穿草庵中坐，傍有木杠横度，可入洞口，侧又为栏以扶，乃缘之而进。共间谽谺⑧虚敞。径数丈而深倍之，可罗胡床数十，有仙姑像。石罅有泉，滴点坠槽中，俗谓仙姑浸苧⑨盂，旱涝不盈涸。直后穴，稍仄，探之，黯暗莫辨物色，试作呜呜声，如盎缶中语。直前有高穴，光明如月牖，乃板而出之，以观其外，复从牖入洞中，将卸衫从左旁孔穴出，不果，复从故道出焉。洞前遥看僧穿岩上峰顶，合掌坐，众相顾以为危。既而僧引观所谓石梁者，践茅筏，迹僧武，可半里得其所。两岩峙立，长亘数十仞，俨若城壁，上有石梁跨焉。仰视之，如飞虹驾空，雄兀可畏。倚岩抵平望，苍翠遥遥自外入；俯临绝壑，窅⑩如万丈深井，神惊胆怖，不可正视。遂走入石柱寺，马君已先在矣。

出行厨共酌，乃出寺渡涧，而东观岩下湫水，淼[11]沈凝湛，旁盼诸峰，或卓笔、或虎踞、或峨冠、或鳌头、或天马步骤，皆可状。独一峰上插霄汉，马君号之为最高峰。予欲访明王峰顶雁湖不可得，潜步岭而南求之，踞棋盘石坐。有一叟自林间出，顾问之，曰："此坐者仙人岩也，西畔为道士岩，俱猿狙所居，不可以往，余非所知。"又南行数里，无可问途，乃回。

下山，晚色苍然。趋舆马疾行，渡溪而北，改故道，缘大麓，历平原，返智觉寺，明日晓起，赋诗而别。坐步头，候潮平发舟，西折顺流而东。回顾昨所游，山渐小渐淡，宛在西南天际，若不能释然于怀。夫吾邦有此胜迹而不使闻，于是果谁之责哉？故游之，又复记之。

【注释】

①选自《民国平阳县志》卷六十四。

②第：只是。

③杪：末端。

④砥石：磨石。

⑤芝房：成丛的灵芝。

⑥磴：石头台阶。

⑦篔筜：一种皮薄、节长而竿高的生长在水边的大竹子。

⑧谽谺：山谷空旷的样子。

⑨苧：有香味的液体，存在于柑橘类果皮中，供制香料。

⑩窅：深远。

⑪淼：水大。

【作者简介】

张珙：字存诚，嘉靖年间（1522—1566）泰顺龟岩人（今泰顺县三魁张宅人）。严毅方正，读书好礼，待人一本至诚，每遇族从，必以正教之，乡人不衣冠不敢见，有为不善者，皆曰：“无为东山张公所知。”邑宰屡延为乡饮宾，永嘉张文忠相国为列其善之大者十事：曰正身，曰宜家，曰孝亲，曰淑后，曰慎齐，曰礼贤，曰乐善，曰恤贫，曰崇俭，曰敬事。宗伯王瓒为之家传。

建养济院记[①]

天下生民之任重矣！凡所以仁民之政宜无不举，然后无一民不遂[②]其生。废政而求以生民，而犹舍耒耜而求菑畲[③]之熟，乌可得哉？

夫鳏寡孤独，无父母妻子之养，天下之穷民也。文王施仁必先于此，以成太平雍熙之治。自是而后，戕蛊苛虐[④]，仁意绝矣。噫嘻！淑气[⑤]一动，草木皆春；旸谷[⑥]方升，万物仰照。我国家于是始加意焉，乃诏郡县各立养济院，质鳏寡孤独养济之，三代之政于斯焉举。

泰顺有邑，迄今垂五十年，斯政尚缺，风露之下，未免有啼饥号寒之声，是三代之政施于天下，而泰顺独阙焉。惟我范侯履任之初，乃能爬搔痛痒，洗濯疮痍，审先后缓急之宜，酌大小轻重之务，于凡政之所当为者无不为之。乃谋诸父老，建白当道，度地立养济院，然后鳏寡孤独、疲癃[⑦]残疾者始各得所。则我朝之仁政，如雨泽流于焦涸之地，阳和畅于冱寒之谷，仁心浃洽，无一夫一妇不被其泽矣！虽然，莫为之先，孰为之后？今也创古而为之先，则后之为政者将推行而继之也。斯邑穷民之赖，非侯之功而谁功耶？予乐记其事，俾后之为政者知所自云。

【注释】

①养济院：明初朱元璋下令在全国各地设立的养老机构。徐学聚《国朝典汇》载：“国初令天下置养济院，以处孤贫残疾无依者。”

②遂：称心。

③菑畬：泛指田地。菑，新开垦还不能耕种的农田。畬，耕种两年以上的田地。

④戕蛊苛虐：残杀毒害，苛征虐待。

⑤淑气：天地间神灵之气。

⑥旸谷：日出之处。《尚书·尧典》："分命羲仲，宅嵎夷，曰旸谷，寅宾出日。"孔传："旸，明也。日出于谷而天下明，故称旸谷。"

⑦疲癃：曲腰高背之疾。此指年老多病之人。

【作者简介】

张璁：见 P135 页。

姚溪穷源记[①]（节选）

环岙[②]皆溪也，中分为二而复合，予书院立焉。既讫功，释菜开讲，时同志从游者几三十人。一日水发溪涨，予曰："有本者如是。"列者曰："可得其真源乎？"曰："试相与穷之。"

逾日明发，从予者凡八人，徐生道、娄生恪、项生相，夏生一鲸，其曰钿、曰铁、曰纲、曰纷者，皆侄也。溯溪浒而行，水清沙碧，可见伏鱼。有双岩倚附，名为石门，过此则皆乱石，水激泠泠有声，道与纷、纲皆疾足，遂此渡溪陟巘[③]颠。予自下望之，并出青云，想象如人在而非真也。及自先行至一石室，坐候之少焉，见落花自上游来，疑此为真桃源而非人世矣。盖其三人取繁花乱插之而弃其余，遂作落花流水之胜，亦其风致也。

既而至一潭，名洗足潭，水色如蓝，相传以为尝有异人洗足于此。又一潭名籰[④]丝潭，相传以为其底通海，非籰丝所能测也。及午，饭僧舍，山雨忽来，乃就禅榻以卧。既寤，云散天朗，山气益清，遂一至潭，名板障潭，壁峻削如板障，然下深无底，常有潜龙，故又名卧龙潭。其平岩有窍，小如盘，大如盂，相传以为神物卷刮而成。

旁又有一大岩，水激如砻，可坐三十人，与诸生憩焉。取杜子美诗诵之，道生起请名其所，予名之曰"川上吟坛"。既又行数百步，见一岩圆如人颅，口辅俱足，道生又请名之，予名之曰"一笑岩"。其中地复宽平，溪皆沙土无乱石，其土名为鸿岩、为枫台、为郑岙，路歧多所出入，过此则遥望两山突兀峻极，不可登矣。然则兹溪也，其源也，可得而穷乎？

夫观水而不穷源，非知本也，源而可穷，非真源也。于此且复忘返之惧，遂相与咏歌而归，再经吟坛之上，予与诸生皆力疲，复就石偃息[⑤]，睥睨宇宙之宽，而不知吾身之何在也。昏黑归院，忽有悍吏诛求穷民，其一妇抱子疾声求援，予进诸生而语之曰：“今日之行乐矣，乃复此，能无忧乎？范希文谓士当先天下之忧而忧，后天下之乐而乐，盍与汝辈思之。”诸生曰：“命之矣。”可识之，以示勿忘，遂篝灯[⑥]书之。

【注释】

①选自《张璁集》，有删节。这篇记为作者率学生共游姚溪（今称瑶溪）之胜。姚溪在温州城郊，明朝有罗峰书院，为张璁授徒讲学之处。

②岙：山岙。

③巘：山峰。

④籰：绕丝、纱、线等的工具。

⑤偃息：休息。

⑥篝灯：置灯于笼中。

【作者简介】

侯一元（1511—1585）：字舜举，号二谷。浙江乐清人，侯廷训子。年十三，父得罪，伏阙讼冤，得释。中嘉靖十七年（1538）进士，官至江西布政使。著有《二谷山人集》《二谷山人近稿》《二谷读书记》《翼志七书》，又主编《隆庆乐清县志》、《隆庆平阳县志》、《万历泰顺县志》等。

永嘉场新建永昌堡城碑[1]

夫履平思陂[2]，图阴于昜[3]，阴雨未形，而桑土[4]是营，宁非固圉之上猷而濬哲之长算哉[5]！又况害渐既芽，剥状以辨，形势已效者乎？盖语有之："非常之原[6]，黎民惧焉。"然而可与乐成，余于两王子[7]之堡永嘉场而喟焉叹夫创始之艰，而永终之不易也。故曰"哲夫成城[8]"，又曰"众志成城"，微哲夫国不能以附众而致之役，而非舆情[9]之协也，即哲夫之策有挠焉，而罔与成功，则斯堡可睹已。

堡城四周凡八百六十丈有奇，高二十有五尺，厚半之。以三面距河，中引二渠，按方立门，水陆各四。楼橹周庐，圜阓[10]桥道，靡不敕治，井井绳绳，屹为一方巨镇，咸以县治无以过也。起嘉靖戊午[11]冬十一月，至明年己未冬而城成，约费金七千两有奇。始议助于公数千金，既而以时诎[12]多不酬，其经费补苴[13]，盖悉出两王子私帑，略不色吝。然伯子西华君方仕在朝，独叔子旸谷君总其计，凡出入盈缩，丈尺进退，饩廪[14]登耗之故，悉禀叔子一人，埤益[15]慎委，应之裕如。尽选族之能者数十人分职其事而授之算[16]，比考其成，与始所画不爽[17]锱铢。吁其难哉！

盖东南故无堡也，列戍聚兵，昉[18]自国初。久而仕马刓敝[19]，无以待敌。岁在甲辰[20]，倭衅始作。及岁壬子[21]，则寇愈张，往往深入，虔刘聚落[22]，官兵当之，辄折而北。而永嘉场者，吾温之奥区[23]也。地方五十余里，南阻梅山，北距茅岭，东则负海，鱼盐万井，衣冠萃焉。而当寇之冲，寇往来常目属之。于是王子之诸父仁山翁、从弟东华大夫相与倡义，群乡之子弟而肆[24]之兵，身编戎武，先登陷阵。寇来辄不胜去，至掎[25]贼斩首，俘其舟以归。当是时，永嘉场军声号称长城矣。又方恃沙城为固，沙城者，故亦两王子所倡筑也。以内蓄鹾、外捍敌，延袤亘于海上，众咸以无虞。而王叔子独私忧之，曰“敌不可易[26]，胜不可狃[27]。今夫沙城以一面拒敌，敌小可耳，多将绕出吾后，彼兵者见其室家辎重且俘于贼，必人内溃而自救，此危道[28]也。夫兵未有不先固营垒以待敌者也，故不若相地据险而为之堡，俾进则攻瑕[29]，退则守坚，不亦可乎？”时众莫有应者，而王子之从子[30]煦独颔然之。

无何，岁在戊午[31]，寇果大至，诸倡义者尽死，万室焚如。众于是进前议，盖莫不智王叔子也。会王伯子亦以奉使至家，于是乡人相与诣两王子，曰：“若肯竟前议为盟主乎？”皆曰：“诺。”时王叔子当会试南宫，即辍不行，独孜孜与煦经画其事。又以城立，非得有司者治之不可。王伯子还朝，则又疏请徙鹾司、巡司堡中[32]。事下行省，省议独徙巡司。于是启闭镝钥[33]始有统矣。盖王叔子相地取险可守，虽其室庐，尽斥外之，故人咸服其公。堡环围多空地可廛[34]，则价自倍，因计亩出直以助经费，则财不匮，故人咸服其智。试南宫，进取厚资也，不就，而就乡井所急，先义后利，故人咸服其度。不烦官，不扰民，不久淹[35]，先事而殷忧，后事而周防[36]，故人咸服其算。维时监司守土诸公共嘉与之，太守宋公、别驾[37]杨茂侯咸躬亲劝相[38]，宪使凌公时遣官程督。上下交赞，鼛[39]鼓弗胜，盖一期月之间，匪棘匪舒[40]，而奄观斯役之成焉，岂不亦伟哉！

吾愿居是堡者必讲信修睦，振穷恤孤，俾富者无纷奢，贫者有盖藏，合斯堡如一人，合斯人如一心，于以捍圉待敌，则无城而固，又况矗矗言言若斯之完缮哉！吾闻两王子故尝置义田，行族约，盖自其王考桥翁、考厓翁时，既已积功累仁望于吾郡，至两王子愈显敦睦之风，夫既有倡矣，其自今于万斯年，子子孙孙，永观斯堡之固，庸书以为记。嘉靖辛酉[41]春仲既望。

赐进士出身大中大夫云南布政司左参议，郡人侯一元舜举甫谨记。

【注释】

①选自《玉介园存稿附录》，有删节。永昌堡：位于温州市龙湾区永中街道，建于嘉靖三十七年（1558）。明代，温州沿海备受倭寇侵犯，

永强抗倭首领王沛、王德叔侄牺牲。后王沛侄子王叔果、叔杲兄弟发起修建此堡以抗倭。城堡呈长方形，南北长 778 米，东西阔 445 米，城墙高 8 米，基阔 3.9 米，周长 2688 米，有敌台 13 座。用石块斜垒，中夯土。1982 年修复南北城门两旁城垛及城楼。为国家重点文物保护单位。

②履平思陂：走在平地就要想到前面可能会有陡坡。

③昜：古同阳。

④桑土：宜于植桑的土地。

⑤圉：养马的地方。上猷：上策。猷，谋略。

⑥非常之原：不寻常得开端。原，开始。

⑦两王子：王叔果、叔杲兄弟。

⑧哲夫成城：意思是明哲得人能成就国事。哲夫，即明达、才智者。成城，筑成城堡。

⑨舆请：舆论，公众的意见和态度。

⑩闤阓：街市。

⑪嘉靖戊午：既嘉靖三十七年，公元 1558 年。

⑫诎：缩短。

⑬补苴：贴补。

⑭饩廪：古代官府发给的作为月薪的粮食。亦泛指薪俸。

⑮埤益：增加。

⑯算：计划、预算。

⑰爽：差错。

⑱昉：开始。

⑲仕马刓敝：兵马败落。刓敝，亦作“刓弊”。雕敝，损伤。

⑳甲辰：嘉靖二十三年，即 1544 年。

㉑壬子：嘉靖三十一年，即 1552 年。

㉒虔刘聚落：劫掠村落。虔刘，劫掠，杀戮。《左传·成公十三年》：“芟夷我农功，虔刘我边陲。”

㉓奥区：腹地。

㉔肆：肆力，使出全部的力量。

㉕掎：抓住。

㉖易：轻视。

㉗狃：麻痹大意。

㉘危道：危险的措施。

㉙瑕：短处，漏洞。

㉚从子：侄儿。

㉛嘉靖戊午：嘉靖三十七年，即1558年。

㉜鹾司：管理盐场的官府派出部门。巡司：巡检司。职掌地方治安。

㉝镝钥：锁和钥匙。

㉞廛：指街市商店的房屋。

㉟淹：延迟。

㊱殷忧：忧心、忧虑。周防：防范。

㊲别驾：职官名。汉制，为州刺史的佐官，因随刺史巡行视察时另乘车驾，故称为“别驾”。隋、唐曾改称为“长史”。后又复原名。

㊳劝相：劝勉。

㊴橐鼓弗胜：指赞助的钱多得连袋子都装不下。

㊵匪棘匪舒：不紧不慢。指筑城按部就班。

㊶嘉靖辛酉：嘉靖四十年，即公元1561年。

【作者简介】

王叔果：见 P139 页。

江心孤屿记①

瓯郡环九山而城，《志》称“九斗”。城北枕江，江之中浮大洲为孤屿，有江心寺。屿东西初两山分峙，中贯川流为龙潭，因名“中川”。川上小山，即孤屿也。

两山故并创禅院树塔。宋时有蜀僧清了说法，相传龙化人来听法，了随投土石窒潭，联两山，创今寺。东西相距三百余丈，距郭里许。城所跨华盖、坛松台诸山星列，屏展于前。宋高宗南渡尝驻跸寺中，御书“清辉浴光”四字。江心故插楗②为塘，岁久，海潮冲啮。予弟旸德甫乃甃以石③，中为广埠。登埠入寺，寺巨丽甲于丛林。故有门廊及钟鼓楼，顷废，予弟为建。沙门仍创两廊，创钟鼓楼，金碧璀璨，榜曰：龙海珠林。沙门之右为文山先生④祠。宋德祐中，先生航海求益、广二王所在，至瓯过江心，有“乘潮一到中川寺”之句，今镌于石。文祠前为浩然楼，建自前兵宪江东吴公自新。左为卓公祠⑤，祀皇明户部侍郎卓忠贞公敬。公死靖难。初私祀郡里，万历中太守蜀卫公承芳奉《褒录遗忠诏》，择祠于斯，以配文山。又左为孤屿亭，石刻谢公像，刘宋谢灵运守永嘉游憩迹也，详具诗中。越亭数武，为澄鲜阁。回栏瞰长江，有二岩屹立波心当阁，前有阁折而西由阁折而西，为西塔。踞山俯江，势巉岩如焦山；东塔则盘纡嵯峨⑥，望挂彩诸峰，如挟浪浮动，僧庐环塔外，波光摇漾，秀色空濛，若蜃楼起海上焉。夫屿之境，林木交荫，殿阁辉敞，浮屠插云，表如双戟，庄严丽于人天。独浩然楼峻竦洞达，坐其中，沧波可吸千峰，森前飞帆拂树，与雁凫相逐。孟襄阳所咏“众山遥对酒”是也。屿之景，四时朝昏，风涛烟雨变幻，多异状。独潮平月明之夜，水光若镜，一碧无际，渔火起青蒲中，如冰壶濯魄，谢康乐所咏“空水共澄鲜”是也。诸山水名宇内者，得诡异则奇，得名贤则重。蓬莱、方丈为仙灵所宅，世固以奇目之。若忠臣伟士，生死关于元化所托迹，降神之地，风流不泯。后之人想像慨慕，彼山若水遂以擅名[7]千古，毋论方舆[8]纪载，即吾乡土所睹记者。严先生祠于富春，武穆[9]墓于西湖。论者谓“桐江一矶，维汉九鼎；鄂国一邱，表宋千秋”。此地之重以人者，奚羡奇也！孤屿类仙山，所称清了说法，文殊幻现，戒龙诸语，概于诡异；而仰止先哲，文信国以留寓庙食，卓忠贞以桑梓锡祠，英风遗烈，若御洪涛而行天日，障回澜而屹砥柱，江之山水，增其高深，视夫峰泉涧壑、献灵标异者，殆殊别矣。呜呼！大千旷劫，陵谷递迁。自有孤屿以来，佛庐台榭，其兴而废、废而兴者，吾不知其凡几，独忠义在人心，万古不死。而论世尚友，莫不观感而兴起也。瓯为文献邦，孤屿为灵区，乃今忠贤俎豆，相望于其间。振风声、昭物采者，足以廉顽立懦，而为世教所系赖也，岂小补耶？予林居多暇，日过江上，喜无扳陟[10]之劳，而远烦嚣之隔。且幸诸废具，举有所托以不朽，因次其大都为记，将以贻之大方，采而志于名山，庶知孤屿之所重者有在也。

【注释】

①本文记叙了嘉靖开发重修江心孤屿庙宇风景的史实，对此人文景观介绍颇详。并抒发山河变迁之慨。

②楗：堵塞河堤决口所用的竹木土石等。

③甃石：大而圆的石头。

④文山先生：即文天祥。

⑤卓公：即卓敬。简作见前。

⑥嶕嶢：高耸险峻的山。

⑦擅名：享有名声。

⑧方舆：指地方政事记录。

⑨武穆：岳飞谥号。

⑩扳陟：攀登。

【作者简介】

邹钦尧(?—1647):字继则,瑞安人。明诸生,幼读诗书,长明大义,清兵破温州,不忍故国灭亡,沉江而死。

别父书[①]

慨自失恃[②]以来,嬛嬛[③]在疚。瞻屺之涕,与日俱深。仰赖大人生而鞠[④]之,生而教之。获采芹香,遂有家室。窃谓送往事居,可幸无罪。而大人寄迹公门,为治生计,孤身独处,自给饔飧[⑤],则儿失色养,妇失孝敬可知也。嗟乎!男儿不能显亲养亲,诚不可活于人间世矣。

私念侥幸科名,报亲恩于万一,奈何时事至此,地裂天崩,闯贼犯关,先帝身殉社稷。须眉丈夫,此时应死。尧所以苟延性命者,意欲有所待也。及逮夷借名恢复,因而据我邦畿,窃我神器,侵掠我州都,屠戮我黎庶,土崩瓦解,卒莫与争。非智诎谋,勇诎力也,盖有司酷刑重敛,武臣呈威渔猎,致失民心,一旦此耳。

氓之蚩蚩,不谙礼义,不识利害,不知拙辱,甘心降虏,尧独何心,能不悲哉!假虏未灼虚实,未便渡江,尧即未能承欢膝下,尤可负未数武之外,而今已矣。虏骑长驱,孤城顿陷,剃头令[⑥]下,天日为昏,尧断不忍以衣冠之伦,变为犬羊之族。本骂贼而死,恐累我亲,故宁赴江流,葬于鱼腹,庶九原之下,不令母氏见髡头[⑦]之子,先帝见髡头之臣也。明知一子不可弃父而逝,然生而不遑[⑧]将父,情不容生矣。况受国恩,优免礼遇,五载于兹,扪心自问,义国当死。伏望大人速离官舍,急返故园,醮[⑨]后母以图自续,和诸叔以叶埙篪[⑩]。新妇年少,在一日则为邹门之妇,量给衣食以观其志,不可强之去留。尧逆子波臣,负惭天地,浮尸东海,弗与收殡。万一乞灵阳侯,障狂澜以砥柱,决怒涛以淹仇,鼓清流以洗耳,激壮士以焚舟,庶可少逭[⑪]罪戾耳!尧无却生之余东,知不免卜子之恸,然亦不必也。

大人优游以卒岁,朝夕以自娱。尧虽死之日,犹生之年。外信一缄,寄上诸父,以为永决。俚语二章,所以表志。词多触忌,勿令传阅可也。

千万珍重，万勿过伤。临纸涕泣，不知所云。男尧叩首哀别。

【注释】

①这是明末温州三义士之一瑞安邹钦尧写给居在官舍父亲的遗书。钦尧早失恃，由其父教养长大，全文血泪斑斑，字字洋溢着眷恋故国之情。

②失恃：母亲去世。

③嬛嬛：孤独无依状。

④鞠：鞠养，抚育。

⑤饔飧：做饭。

⑥剃头令：清政府推行的强制剃发令。

⑦髡头：剃去头发。

⑧不遑：来不及；没有时间。

⑨醮：指女子嫁人。

⑩埙篪：比喻兄弟或朋友之间因关系密切而互相配合、相互照应。

⑪逭：逃避。

清代

【作者简介】

朱彝尊：见P151页。

东瓯王庙碑[①]记

豪杰之士，往往起破家亡国之余，流离琐尾，极人情所不堪，卒自奋于当世，论者徒矜其勋伐之隆，至心迹之微，隐而不彰者多矣。张良之于韩，田横之于齐，卒从诸侯灭秦，要其志期于报仇雪耻而已。若夫封留、王齐，岂以是为荣哉！

予读史至秦楚之际，有感东海王[②]之事，其报仇雪耻，无异良、横[③]之所为，而终王其故土。守越之宗，祀以不废，则又良与横衔悲饮恨而不能致者，王克致之，可不谓难焉。惜未有推明其心者，而仅以赵佗、梅鋗[④]之属视之也。

岁在癸卯，予游永嘉，乃得谒王之庙于县治之东、华盖山之下。庙久不治，言之知县事汉阳王君世显修葺之。王君许诺，以予之将归也，先事请予文记于石。

按《史》：王，勾践之后，国覆于楚，至秦郡县天下，废为君长。及诸侯叛秦，王率越从鄱君[⑤]入关灭秦。汉击楚，王率越佐汉灭楚。高帝封王于越，以奉越。后惠帝三年，举高帝时越功，曰："闽君摇功多，其民便附，乃立为东海王，都东瓯。世俗号东瓯王。"此庙之所由名也。汉制非刘氏不王，其初异姓王者八国，卒就诛灭。王与长沙王芮、闽越王无诸，独终始得全，非以忠谨然与？司马迁谓："王入关时，项籍主命弗王，故王不附楚。"是亦未推王之心者。盖王之国，楚实覆之，项氏虽非楚后，而世为楚将，安知覆越王之非项氏也！然则王之不附楚而佐汉也明矣！方其丧国于楚，废于秦，版图入丞相府，越人终保而不散，以疮痍未起之众，驰数千里，独强虎狼秦。及汉军垓下，黥布[⑥]、信、越，期会不进，而王之用命，若蹈汤火，盖国耻未雪，王之心有不忍一日怀安者，是可谓豪杰之士矣。

夫其流离琐尾[7]，英毅果锐之气，百折而不回，殁为神明，庙食于千载，宜也。

【注释】

①本文节选。东瓯王庙，原在永嘉城区华盖山下。康熙二年（1663），知县王世显重修。当时作者正作客永嘉，将归之日，王世显嘱其为庙作记。本文记载东瓯王驺摇历史颇详，歌颂其为国雪耻，尊为一代豪杰。

②东海王：中国古代郡王爵，历朝可考者共 28 人。此处指东瓯王驺摇。

③横：即田横，秦末起义首领。原为齐国贵族，在陈胜、吴广大泽乡起义后，田横与兄田儋、田荣也反秦自立，兄弟三人先后占据齐地为王。

④赵佗：即南越武帝，南越国创建者。原为秦朝将领，秦末大乱时，赵佗割据岭南，建立南越国。梅鋗，越王勾践后裔。楚灭越，越人避走丹阳，更姓梅。秦末，百越叛秦，推梅为首领，率师伐秦。

⑤鄱君：吴芮，秦代人，曾任鄱阳令。

⑥黥布：秦末汉初名将英布（？—前 196），九江郡六县（今安徽六安市）人，坐罪受秦律被黥，又称黥布。

⑦琐尾：颠沛流离，处境艰难。

【作者简介】

邢日伟，号介山，文成黄坦人。清嘉庆间（1796—1820）进士。

水云尖记[①]

黄坦皆山也，东北一峰，屹然尤俊。其石激悬流，雪落深湾，一泓秋水注浥[②]无穷者，龙井也；其非熔非铸，似锜似釜，煮竹米、烹松茶，爨[③]不溉而烟处凝者，锅岩也；其霞绮卷舒，云旗出没，时而明净如妆，时而惨淡如画者，水云尖也。

想其峭壁千仞，镇于一方，宜有参天之乔木，以壮崒嵂[④]之威，乃冈峦擢濯，与中山同嘅[⑤]，岂山之本然哉？抑人事使然也？或曰：山之明，不在水；水之秀，不在鱼。登高而望，空诸所有，即苏子所谓奇闻壮观，寥不自易得者也。然吾闻之，苟有可观，即有可乐，乐则爱，爱则传，凡物皆然，山岂异乎？乃考古稽今，无论穆王[⑥]之八骏不到，谢公[⑦]之两屐未临，即笃好名山之士，凭虚而眺，欣于所遇，或吟诗作，以志其胜概者，卒未之前闻也。

吾因之有感矣，天下偏僻之区，无奇峦特嶂，而美不自彰，卒湮没于人间者，指不胜屈。则地之足相限，其亦无能相强也。假令毓秀钟奇，生于都城之会，吾见崎岖之岭，或有游亭；突兀之巅，或有眺阁。前者歌，后者和，接踵而至，亦越级而登，安见天台，雁荡独擅嘉名乎？且山之名彰与不彰，因乎人，而不拘乎地。绳附骥尾[⑧]，昔人所以扼腕悼叹也欤！试观邕川马退[⑨]，岂属名区？一自河东[⑩]之赞赏，递烈烈[⑪]于今不朽焉！可知山之秀气，人固资其钟毓，而迹有名贤，实足增山川之色。人苟不杰矣，谁复问山川之灵乎？古人有言曰：“山川从人而兴！”良不诬也。

时乾隆五十七年岁壬子桐月上浣谷旦，介山邢日伟谨记。

【注释】

①水云尖即水云峰，为文成黄坦胜景。作者在乾隆五十七年（1792）为之作记。状其山尖烟霞如画。

②浥：坑洼的湿地。

③鬵（xín）：古代一种炊具。

④崒嵂：山高峻貌。

⑤嘅（kǎi）：叹息。

⑥穆王：周穆王（前 1026？—前 922？），姬姓，名满，又称“穆天子”，周昭王之子，西周第五位君主。周穆王富于传奇色彩，在位期间，曾征犬戎。此外，史料中还有关于穆王西游见西王母的记载，其中以《穆天子传》为详细。

⑦谢公：谢灵运。

⑧绳附骥尾：比喻依附他人而成名。

⑨邕州马退：《邕州马退山茅亭记》是柳宗元的一篇文章。

⑩河东：柳宗元，河东（现山西运城永济一带）人，世称“柳河东”“河东先生”。

⑪烈烈：显著，雄伟貌。

【作者简介】

杨诗：号葩园，平阳县慕贤东乡东门阳人（今苍南县芦蒲镇东门垟村）。约生活于乾隆至道光间。少孤，母育之成人。自言“舌耕之暇，浏览群书，有及瓯先儒文辄缮录之，分为三集：曰联珠、曰遗珠、曰明珠。总名之曰《瓯海还珠》，为内外二编。内编本郡人文，外编异地，合一百二十卷，皆府县志及北雁、孤屿、仙岩等志所无者”。又著有《温州府志补正》《平阳县志考》《集鸿轩诗录》及《谏果窗吟草》《谏果窗文存》等。

真柑别墅记[①]

真柑别墅者，陈子云楼读书处也。墅在仪山上市，为古泥山[②]之西南麓。

宋时，山有真柑，名最著。韩彦直《橘录》称：“柑有八种，乳甘第一，乳甘者真柑也。”其言“温多种柑，惟泥山为杰出。泥山盖平阳一孤屿，广袤里许，无连岗阴壑。非有风气之浸淫，出二三里外，香味益远不逮。”又谓：“泥山地不弥一里，所产柑其大六七寸，皮薄而味珍，脉不黏瓣，食不留滓，一颗之核才二三，间有全无者。”王梅溪[③]“咏温柑诗，有‘根向横阳觅，泥寻斥卤担’之句。自注云：“温柑以平阳县泥山为最。”止斋、水心[④]诸集亦时及之。东坡《黄甘陆吉传》谓：“黄甘隐于泥山，楚王封之为温尹平阳侯。”此虽寓言，而吾平泥山之柑，赵宋时实名天下，端可见矣。

今吾乡柑种失传，泥山之“泥”又转为“仪”，盖久不知为平阳产矣。虽劳广文[⑤]编之于《瓯江逸志》，齐太史[⑥]补之于《浙江通志》，杭太史[⑦]增之于《温州府志》，而《平阳县志》顾略未之及，岂非数典者之过疏乎？

且夫地以人传，物以人著，吾乡在宋时有小邹鲁之称，文物之隆为吾瓯最，而泥山真柑之名亦遂启遍于寰宇。今则三阅沧桑，风气榛塞[⑧]，南雁之四季杜鹃，仙坛之蒯竹[⑨]，蔡家山之茶，《县志》且失不编，何怪乎泥山之真柑，遂泯灭而无闻也哉！

乙巳孟陬[⑩]，陈子始来就学，辄谭所居为古产真甘地。筑室三楹，种柑其旁，请余命名。余曰唯唯。真甘之名，蔑以加矣，因即以颜其墅，所以存故事也。陈子博雅好古，勤心植学，其加根俟实，惟以吾乡有宋之文物，小邹鲁之学风，是仰是企。异日文章气节，照耀当世，岂惟斯墅之名与泥山并垂不朽而已哉！爰即所命名而为之记。

【注释】

①本文系杨诗应学生陈云楼之请，以宜山真柑为喻，希望他“勤心植学”，打好基础，以发扬“宋之文物，小邹鲁之学”为终生目标，使“文章气节，照耀当世”。

②泥山：苍南县宜山镇，古称泥山，镇内以球山而闻名，此地曾是我国柑橘产地之一，真柑（乳柑）被列为贡品，价值千金。

③王梅溪：即王十朋。

④止斋、水心：止斋，南宋著名学者陈傅良，温州瑞安人。水心，南宋著名学者叶适，温州永嘉人。

⑤劳广文：劳大与，石门人，清康熙时永嘉教谕，著有《瓯江逸志》一卷。

⑥齐太史：齐召南（1703—1768），天台人，乾隆时史学家，尤精舆地之学，曾参与纂修《大清一统志》。

⑦杭太史：杭世骏（1696—1773），杭州人，工史学，能诗文，曾校勘武英殿《十三经》《二十四史》，纂修《三礼义疏》。杭世骏曾任职翰林院故称太史。

⑧榛塞：阻塞。

⑨蒯：蒯草，多年生草本植物，叶子条形，花褐色。生长在水边或阴湿的地方。茎可用来编席，也可造纸。

⑩乙巳孟陬：清道光廿五年（1845）农历正月。

【作者简介】

潘鼎（1775—1835）：字彝长，泰顺罗阳人。少即聪颖，被誉为神童。13 岁考中秀才，15 岁考取廪生资格，36 岁考取副榜举人。授官直隶州州判，未仕卒。工书善画，名驰京师。著有《小丽农山馆诗抄》《晤兰室尺牍》等。

与董眉伯进士[1]

别来两奉手教[2]，具审起居康吉，甚慰。仆归家后，诸事鳞集，乞不得暇，未尝终日静坐，畅意读十数行书也。红日如驰，青衿依旧[3]，揽镜自视，不特无以慰古人，且无以慰今人矣。

本年负笈武林之说，尚在未定。其所以未定之故，非与孔方兄计较出入也。仆尝言大丈夫不能取富贵立名当世，则饿死耳！阿堵物奚益也？此一关，仆早看透，看不透即前后已不作此举。阁下吾乡人，宁不识乡人旨趣，卖土田、易书田十余载，罔有悔心，而犹孳孳不已，意欲何为？倘律以乡人相传保家之说，则仆之荒唐已甚，难自立于人群矣。此言非阁下之前不敢陈，他人闻之，徒供揶揄耳！

然则登山采玉，入海探珠，何适而不可，而疑之不决。袁简斋[4]之诗曰："无情何必生斯世，有好都能累此身。"仆好书，平时居室，率□书绕几案，若环堵，俯仰其间，意□洒如。偶然出，户键而复启，数数反视，若有逡巡惜别之意，其素性然也。今将有远行，既不能尽携与偕，又不欲取一遗十，终日控揣，卒至计无所施。其不决一也。

仆有孤侄，匪母之依，而唯仆是依。居常行坐，盘绕不离。仆每出，必追随至外户伫立瞻望，勿及而后返；仆归必趔趄[5]扑迎，才四岁耳。仆有时吟咏，彼亦缓步随后，作咿唔声；仆作字画，必自携小凳，以双手攀几，注目视，虽移晷不厌。仆每食必随侧，仆食已，彼亦已。食尔杯盘必一一自捧交厨娘，有代之者，不肯也。仆偶短睡，则屏息立床前，虽急声呼之，勿去。盖察其情，在仆侧甚适也。而仆以亡弟之故，亦非此子无以为欢。往事在外，忆及之心，即为之飞摇不定。今日归来，忽又欲舍而他适，心神究竟不快。其不决二也。

凡此皆仆迩日私心之累，未能遽然抛撇者，辱爱劝之，仆又不遽行，故觋缕[6]及此，然亦非必不行也。刻以□试在即，姑俟夏初再议行止。

【注释】

①董眉伯：即董正扬，字梅伯，泰顺人。

②手教：即手书，对来信的敬称。

③青衿依旧：指依旧是一个什么功名也没有的读书人。青衿：读书人。

④简斋：袁枚之号。

⑤趯趋：跳跃。

⑥觋（luó）缕：婉转而有条理。

【作者简介】

董斿：见P166页。

厘正乡贤议后说[1]

余既为厘正乡贤议，或有见而难之者曰：良武，明万历时人，去今二百有余岁，安知其生平别无过人之善足以膺[2]崇祀，而不腼[3]者？子何议之深也？

曰：是殆不然。考邑志，修于雍正七年，校阅诸生，首列周奕灯名。奕灯者，良武之孙也，故于其父母伯叔莫不夤缘[4]而得佳传，且昧[5]生不立传之义，而自列《孝义传》中，何独于祖而忘之？祖而无传，是必无善之可饰矣。

曰：然则何以得祀于乡贤？

曰：此必周氏不暴之于众，而私入之者也。

曰：何以明之？

曰：乡贤祠乃朝廷之命祀，非一家之私祠。崇祀之主，例直书时代、官职、姓名。而良武主独曰："明赠文林郎、罗阳周公。"良武神主冠之以罗阳，尊之曰公，非其子孙之私称，而何且稽之？《钦定学政全书》："雍正二年，礼部议有'名宦乡贤，相沿岁久，冒滥实多，令各省督抚、学臣秉公详查，若无实迹者，报部革除。'三年，又议'嗣后凡有呈请入祀名宦乡贤者，照旌表节义例，每年俱于八月以前汇题，并将事实册结送部详核，庶免冒滥'。"良武入祀若在二年以前，则宜在革除之列，若在三年之后，则宜有呈请汇题之案。乃均未之闻焉，则其私入也明甚。

曰：吾邑所祀名宦、乡贤均未经题请，不容独议良武。

曰：是又不然。明代崇祀名宦、乡贤，但报学使，无题请之例。然前者与祀之六人，皆有事实彰彰可考，则固非冒滥也。若良武，既无实迹足当祀典。当圣朝慎重名器之时，其子孙乃敢于违成宪，而干大典，其罪可胜诛哉！

曰：彼既私入之，而亦私撤之，何如？

曰：不可。彼私人之而亦私撤之，则彼复可私入之矣。当佥[6]请之于部使者，檄而撤之，庶使后之人知此举之当循名而核实，苟冒且滥焉，虽数世下，犹可得追理而夺之也，终何益哉！

曰：祀主既可撤，第邑志《乡贤》已有其名，恐不可得而削。

曰：恶是。何言欤？经有误，可以正；史有谬，可以纠。曾是邑志，而顾视为不刊之典乎？闻之乡先进潘峄云明经云："修是《志》，时宰邑者，起于市侩，目不知书；秉笔者一二阘冗[7]幕客，并非欲以信今而传后，徒资以市名誉、敛财贿而已。故文猥琐秽杂，率无足观；事则造作附会，不可枚举。其为众所共见共闻者，厥有二事。一、邑城故有雉堞[8]，修志时适有颓损，遂尽毁而去之，而移其甓于他上，反作《修城记》，载之《艺文》。一、周奕灯本生母刘，而其父家伟仕明浦城令，后入本朝为兵部职方司主事，刘氏之传竟大书为明兵部职方司主事周某某妻。上下相蒙，互为欺罔。是乡贤，亦必由奕灯先窃附其名于志，而后乃私入其主于祠。昭析无疑，又何所顾忌而不削之耶？

曰：是则，然矣。独不虑周氏子孙之忿而怨欤？

余笑应之曰：何虑之过也？使为周氏世守之田庐财物，有人气攘而力夺之，则怨之也，必矣。此所争，乃三代之直道，千秋之名义，非有憾于周氏假公以泄私也？其将谁怨？且俾周氏子孙晓然于祖之不可诬，免致以非分之祀，受后人之指摘，则方且德之不暇，而顾怨之哉？昔鄞全谢山[9]先生年十二舍菜学宫，谒乡贤祠，见侍御谢三宾主，即碎之，而投诸水，人服其义勇。矧齿序逾于谢山而贵盛，不如三宾者耶！

语云："见义不为，无勇也。"奈何畏首畏尾，甘于钳口咋舌，重贻胶庠，乡党羞哉。

或乃唯唯而退！

【注释】

①厘正：订正、改正。

②膺：承受。

③腼：害羞。

④夤缘：攀附。

⑤昧：隐蔽、隐藏。

⑥佥：全、都。

⑦阘冗：庸碌低劣。

⑧雉堞：又称齿墙、垛墙、战墙，是有锯齿状垛墙的城墙。可用来作为守御城墙者在反击攻城者时的掩蔽之用。

⑨全谢山：即全祖望（1705—1755），字绍衣，号谢山，浙江鄞县（今宁波市鄞州区）人，清代浙东学派的重要代表人物，著名的史学家、文学家。

【作者简介】

华文漪：见 P169 页。

季碧山传[①]

季碧山，郡之永嘉人。幼孤苦，入里塾一年，即废读。家酷贫，衣食无所出，有园一亩许，艺蔬鬻之以易米，日或不再食。每夏月，或露宿，或栖身古庙中，恒与佣贩辈狎处。冬日早起，擢菜于池，冰霜寒冻，手足皲裂[②]，习以为常。

年二十余，行经学舍，闻吟诵声辄神往。于是遂思读书，捡旧册复之，字已多不识，于文义茫如[③]也。然嗜读不辍，里中人咸姗笑[④]之。有老儒怜其志，时为讲解，碧山触类多通，久之益精敏，经子百家皆略通晓，尤熟于史，遂学为歌诗。节缩口食，积其余以购纸笔学书[⑤]，殚精极思，寒暑不懈。数年书大工，诗古今体俱有法度，颇兼治举子业[⑥]，然不就试。人有规以进取者，笑弗应，然自是郡中人皆知有季碧山矣。邻居士人亦争延致之。尝有士人邀至家，丐[⑦]其书。碧山对客挥毫，意气闲逸，众环几聚观，啧啧称赏。有佣贩者过其门，窃瞰之，则固曩时[⑧]同伍人也，辄大惊。呜乎！为人岂不贵立志哉！使碧山终身卖菜，不自振拔[⑨]，固士流所不齿者，尚有谁过而物色之耶？

碧山多闻强记，善谈论，每酒酣耳热，抵掌论廿[⑩]一史中废兴成败，贤否得失，衮衮[⑪]不少休，令人耸听。性不喜修饰容仪，豪贵家延客，摄敝衣冠往，两胫赤露，草履破决，坦坦[⑫]酬对于其间，旁若无人，其真率多类此。乙丑[⑬]岁来予里，尚向予缕述半生贫苦状不少讳，故知之颇详。次年将复出游，病作，不果行[⑭]，竟[⑮]死。碧山初名镇海，后自更曰观乐。素豪于饮，其病以肺痿[⑯]，盖酒伤云。

论曰：昔元遗山[⑰]称其友辛敬之曰："士之有所立，必借国家教养，父兄渊源，师友讲习，三者备而后可。惟敬之不本于教育，不阶于讲习，不出于父兄，而卓然自有成就，可谓特立之士。"吾于碧山亦云。

【注释】

①选自《逢原斋诗文钞》。

②皲裂：皮肤因寒冷干燥而开裂。也作龟裂。

③如：……的样子。

④姗笑：同“讪笑”，讥笑，嘲笑。

⑤书：书法。

⑥举子业：即“举业”，科举时代指为应考试而准备的学业，包括应试的诗文、学业、课业、文字。明清以后也专指八股文。

⑦丐：乞求。

⑧曩时：往时，以前。

⑨振拔：从陷入的境地中摆脱出来，振奋自立。

⑩廿：二十。

⑪衮衮：连续不断。

⑫坦坦：安定，泰然。

⑬乙丑：即清嘉庆十年（1805）。

⑭不果行：没有成行。

⑮竟：最终。

⑯肺痿：中医病名。是指肺叶痿弱不用，临床以咳吐浊唾涎沫为症状，为肺脏的慢性虚损性疾患。本病为多种慢性肺系疾病后期发展而成。

⑰元遗山：元好问（190—1257），字裕之，号遗山，山西忻县人，金末元初著名文学家，有《遗山先生文集》。

【作者简介】

周衣德：见 P170 页。

书室记[①]

甚矣，书不可不择也。书能益人神智，亦能荡人性灵[②]，非博观约取[③]，明心缮性[④]，不能喻其微也。今日书至备矣，藏于四库者，非太史氏莫能睹；散于外者，日新月盛。藏书之家，徒饱蠹鱼[⑤]口猎之士，忽能记诵？多故也。

然书犹味也，读书犹饮食也。善养生者，取其精而咀嚼之，则益人；不善养生者，广求醲厚肥腻爽口之物而醉饱之，则病人[⑥]。试有士于此，日阅仙传怪志，则诞妄之念生矣；日阅传奇小说，则淫邪之念生矣；日阅绮丽诗文，则浮游之念生矣。所变易其志虑，眩乱其心思者至捷。其弊至于蛊惑丧志，附和谐谑[⑦]，感发动静之际，颠倒梦口之间，不可胜言。及与之讲孔孟之要道，采经史之微言，则又懵然不解。一切收敛如浮云变幻，倏忽起灭，然则书诚不可不择也。

予自弱冠[⑧]辄知好书，每见佳本，典衣购之。复假诸亲友而抄之，所阅书卷不可口缕。迨游历南北，随有所得，散失者半，存者亦半而自顾歉然。夫修己治人之道，处世应变之方，莫能裕如[⑨]。则书之能益人，果何在欤？兹因暇日，捡点所藏，择其要者附着于录，以时省览。其余束之高阁，不复寓目[⑩]。聊以祛愚懵之陋质，补生平之寡闻云尔。多书云乎哉[⑪]！

【注释】

①书室：书斋、书房。

②荡：摇动。性灵：内心世界，泛指精神、思想、情感等。

③博观约取：广博阅读而简约审慎地取用。

④明心：谓使心思清明纯正；缮性：修身养性。

⑤蠹鱼：又称蠹、衣鱼、白鱼、壁鱼、书虫或衣虫，是一种灵巧、怕光，而且无翅的昆虫。

⑥病人：使人得病。

⑦谐谑：谓语言滑稽而略带戏弄。

⑧弱冠：古时男子20岁为成人，初加冠，因体质犹未壮，故称弱冠。

⑨裕如：形容从容不费力。

⑩寓目：过目。

⑪多书云乎哉：有很多书又怎么样呢，云乎哉，助词，用于句末，表示反诘。

【作者简介】

林鹗（1793—1874）：字太冲，号迂谷老人。道光二十二年（1840）岁贡，曾主讲中山、东山书院。孝性感人，侍父亲疾，割股调药以进，不使家人知。其父林逢春离世后葬于南院之飞凤山。时年22岁林鹗遂在南院父冢一侧结庐，替父亲守孝。自称此庐为“望南山草堂”，并将其诗集名为《望山草堂诗钞》。编著有《琴学存书》《分疆录》等书。

《琴谱》跋

永嘉徐茝生[①]文学，余四十年旧相识也。自同治乙丑[②]，久客郡城，始获缔交，益孜其为人。茝生别无嗜好，独沉醉于琴，得正传于马解元[③]蔚霞先生，转以授其孙兰笙茂才，二人品同道合，盖相得也。暇时造访，得聆雅奏。闻茝生琴者，为登太华侧耳石室天籁；又如髯苏庙探石钟山。令人神耸。闻茝生琴者，如坐黄鹤楼酌酒，忽风送鹦鹉洲渔唱，令人神清意远。一则德性坚凝；一则天怀情旷。始信琴为心声，无不如其人者。余性好音律，少年得见蔚霞，未遑从学。今若矣，乃蒙二君不弃朽木，许授指法，并示此编，敢不奋呼！

此编集诸谱之长，详加考定。以存正声，乃其用意，犹在平沙一曲[④]，失真已久，特著此书以存；马先生广陵散此志千载不朽。吾特惜徐君得心应手之妙，亲授者且不能得，终非《谱》所能尽传也。

【注释】

①徐茝生：马兰笙的启蒙老师，善抚琴。

②同治乙丑：公元1865年。

③解元：明清科举制度正式科举考试分为童生试、乡试、会试和殿试。乡试为省一级考试，考试合格者为举人，第一名为解元。

④平沙一曲：《平沙曲》又名《平沙落雁》《雁落平沙》，古琴名曲，有多种流派传谱，其意在借大雁之远志，写逸士之心胸。最早刊于明代《古音正宗》。

【作者简介】

瞿振汉（1809—1855）：原名振潢，号碧泉，乐清人。监生，太平天国时乐清红中军首领。在攻占乐清城战役中牺牲。

讨清檄文[①]

照得温台两郡，水旱连年。无麦无禾，少壮受饥寒之苦；填沟填壑，老羸多死丧之悲。甚至鬻爱子以充饥，痛斩祖宗血食离亲夫而别嫁，忍抛鱼水恩情。此耳闻者莫不伤心；而目睹者能无酸鼻乎？乃朝廷鲜德惠，不闻下恤生灵；官吏恣贪婪，尚欲私允官囊。横加额课，噬残百姓脂膏；假托捐输，剥尽群黎汗血。下追民望，罪不容诛；上怒天心，死有余辜。而且番酋猖獗；海寇淫凶。逞虎视之凶威；纵鲸吞之大势。兵皆袖手保元，玉石俱焚；民不聊生立见，贤愚同尽。四明任匪夷杂处，岂真蛇虺[②]难摧？三镇与海寇交盟，堪笑鼠猫同卧。各营非无良将，终伤独木难支；薄海亦有仁人，争奈车薪莫救！

本义主久深切齿，早励同仇。时时以民物为怀，论德堪回汉祚：处处得祯祥之兆，兴兵欲效商汤。兼以赳赳武夫，共奋常山之勇；峨峨髦士[③]，同输曲逆之谋。洵可挽物穷思返之机，平削祸乱。洗变夏为夷之耻，整饬纪纲。

今集大军，先临本郡。护善良、除凶暴、散有余，补不足。发仓廒之储积，赈济贫民；扫江海之烟氛，开通商道。兵丁归附，视技为标；胥役来降，同长录用。但恐民欲素非强悍；人情久习晏安。乍闻战伐之声，必多震慑；一睹杀伤之状，定起惊惶。挈眷携家，难免奔波之苦；窜山避后，不无冻馁之虞。念及于斯，情何能已。

为此合行出示晓谕：尔等既生斯邦，宜安此土。勿起鹰鹯[④]之毒，同毒相残；毋生虎狼之心，肆行劫夺。倘若奸淫妇女，察出必正典刑；抑或掳劫民财，拿住定行法究。言出法随，心诚意决。有干纪律，断不饶容。凡属士兵，各宜谛听毋违，特示。

【注释】

①本文是咸丰四年（1854）作者在部署攻打温州府城时，起草的起义檄文。文中声讨了清政府政治腐败的罪行。列举生灵涂炭的悲惨事实。提出义军的政治主张和政策，文字慷慨激昂，切中时弊，激励人心。

②蛇虺，泛指蛇类，此处喻指盗匪。

③髦（máo）士：英俊之士。

④鹰鹯：鹰与鹯，比喻凶残的人。汉刘向《说苑·敬慎》："臣闻之，行者比于鸟，上畏鹰鹯，下畏网罗。"唐欧阳詹《怀忠赋》："凤实仁灵之类，岂鹰鹯之同列。"

【作者简介】

孙衣言：见 P178 页。

玉海楼藏书记①

宋时，深宁王先生②，以词科官至法从③。生平极博群书，著书至六百余卷，其最巨者为《玉海》二百卷。《玉海》云者，言其为世宝贵，而又无所不备也。予家自先大父资政府君，隐居种学，好聚图籍，儿时见先世旧藏，多前朝善本，丹黄④殆遍，经乱无复存者。予初官翰林，稍益购书，以禄薄不能尽如所欲。同治戊辰，复为监司。金陵，东南寇乱之余，故家遗书，往往散出，而海东舶⑤来，且有中土所未见者。次儿诒让亦颇知好书，乃令恣意购求。十余年间，致书约八九万卷。虽视深宁所见，未能十之四五，然颇自谓富矣。

旧居褊隘⑥，苦不能容。今年春，为次儿卜筑⑦河上，乃于金带桥北，别筑大楼，南北相向各五楹，专为藏书读书之所，尽徙旧藏，庋⑧之楼上；所刊《永嘉丛书》四千余版，列置楼下，以便摹印。因取深宁叟所以名书者以名斯楼，手书榜以表之。我子孙中如有得天隽敏，而加之以好学，能读终一书，而知其可好，则可以尽读他书。能尽读他书，则岂惟我楼所藏，虽深宁所未见，皆可以遍览而悉通也！异时词章之美，著述之富，庶几亦如深宁，斯不谓之可宝也乎？

复取古人读书之法，及我今日藏书之意，具为条约，揭之堂壁。乡里后生，有读书之才，读书之志，而能无谬我约，皆可以就我庐，读我书。天下之宝，我固不欲为一家之储也。

光绪戊子八月几望，逊学叟书于城北邵屿寓庐。

【注释】

①玉海楼，1889 年建，在浙江瑞安市区，江南著名藏书楼之一，现为全国重点文物保护单位。

②深宁王先生：即王应麟（1223—1296），字伯厚，号深宁居士，

又号厚斋，庆元府鄞县（今浙江省宁波市鄞州区）人。理宗淳祐元年进士，宝祐四年复中博学宏词科。南宋著名学者、教育家、政治家。创立深宁学派。著有《三字经》《困学纪闻》《小学绀珠》《玉海》《通鉴答问》《深宁集》《诗地理考》等。

③法从：跟随皇帝车驾；追随皇帝左右。

④丹黄：旧时点校书籍用朱笔书写，遇误字，涂以雌黄，故称点校文字的丹砂和雌黄为丹黄。

⑤舶来：外来。

⑥褊（biǎn）隘：这里是空间狭小的意思。

⑦卜筑：择地建筑。

⑧庋（guǐ）：置放，收藏。

【作者简介】

黄体芳(1832—1899)，字漱兰，号莼隐，别署瘦楠、东瓯憨山老人，浙江瑞安人。同治进士，初授翰林院编修，后累官至内阁学士、江苏学政、兵部左侍郎。因频频上书言时政得失，纠弹大臣失职，与宝廷、张佩纶、张之洞并称“翰林四谏"。中日甲午战争中，为上书言事者手定奏章。光绪二十一年（1895），主讲金陵文正书院，旋即参加上海强学会。后创办江阴南菁书院。

南菁书院[①]记

体芳以光绪六年继仁和夏公[②]督学于江苏。八年竣事，奉恩命仍留，益恐恐焉，以仍久不效为惧。而所见人士之秀萌、而未（见，一作达）强[③]有其质而不能自立者，粲乎日营于吾之心中，于是谋就江阴建书院一区。

江阴在江苏四方为中，而书院附于学政[④]，为士之所归，循而嬗之可以久。体芳则以是告前总督左文襄公[⑤]，公欣然许，奏拨盐课[⑥]二万两，为束脩膏火之资。于是体芳与同官出资庀材[⑦]为庐，择县人曹君佳实董其事。经始八年九月，成于九年六月[⑧]。既成，乃取朱子[⑨]《子游祠堂记》所谓“南方之学，得其菁华”[⑩]者，命曰“南菁书院”。使来学者不忘其初，而袷祀[⑪]汉儒郑公[⑫]及朱子于后堂，使各学其所近，而不限以一先生之言。礼致训诂词章[⑬]兼通之儒以为之师，而征求各行省官刻书籍以庋[⑭]乎其中。于是既敕既周，檄下诸郡，各以其异等诸生四面来至。日有读书行事之记，月有经史杂著之课，每岁一甄别而进退之，以至于今三年矣。人才之兴，无非为国家者。先圣先贤诚知夫国家须才之事日新无穷，而不能尽有以待之。故惟是充其本原，而强乎其不可变之道，以待无穷之变。乃其所以层累结绢[⑮]以至于若此之伟者，亦莫善于读书。且古之人以弦歌之身，一旦出而绥天下[⑯]，彼非伟天者也。彼通乎一经，则存乎三代圣人之心；而操乎一艺，则忘乎天下众人之利。心圣人而忘利者，与夫谈谋略、崇机械[⑰]之人，为孰可冯焉？

今之事变，前代所未有，盖时务方兴而儒生左矣，要其所以不振，岂为攻乎夷狄者少哉，独少吾所谓儒人者耳。诸生生长是邦，熟睹乎乱败之由，而务为反经以求其实。要知从古圣人拨乱世反正之道，不能独穷于今兹，而本朝圣人经营之天下，事事足以万年，不能不归咎于儒术焉。

体芳且行矣，十年之后，庶有归唐之文、顾秦二王之书[18]，复兴于东南者乎？然使国家猝遇缓亟，则又有起于坛席之间，而瑰乎立盖世之功，如曾文正[19]、左文襄口（其）人者哉。君子以为天也，口（而）庶其有（存）焉者乎？非体芳之所逆睹[20]也已。光绪十一年九月，兵部左侍郎江苏学政瑞安黄体芳撰并书。句吴钱邦镗刊石。

【注释】

①南菁书院晚清著名书院之一，旧址在今江苏江阴市南菁高级中学。光绪八年（1882），江苏学政黄体芳所建。两江总督左宗棠奏拨长江水师京口、游击协镇两署故址及白银贰万两协办书院，江阴为清代江苏学政驻地，因此书院命名取朱熹名言“南方之学，得其菁华”之意。学生不仅学习中国古代经史辞章，也兼习现代天文、算学等学科，因此南菁书院也是晚清民初人才的摇篮。

②仁和夏公：即上一任江苏学政夏同善。夏同善（1831—1880），字子松，浙江仁和人。咸丰六年(1856）进士及第，选为庶吉士。同治六年(1867），升为少詹事。同治十年(1871）任兵部右侍郎。光绪四年（1878），任江苏学政。

③秀萌而未达强：用树才发芽而未能自立来比喻南菁书院还在起步阶段。

④学政：学政，全称“提督学政”，亦称“督学使者”，俗称“学台”。学政是清代地方文化教育行政官。清初沿明制，设提学御史、提学道。雍正四年（1726）易此名。每省一人，由朝廷在侍郎、京堂、翰林、科道、部属等官进士出身者中简派。掌全省学校政令和岁、科两试。按期巡历所属各府、厅、州，察师儒优劣，生员勤惰。凡有兴革，会总督、巡抚行之。位在巡抚与布政使、按察使之间，三年一任，任内各带原品衔。其办事衙门称“提督学院”。光绪三十二年（1906）改为提学使。

⑤左文襄公：左宗棠（1812—1885），汉族，字季高，一字朴存，

号湘上农人。湖南湘阴人。晚清政治家、军事家、民族英雄，洋务派代表人物之一，与曾国藩等人并称“晚清中兴四大名臣”。光绪十一年（1885）在福州病逝，享年73岁。清廷追赠太傅，谥号“文襄”，本文写就于左公受谥后，因称左文襄。

⑥奏拨盐课：盐课就是盐税。左宗棠上奏朝廷，请求调拨盐税作为南菁书院建校之资。

⑦出资庀材：出钱购买备齐材料。多指建筑材料。

⑧经始八年九月，成于九年六月：即农历1882年9月至1883年6月。

⑨朱子：朱熹（1130—1200），字元晦，又字仲晦，号晦庵，晚称晦翁，谥文，世称朱文公。祖籍徽州府婺源县（今江西省婺源），出生于南剑州尤溪（今属福建省尤溪县）。宋朝著名的理学家、思想家、哲学家、教育家、诗人，闽学派的代表人物，儒学集大成者，世尊称为朱子。

⑩“南方之学，得其菁华”：语出《北史·儒林传上·序》：“南人约简，得其英华。北学深芜，穷其枝叶。考其终始，要其会归，其立身成名，殊方同致矣。”

⑪祫祀：古代天子或诸侯把远近祖先的神主集合在太庙里进行祭祀。

⑫汉儒郑公：郑玄（127—200），字康成。北海郡高密县（今山东省高密市）人。东汉末年儒家学者、经学大师。

⑬训诂词章：“训诂”，也叫“训故”。用通俗的语言解释词义叫“训”；用当代的话解释古代的语言叫“诂”。词章也作辞章，是指诗词文章等的总称或者指文章的修辞和写作技巧。

⑭庋：放器物的架子，引申为收藏，置放。

⑮层累结缉：层层积累形成。

⑯古之人以弦歌之身，一旦出而绥天下：古代的能人修炼自己的礼乐教化之身，一旦出世就能够使天下安定。

⑰谈谋略、崇机械：谈论治理国家的想法，推崇国家发展的器物。

⑱归唐之文、顾秦二王之书：归有光、唐顺之的文章；顾炎武（《日知录》《天下郡国利病书》《肇域志》《音学五书》《韵补正》《金石文字记》《亭林诗集》等）、秦蕙田（《五礼通考》）、王念孙（《广雅疏证》《读书杂志》）、王引之（《经传释词》《经义述闻》）的经世致用的书。

⑲曾文正：曾国藩（1811 - 1872），初名子城，字伯涵，号涤生。晚清政治家、军事家，洋务派代表人物之一，与左宗棠等人并称“晚清中兴四大名臣”。

⑳逆睹：逆睹，预知，预见。

【作者简介】

孙诒让：见 P184 页。

书《校集郑缉之〈永嘉郡记〉》前（节选）[①]

雁荡灵岳，雄峙南戒[②]。斤竹越岭[③]，盖知康乐之已窥；玉清伐材[④]，乃腾[⑤]沈括之妄说。而陋儒耳学[⑥]，竞相附和，即有疑难，未得折衷[⑦]。此记有云："乐城县三京亭，是祖送[⑧]行人之所。"其地即今之照胆是[⑨]也。斯则軷道[⑩]之所出，无殊九达之馗[⑪]。神秀蚤[⑫]彰，乃在六朝以上。梦溪之疏，不言可喻。

【注释】

①南朝郑缉之撰《永嘉郡记》，主要是记述浙南一带风土、物产。清孙诒让校集，并作此文。

②戒：同"界"，界限。

③斤竹越岭：越过斤竹岭。斤竹岭，雁荡山有斤竹岭，谢灵运有诗《从斤竹涧越岭溪行》。

④玉清伐材：沈括《梦溪笔谈》中记"雁荡山"，"祥符中，因造玉清宫，伐山取材，方有人见之，此时尚未有名。"

⑤腾，传、流传。作者认为，沈括的祥符（宋真宗年号）年间造玉清宫因为伐取木材才发现雁荡山的说法是错误的。

⑥耳学：指仅凭听闻所得。语出《文子·道德》："故上学以神听，中学以心听，下学以耳听。以耳听者学在皮肤，以心听者学在肌肉，以神听者学在骨髓。故听之不深，即知之不明。"

⑦折衷：取其中正。

⑧祖送：饯行，送行。

⑨照胆：雁荡山中一溪流名。

⑩軷道：山道。

⑪馗：同"逵"，大道。《尔雅·释宫》："六达谓之庄……九达

谓之逵。”

⑫蚤：通“早”。

温州建置沿革表引[①]

余缉《永嘉郡记》既毕，病明以来图经所载沿革表舛午[②]不足据也，乃以旬日之力重为一表，以附郑《记》之后，而叙其首曰：

温州在《禹贡》盖扬州荒服[③]之地，历夏殷周皆为瓯越。（夏为瓯，殷为沤，周为欧，实一字也，详见考证。）秦并天下，始著于职方之籍。然闽中一郡，不列三十六郡之内，则亦以僻远羁縻[④]之而已。

汉初，东瓯为东海王都。武帝时，东瓯内徙，遂虚其地。后遗民稍出，乃立为回浦县。其地跨今台、温、处三府，而县治则在今台州之黄岩，（陈者卿《嘉定赤城志》一，黄岩县繁昌乡有回浦里是也。全祖望[⑤]《鲒埼亭集》三十五，谓今奉化、象山之间有乡名回浦，盖汉之旧也。其说似不足据。）温处特附属焉。

东京之际，县并入鄞。厥后章安之立，复由回浦全境，温在其时，止得东瓯一乡。至顺帝永和中，析章安置永宁，此温为县治之始。其境虽北与台分，而西犹兼处。稽其全界，几方千里，而户仍不满万。（永宁户口，古籍无征。据《续汉百官志》县万户以上为令，不满为长。而《三国志》六十，有永宁长韩晏，贺齐，知之。）则其地广而民稀，犹不得与中原等也。

孙吴据有江左，温以永宁、罗阳两县，属于临海郡。至晋时东迁，乃析临海置水嘉郡，领县五（永宁、安固、乐成、横阳、松阳），而治永宁。盖至是，温始为郡矣。

六朝之季，阳并永宁、安固、乐成、横阳为永嘉一县，而省郡以属括州。唐武德初，于永嘉立东嘉州，领县四，此温自为州之始。后复废，入括州。至高宗上元二年，始立温州，盖自此以后历千二百余年以至于今，州名无所更革，州境亦无所分并焉。

间尝终其大略论之：回浦、章安之领东瓯郡，临海之领永宁县也，则附于今之台州。回浦之省入鄞也，附于今之宁波。松阳之隶于永嘉，永嘉之并入括州也，则与今之处州又互相属。至于唐、宋而后，军府递开；五代之初，县名多易，斯皆谈温故者所宜考镜[6]也。

旧图经所载沿革，虽有表有说，而踳驳[7]特甚。如秦则属闽中而兼列会稽，唐则有永嘉而复有永宁。若斯之类，不一而足。诒让弱冠观书，旁涉乙部，盖尝读史志，而知地志之不足据，读唐、宋以来舆地[8]专书，而知史志亦不无伪夺也。因博稽往籍，作为一表。援据诸书，则录于下方，谓之考证。用潜说友《咸淳临安志》例也。岐海之间，倘有为舆地之学者，其将有取于斯。

同治己巳[9]，书于撢[10]艺宧。

【注释】

①这篇文章简要叙述温州自古至清建置沿革及命名的由来。原载1937年6月编《蔘绥年刊》。

②舛午：有抵触、违背、差错。

③荒服：古“五服”之一。称离京师二千到二千五百里的边远地方，亦泛指边远地区。

④羁縻：笼络、控制的意思。

⑤全祖望：介绍见前。

⑥考镜：参证借鉴。

⑦踳驳：错乱、驳杂。踳，同“舛”，差错。

⑧舆地：土地。

⑨同治己巳：公元1869年。

⑩撢：探索。

新开学计馆[1]序

光绪乙未，东事[2]甫定，中国贤士大夫始矗[3]然有国威未振之惧。于是，京都及南洋皆有强学书局之举，而瑞安同人亦议于邑城卓忠毅[4]公祠开学计馆以教邑之子弟，皆以甄综术艺[5]，培养人材，导厥途辙[6]，以应时需，意甚盛也。夫时局之艰难，外变之环伺而沓至，斯天为之也。然人材之衰茶[7]，学艺之不讲，朝野之间，岌焉有不可终日之虑，则人事或不能无过矣。

瑞安褊[8]小，介浙闽之间，僻处海滨，于天下形势，不足为重轻。然储材兴学，以待国家之用，而出其绪余[9]以泽乡里，则凡践土食毛者皆与有责焉，固不容以僻远而自废也。

学计馆之开，专治算学，以为致用之本。盖古者小学六艺之一端，而造乎其微，则步天测地，制器治兵，厥用不穷。今西人所为挟其长以雄视五洲者，盖不外是。

吾乡自宋元迄明，惟忠毅精通历算，而未有传书。道咸而后，几山项先生、菊潭陈先生始研治宣城梅氏[10]之书，以通中西之要。迩来颖伟之士，又广涉代微积之学，以究其精眇[11]，盖彬彬盛矣。设馆以教，俾后生小子，有所津逮[12]，以启发其智慧，群萃以广其益，积久而通于神，则魁杰雄卓之材，或出于其间，尽人以胜天，而不以惰窳[13]堕其志气，斯固贤士大夫之所乐也。至于中材谨士，志域凡近[14]，理财习艺，以自殖其身家，则小试小效，固亦若操左契[15]，斯又无俟于扬榷[16]已！

光绪丙申三月。

【注释】

①学计馆：即瑞安学计馆，浙江早期新式学校之一。初名瑞安算学书院。清光绪二十二年二月（1896年4月），由孙诒让、黄绍箕等人创办，馆舍仿西方近代学校。聘请馆长、教习、助教3人。凡年在13—20岁、中文有一定基础，并有志于算学者、经考验合格，均可入学。首次招生30名，分甲乙两班，轮流到校听课。课程除笔算数学、代数备旨、三角数理外，还包括理化及国内外时事，以“致用”“应时需”为办学目的。1901年，与瑞安方言馆合并为官立瑞安普通学堂，设算学、中文、

西文3班，学额各30名。1904年底，因多数学生赴日本留学，遂停办。

②东事：应对日本的事情，这里指中日甲午战争。

③盻（xì）：悲伤。

④卓忠毅公：卓敬。

⑤甄综术艺：对各种学问和技艺进行综合分析，归纳鉴别。甄，审查、鉴别。综，综合、归纳。

⑥导厥途辙：引导他们走上通达的道路。

⑦茶（nié）：精神不振。

⑧褊：本意指衣服狭小，泛指狭小。

⑨绪余：抽丝后留在蚕茧上的残丝。借指事物之残余或主体之外所剩余者。

⑩宣城梅氏：指梅文鼎（1633—1721），字定九，号勿庵，宣州（今安徽省宣城）人。清初天文学家、数学家，为清代“历算第一名家”。

⑪眇：细小，微小。

⑫津逮：指由津渡而到达，比喻通过一定的途径而达到或得到的意思。

⑬窳（yǔ）：懒惰。

⑭凡近：才识平庸。

⑮操左契：这里是指与原来的设想相符合。左契，左券。券用竹木制成，中间刻横画，两边刻相同的文字，记财物的名称、数量等，劈为两片，左片就是左契，刻着负债人姓名，由债权人保存；右片叫右契，刻着债权人的姓名，由负债人保存。索物还物时，以两契相合为凭据。

⑯扬榷：扼要论述。

【作者简介】

胡玠（1851—1907）：字寿眉，一字介年，号桂樵，瑞安人。清同治四年（1865）举人。著有《脂雪轩诗钞》《清秘堂文抄》等。

东瓯沿革考①

东瓯古扬州之域也。分野居斗牛之间，置郡附吴越之后。唐虞三代，寥远难稽。春秋战国属于越，由越入楚并于秦，始置都县，遂为会稽郡及闽中地。盖其界连闽越，南属闽而北属越也。

汉兴，为东瓯国，闽君摇多功，其民便附，乃立为东海王，都东瓯。此见诸《史记》者，朱竹垞②《东瓯庙碑记》祖之，然其时尚未有专郡也。武帝时内徙，为回浦县，始专属会稽矣。后汉改为章安县，顺帝三年，分章安之东瓯郡，置永宁县，此置县之始也。

三国属吴，太平二年以会稽东部为临海郡，见《吴志》。东晋明帝元年折临海置永嘉郡，治永宁县，此置郡之始也。

宋、齐、梁、陈，因晋之旧，隋初废为处州。大业初，复为括苍，置永嘉郡。唐高祖五年于永嘉县置东嘉州，贞观初废。上元元年③始置温州，乃自为一郡，不相统摄，此温州得名之始也。

天宝初改为永嘉郡，乾元元年④，复曰温州，属浙江东道，统县四：曰永嘉、安固、横阳、乐成。五代时，归钱氏，石晋改静海军。宋仍曰温州，至道三年⑤以属两浙路，领县四，即今诸县名，唯无泰顺。度宗时，以潜邸升为瑞安府。元仍为温州路，惟永乐称县，瑞平称州耳。至明日温州府，专属浙江。景泰二年⑥，侍郎孙原贞奏添泰顺，则领县五矣。

国朝因之，雍正六年⑦李制军奏开玉环，附隶温州。此历朝沿革之可以按籍知者，今五县一厅，虽僻处海隅，而人物富庶，风俗清勤。夫亦国家长治久安之化，所谓无远弗局者乎？

【注释】

①这篇文章为温州历代地理行政沿革做出精要考证。

②朱竹垞：即朱彝尊。介绍见前。

③上元元年：公元 674 年。上元，唐高宗年号。

④乾元元年：即公元 758 年。

⑤至道三年：即公元 997 年。

⑥景泰二年：即公元 1451 年。

⑦雍正六年：即公元 1728 年。

【作者简介】

刘绍宽（1868—1942）：字次饶，晚号厚庄，平阳县白沙（今浙江省苍南县龙港镇白沙乡）人，晚清拔贡。教育家，方志学家和文史学家，兼精目录校雠之学。著有《厚庄诗文集》《厚庄诗文续集》等，主持编纂《民国平阳县志》。

记桥墩老人事[①]

老人李姓，平阳桥墩[②]人。少业商，薄积赀产[③]，六十而鳏[④]。有子四，皆娶妇生孙矣。老人尝五分其产，以四与子，而自取其一为日用资。食则轮值四家，诸孙来侍，即犒以钱。朝夕定省[⑤]，率有常赐。晨则置钱于篮，楬[⑥]书所市，悬之门外。量物价贵贱，道路远近，丰其值，任诸孙携以往。有献时新果物者，辄倍其售与之。于是诸孙男妇，咸勤服事，每过一家，则争迎于门，冬进炉、夏进扇，衣裳补缀，汤沐洗醎[⑦]，奔走惟恐后。有所指使，虽远弗惮也。老人卒年八十有四，子女孙媳辈八十有四人。至今乡人犹啧啧称其事云。

论曰：异哉！老人之以利役其家人也。门内熙熙，蔼然太和[⑧]，顾乃驱之以利。夫以利合者，利尽则疏，岂可垂为家法哉。然而世风浇薄，往往有高堂垂暮，疾痛饥寒而莫之或恤。老人之为此，所以求自存于薄俗，智谲而心亦苦哉。或曰：是术也，汉陆生已用之矣[⑨]。

【注释】

①本文为作者记录乡野人家贤能之事，足资教化。

②平阳桥墩：今苍南县桥墩镇。

③赀产：财产。赀，通“资”。

④鳏：无妻或丧妻。

⑤定省：子女早晚向亲长问安。

⑥楬：原为作标志用的小木桩，此处用作状语，即在小木牌上写上要买的物品。

⑦洗颒（huì）：洗脸。

⑧蔼然太和：蔼然，温和，和善貌。太和，和睦。

⑨汉陆生已用之矣：《史记·陆贾传》记载，陆贾“有五男，乃出所使越得囊中装，卖千金，分其子，子二百金”，叫他们从事生产，自己“安车驷马，从歌舞，鼓琴瑟，侍者十人，宝剑值百金“，一年中到每个儿子家三次，每次住十天，要美美地招待老父及侍从，如果在哪个儿子家中死去，一切东西便给那个儿子。陆贾为汉初著名政论家、外交家，著有《新语》。

【作者简介】

林昕：见P188页。

万罗狂客杂著自叙[1]

古无文也，记事而已。夏书浑浑，商书噩噩。示之准矣，文无古也，达意而已。《易》有韵语，《诗》咏民风。树之昀矣。然则世故尊曰古文者，何也？

曰："自有明来应制之文盛行，士子自束发[2]受书，舍此无所为文。而当时名公巨卿，抗论时事，作为文章，独来独往，其光明俊伟之概，与往古汉文先后辉映。故曰'古也'，夫岂不以不可为训。"

然则，桐城姚氏[3]，古文辞之纂非欤？

曰："姚氏为此有所甚好，有不得已。传曰：'先生尤喜亲刘海峰[4]，退辄肖其衣冠，谈笑且以为古文之襄七百余年。'此古文辞类纂所由集也。抑姚氏，固曰：'文无古今也，惟其当而已。'自世俗师儒，守其一不知其二。见有为序、记、箴、铭、状、述者，无问理法之当与否，辄目为古文。而世之博学，真能文者，顾鱼目混焉。甚有未读经史，茫然理法，而訾议短长者。"

呜呼！此所以不得不区之，曰："是为古文，是为时文。高揭旌旄，严立门限俾，无入室。而后，宇宙载道之文复出。而圣贤修辞之旨以明。"

昕闻斯言久矣，未敢作也。而平昔有记时事，与达吾意者，系兴会所致，心坎流出，不能埋没，闲为修饰之，凝练之，存其一二。署曰"杂著"。古欤，今欤？不敢僭[5]，亦不敢愿，吾以俟夫有识者论定焉。

光绪三十一年，岁次乙巳仲春月。万罗狂客自叙于温郡东门外神女尖山下福清观之小蓬莱。

【注释】

①选自《万罗狂客杂著》。

②束发：清朝以前汉族男孩十五岁时束发为髻，成童。

③桐城姚氏：即姚鼐（1732—1815），字姬传，一字梦谷，安庆府桐城（今安徽桐城）人。清代著名散文家，与方苞、刘大櫆并称为“桐城派三祖”。著有《惜抱轩文集》《文后集》《惜抱轩诗集》《九经说》《三传补注》《五七言今体诗钞》，辑成《古文辞类纂》75卷。

④刘海峰：即刘大櫆（1698—1780），字才甫，一字耕南，号海峰，安徽桐城人。姚鼐业师。著作有《文集》《诗集》《古文约选》《历朝诗约选》《论文偶记》，纂修《歙县志》。

⑤僭：超越本分。

【作者简介】

章太炎（1869—1936）：原名学乘，字枚叔，后易名为炳麟。因反清意识浓厚，慕顾绛（顾炎武）的为人行事而改名为绛，号太炎。世人常称之为“太炎先生”。早年又号“膏兰室主人”“刘子骏私淑弟子”等，后自认“民国遗民”。浙江余杭人。清末民初民主革命家、思想家、著名学者，研究范围涉及小学、历史、哲学、政治等，著述甚丰。今人整理有《章太炎全集》。

孙诒让传[①]

孙诒让，字仲容，浙江瑞安人也。父衣言，清太仆卿，性骨鲠，治永嘉之学。而诒让好六艺古文，父讽之曰：“孺子徒自苦，经师如戴圣、马融，不阻群盗为奸劫，则贼善人，宁治史志，足以经世致远。”诒让曰：“以人废言不可。且先汉诸黎献，风义皭然，经训之以徒举一二人僻衺者，史官如沈约、许敬宗，可尽师耶？”父乃授《周官经》[②]，其后为《正义》[③]，自此始。

年十二，中式丁卯科乡试[④]，援例得主事，从父宦于江宁。是时，德清戴望、海宁唐仁寿、仪征刘寿曾皆治朴学[⑤]，诒让与游，学益进。以为典莫备于六官，故疏《周礼》；行莫贤于墨翟，故次《墨子间诂》；文莫正于宗彝[⑥]，故作《古籀拾遗》。其它有《名原》《古籀余论》《契文[⑦]举例》《九旗古义述》《周书斠补》《尚书骈枝》《大戴礼记斠补》《六历甄微》《广韵姓氏刊误》《经迻》《札迻》《述林》。又述方志为《永嘉郡记》。

初，贾公彦《周礼疏》多隐略，世儒各往往傅以今文师说，而拘牵后郑义者，皆仇王肃，又糅杂齐、鲁间学。诒让一切依古文弹正，郊社禘祫则从郑，庙制昏期则从王，益宣究子春、少赣、仲师之学，发正郑、贾凡百余事。古今言《周礼》者，莫能先也。

墨子书多古字古言，《经》上、下尤难读，《备城门》以下诸篇，非审曲不能治。始，南海邹伯奇比次重差、旁要诸术，转相发明，文义犹诘诎不驯。诒让集众说，下以己意，神旨迥明，文可讽诵。自墨学废二千岁，儒术孤行，至是较著。诒让行亦大类墨氏，家居任恤[8]，所至兴学，与长吏楕柱[9]，虽众怨弗恤也。

自段玉裁明《说文》，其后小学[10]益密，然《说解》犹有难理者。又经典相承诸文字，少半缺略，材者欲以金石款识补苴，程瑶田、阮元、钱坫，往往考奇字，征阙文，不审形声，无以下笔。龚自珍治金文，盖缪体滋多于是矣。诒让初辨彝器情伪，摈北宋人所假名者，即部居形声不可知，辄置之；即可知，审其刻画，不跌毫厘，然后傅之六书。所定文字，皆檃栝就绳墨，古文由是大明。其《名原》未显于世。《札迻》者，方物王念孙《读书杂志》。每下一义，妥耶[11]宁极，淖入凑理，书少于《诸子平议》，校雠之勤，倍《诸子平议》。

诒让学术，盖笼有金榜、钱大昕、段玉裁、王念孙四家。其明大义，钩深穷高过之。晚年尝主温州师范学校，充浙江教育会长。清廷征主礼学馆，不起。年六十一，清光绪三十四年五月，病中风卒。

赞曰：叔世士大夫，狃[12]于外学，才得魄莫，视朴学若土梗。诒让治六艺，旁理墨氏，其精专足以摩[13]姬、汉，三百年绝等双矣。遭时不淑，用晦而明，若日将暮，则五色柳谷愈章，而学不能传弟子，勉为乡里起横舍，顾以裂余见称于世，悲夫！

【注释】

①章太炎与孙诒让颇有交谊，先生殁后，章氏以此文纪念师友，有人琴之感。

②周官经：即《周礼》。

③《正义》：即周礼正义》，是孙诒让一生用力最久最深的著作。据学者考证，他自同治十二年（1873）着手此书，到光绪二十五年（1899）才最后写定，历时共27年。

④乡试：是明、清时在各省省城和京城举行的科举考试。考中的称为“举人”，头名举人称“解元”。中了举人便具备了做官的资格。

⑤朴学：考据训诂之学。

⑥宗彝：宗庙用来祭祀的彝器。此指刻于青铜器上的文字。

⑦契文：甲骨文别称。

⑧任恤：谓诚信并给人以帮助同情。语出《周礼·地官·大司徒》："二曰六行：孝、友、睦、姻、任、恤。"郑玄注："任，信于友道。恤，振忧贫者。"

⑨楮柱：支撑、支持。

⑩小学：指研究文字、训诂、音韵的学问。古时小学先教"六书"，所以有这个名称。

⑪妥耶（tiē）：妥帖。

⑫狃：拘泥，因袭。

⑬靡：到。

【作者简介】

冒广生：见 P189 页。

愚溪游记[①]

出瑞安北城五里而近，阡陌逶迤，冈峦倚伏，争雄并秀，高与秋爽。其集云诸峰，林壑尤邃。径路通夫风云，阴阳迷夫向背，崖树错杂，经霜已红，野水参差，与天一碧。

乙未十月五日，朋侪见招，游兴斯发。川原渺其盱瞩[②]，风日助其妍美。山之左有愚溪书院，金君味斋、寄隈昆季[③]所筑也。老屋三椽，危楼百尺，结构幽旷，水木明瑟[④]。细草引夫仄径，野花开夫百时。疏篱隐隐，间以修竹；平沙浅浅，萦夫急湍。可以仰观俯察，左顾右盼。极嵚崎[⑤]于万状，叙觞咏于永夕。

由书院东行数百步，愈辟佳境。怪石历落，若虎豹之蹲踞；老树拳曲，状蛟龙之蜿蜒。其中尤多惊涛飞瀑，喷薄岩次。散珠玑之千尺，合琴筑而一响。云流有声，日照疑雪，信足以发皇耳目[⑥]，净涤聪明者矣。余与数子缘磴而上，栖鸟簌簌，疑为山贼；游鱼箷箷[⑦]，亦助水嬉。豁然长啸，继苏门之前尘；瞠乎二客，忆赤壁之赋语。何必丝竹管弦之盛，已极登临视听之疲。夫谢客[⑧]云亡，山灵秘响；西堂[⑨]梦冷，孤屿云封。松桂寥寂，谁为招隐之诗？猿鸟荒凉，如助湘妃之怨。世无游人几千年矣！

余教郡异于邱迟[⑩]，入洛同于二陆[⑪]，因缘泥雪[⑫]，流连光景，未知明年又在何处。结庐人境，靖节[⑬]所以赋诗；有田江水，东坡于焉设誓。蕴寄真赏，聊述斯文。

【注释】

①愚溪：在瑞安城北，发源于集云山。

②盱（xū）瞩：睁大眼睛看。

③昆季：兄弟。

④明瑟：莹净。郦道元《水经注·济水》："池上有客亭，左右楸桐，负日俯仰，目对鱼鸟，水木明瑟。"

⑤嵚（qīn）崎：险峻，不平。亦作嵚奇。

⑥发皇耳目：开阔视听，扩大见闻。语出战国楚国宋玉《风赋》："分决狐疑，发皇耳目。"

⑦簁簁（shāi shāi）：鱼跃的样子。

⑧谢客：即谢灵运，小名客儿，世称谢客。

⑨西堂：即西射堂，在永嘉（今鹿城），谢灵运曾在永嘉西堂作诗。下句"孤屿"指江心屿，也是谢灵运作诗之处。

⑩余教郡异于邱迟：我与邱迟的郡教不同。邱迟曾为永嘉太守，作《永嘉郡教》，批评永嘉人好闲游的性情。见本书。

⑪二陆，指陆机和陆云，俱为我国西晋时期著名文学家。晋武帝太康十年（公元 289 年），陆机和陆云来到京城洛阳拜访时任太常的著名学者张华，受到张华的看重，名气大振。

⑫泥雪：义同"雪泥"，意思是融化着雪水的泥土，比喻往事遗留的痕迹。出自苏轼《和子由渑池怀旧》："人生到处知何似，应似飞鸿踏雪泥。"

⑬靖节：即陶潜，字元亮，私谥靖节。其诗《饮酒》（其五）中有"结庐在人境"句。

【作者简介】

弘一法师（1880—1942）：原名李叔同，又名李息霜、李岸、李良，谱名文涛，幼名成蹊，学名广侯，字息霜，别号漱筒。著名音乐家、美术教育家、书法家、戏剧活动家，中国话剧的开拓者之一。他从日本留学归国后，担任过教师、编辑之职，后剃度为僧，法名演音，号弘一，晚号晚晴老人，后被人尊称为弘一法师。

庖人陈阿林往生传[①]

陈阿林，名修量，瑞安下林乡人。幼业烧瓦，后居城下寮[②]掌斋厨。

辛酉[③]三月，余来温城，始识阿林。面黄颧削，无福德相。入侍饮膳，常合掌致礼。食竟，撤盂皿，辄视余面，目久不瞬，如童骙[④]。见余食少，愀尔[⑤]改容，必穷其故。旧病肺、喘、咳嚏不已。然操作勤苦，无异常人。夕飧后，恒侍僧众诵《阿弥陀经》。持佛名号，吭声凄紧，惊绝同侣。

新岁十日，辍职。越二日，来寮，检取衣被，恋恋不忍去。适有佛事，须有助治，乃暂止焉。留滞数日，未尝言对。

十六日午，捧面一器入余室。著新絮袍，冠履襟带，仪观至伟，相顾而喜，且谓不复去矣。后闻人言，阿林是夕归家，居无何，宿疾转剧。

二月初七晨，属人沦汤，自濯巾沐浴已，卧床念佛，泊然而化。阅世三十有一。

赞曰：阿林治庖城寮，先后二年，非勤修净行者，然观其生死之际，脱焉无所累。人谓阿林愚，是其所以不可及也夫！

【注释】

①此为弘一法师为温州厨师所写纪念文。

②寮：小庙。

③辛酉：1921 年。

④童骙（sì）：年幼无知。

⑤愀尔：形容神色变得严肃或不愉快。

近现代

【作者简介】

刘景晨（1881—1960）：号贞晦，又字冠三，永嘉人。民国初年，被选为国会众议院候补议员，任缙云县知事等职。而后在上海为友人黄群校《敬乡楼丛书》，1949年后任温州区文管会主任。工诗善画，著有《题画绝句》《贞晦先生诗集》等。

敬乡楼图记[1]

瓯江之水，经永嘉县城北而入于海；孤屿双塔，在水中央。江之南岸，阛阓相连，竹木鱼盐成市。而背城以居，登楼望江北烟岚如临画图者，黄君溯初之敬乡楼也。余与黄君溯初[2]，两家比邻。溯初好藏书，尤喜搜集乡先哲遗籍，每有所得，辄庋[3]之楼中，楼之名，故曰“敬乡”也。

永嘉自唐宋以来，先哲遗书著录于《温州经籍志》者一千三百余家，溯初搜集之勤，积三十年，得书四百余种，其宋元明清仅存之椠本、诸藏书家传写未梓之书，有《经籍志》所未著录、有著录称已佚者，殆百数种，盖亦难矣！

自余与溯初，皆去其乡闾[4]，为远游，久而溯初思敬乡楼不能忘。其友武进汤涤、贵筑姚华、衡阳萧俊贤，皆为之图，以寄遐赏。比年以来，溯初为客海上，挈楼所藏书陈之寓邸。戊辰之岁，时维暮春，爰发秘珍，寿诸铅墨，校理之事，余效其劳，是为《敬乡楼丛书》第一辑。玄冬向尽，全帙告成，乃授兹图，委为述记。

昔吾乡藏书之家，称孙氏玉海楼最富，汇刻之帙，亦始于玉海楼之《永嘉丛书》，遗响可承；敬乡楼之书，既选印以传于世。余尝有言，书于其总目之后；而敬乡楼之图，新会梁启超，湘潭周大烈并有题记。余复何所云耶？

夫人生不过百年，壮而有四方之役，老则还乡，闭门读书，以遣余日，然后为快耳。十年之前，溯初方新其故居之楼，余尝登览，四壁琅函[⑤]，与山色江光相明丽，曾未几时，不戒于火，而藏书早移之海上，不为绛云之烬，亦云幸矣。今城西南松台山麓，溯初有别业数椽，地十数亩，杂植桃梅梨桔，美茂成林。余谓溯初宜辟其隙地，更筑一楼，海上藏书，尽反诸楼中，纵乡人之浏览，表章昔贤，嘉惠来学，其于敬乡，不愈大乎！别除雅室，自适起居，四时佳日，余将携酒过从，庶几少时同学之乐，可以复寻。此则余披览兹图，而不能无说也。

民国十有八年己巳三月，刘景晨记。

【注释】

①选自《蓼绥年刊》创刊号。敬乡楼为永嘉黄群（溯初）藏书楼。民国十八年（1929）诸名士为之图画，作者为之作记。记载其楼变迁，盛赞其收藏乡哲遗著之富，刻印《敬乡楼丛书》之功。敬乡楼藏书毁于抗日战火，唯部分古书及乡贤遗著已抢运回温，建国前夕赠归籀园图书馆收藏。此文为敬乡楼留下一段掌故。

②黄君溯初：黄溯初（1883—1945），原名冲，字旭初，后改名群，字溯初，温州郑楼人，近代实业家、教育家。

③庋：放置，保存。

④乡闬（bì）：乡里，故乡。

⑤琅函：书匣。

【作者简介】

林损（1890—1940）：字公铎，又字攻渎，瑞安人。光绪三十二年（1906）就读于广州两广方言学堂，曾任北大、东北大学教授。著有《政理古微》《永嘉学派述》等书。

叔苴阁主人自状[①]

癸酉上戊之夕，醵[②]饮市肆，行吟归寓，逻者严诘姓名、籍贯、履历、学业，率书答之。

林损，字公铎，浙江瑞安人也。幼失怙恃，姨母郑节孝抚翼之。六岁，使治经，钩深致远，不囿于物。十岁，操笔缀文，千言立就。老师宿学惊叹以为鬼工。治史，喜司马光、叶适、顾炎武、王夫之之书，顾不乐仕进，抵掌而谈王略，下士大笑之。治佛，善解《楞严》。于老庄尤有宿悟，然每归本于《周易》，不肯夺于众也。以贫故，十五岁辄就平阳乡校，号童子师。（而所谓童子，或发须白有子，且有孙者。）继为北京大学教授，绵历二纪，则损年四十三矣。

昔王通[③]束发授书，孝逸[④]白首北面，同符异代，损无忝焉。宾筵雅集，论道七箸之间，枢机[⑤]乍发，朋俦辟易，皆徐徐引去，既醉既饱，行吟而归，俯仰宇宙，形影只立。偶忆屈平《卜居》《渔父》之篇，恒开卷以自伤云。

系曰：性刚忤物，情挚传经。醉多逸致，悲极一醒。戒蔡卫之，借箸议兵。古人谁与，人莫能名。

【注释】

①选自《林损手稿》。此文是作者自白。行文简洁，然其一生学术精神，跃如纸上。

②醵（jù）：凑钱喝酒。

③王通：字仲淹，道号文中子，河东郡龙门县通化镇人，隋朝著名儒家、思想家。

④孝逸：李孝逸，陇西成纪（今甘肃秦安）人，唐高祖李渊的堂侄，

唐朝宗室、将领。李孝逸聪明好学，善作文章。曾两度率军抵御吐蕃军队的侵犯，深受武则天的亲遇。因此招致武承嗣等人的忌恨陷害，武使人诬告李孝逸谋反，后被削除名籍，流放儋州。不久，李孝逸在儋州去世。

⑤枢机：《易·系辞上》："言行，君子之枢机。"后因以"枢机"喻言语。

【作者简介】

马公愚（1894—1969），名范，字公愚，号冷翁，永嘉人。幼年随父学习诗文、书法，后在浙江高等师范学堂读书时，得张宗祥指导，获益良多。长期从事教育工作，早年曾创办启明女学，1915年组织东瓯美术会，1930年偕兄马孟容等创办中国文艺学院。历任上海美术专科学校、上海大夏大学教授。后受聘为上海中国画院画师。擅长书法、篆刻，亦能作画，素有“艺苑全才”之誉。著有《书法讲话》《书法史》《公愚印谱》《畊石簃杂著》等。

《豫堂印草》序

印之制，发源至古，递嬗及汉而大盛，作印必宗汉，犹书之于晋，诗之于唐也。然古印多取材金玉，篆与刻为二事，作篆者虽槃槃名家，而范铸刓凿之劳，辄假手工匠，故士林罕以刻印称者。降至元明间，有华乳石之制，石之性脆，易受刃，随意之所至而臻妙，属文之士，每好此寄兴，于是印人辈出，惟文胜则质缺，人不稽古，臆造自眩，新奇相竞，刻虽工而篆则悖，印之义晦矣。有清一代，金石之学大昌，篆刻乃入于正，而以浙皖二宗为归。会稽赵悲庵，独熔冶众长，自辟新境，所作最为雅驯，而学步颇不易。钱子君匋，治印有年，用力勤，求其似悲庵者，尽得其精髓，积稿既富，将集拓以质当世，问序于余，余素重悲庵，喜君匋之能择善而师也，异于今之闭门造车自矜创获者流。尝谓篆刻虽小道，非天资人事兼臻不能工，徒抱旧谱，不足以语大，必精研篆籀，饱览金石器物文字，以简练之，贯通之，合古而不泥，翻新而自卓，庶锲而应手，恢乎有余刃，悲庵之胜人处，盖在于此。君匋治印，既神似悲庵矣，再进而师其所师，则并辔悲庵不难也。虽然，君匋恂恂者，多能事，书画、文学、音律靡不长，他日又岂第以印人传耶！爰乐而为之序。

（《古今》第39期1944年1月6日）

【作者简介】

高觉敷（1896—1993），男，原名卓，字觉敷，以字行。浙江温州人。长期从事心理学教育和心理学的研究，尤专心于心理学史的研究。被称为中国当代心理学大师。

《变态心理学派别》[1]序

本不善作序，从来也没有代人家作序，此次总算破例了。孟实[2]先生著《变态心理学派别》，所以要我作序者，盖亦有故。他在学问上的兴趣是多方面的；对于文学、哲学、心理学、论理学都感到无上的兴趣，而于文学及心理学尤甚。记得他赴英留学的第一年，还常写信来说自己很犹豫，究竟舍心理学而专研文学呢，或竟舍文学而专研心理学呢？亚理斯多德式[3]的学者在现在是不可能的，于是孟实先生乃不得不有所舍。最近他已决定取文学而舍心理学，所以他说著了此书之后，将不再于心理学有所论列了。他以为我是他早年心理学方面的朋友，所以深承他的厚意，我便来作这一篇序。

孟实先生虽算是文学和心理学间的“跨党”分子，然而他在心理学上对国人的贡献，实超过于一般“像煞有介事”的专门家之上。譬如我们现在都知道弗洛伊德[4]，但是介绍弗洛伊德的学说的，算是他第一个。我们现在已习闻“行为主义”，但是介绍“行为主义”的，又是他第一个。我们现在已屡有人谈起考夫卡[5]和苛勒[6]，但是评述完形派心理学的，又是他第一个。读者只须查阅《留英学报》《东方杂志》及已停刊的《改造杂志》，便可证明孟实先生在心理学方面的努力了。

由他看来，心理学在现在还是一种意见分歧、莫衷一是的学科。各派学者都很有理由攻击他人的主张，可都没有理由掩护自己的缺点。因为这个缘故，所以他在心理学上是徘徊的，怀疑的，不轻易表示态度的(可参看他的关于完形派心理学的论文，登《东方杂志》)，也因为这个缘故，所以他对于心理学各派都予以相同的注意，不分厚薄。以“专家”自傲或自欺的学者，往往明于一家之说而昧于他家之说。所以先必有孟实先生的不偏不倚的态度，然后才够得上著《变态心理学派别》。此书对于变态心理学各派，可算是列举无余。虽说是漏脱 Dr. Rivers 和 McDongall 然而有了 Morton Prince 也就可以作他们的代表了。

我虽于心理学上主张“左倾”，然而对于孟实先生的不偏不倚的态度，却也表示十二分赞成。这几年来，颇想能著一 本《心理学派别》或类似的书，以便初学，可是惭愧的很，因忙于他种无聊的编辑的事，到现在还未曾动笔。读了孟实先生的书，因并用以自勖。是为序。

1929 年 5 月 24 日高觉敷序于杭州医院内

【注释】

①变态心理学：又称非正常心理学，属于心理学分支学科。

②孟实：朱光潜（1897—1986），字孟实，安徽省枞阳县人，现当代著名美学家、文艺理论家、教育家、翻译家。有《朱光潜全集》。

③亚里斯多德：今译作亚里士多德。亚里士多德（Aristotle 公元前 384—前 322），伟大的哲学家、科学家和教育家之一，堪称希腊哲学的集大成者。他是柏拉图的学生，亚历山大的老师。

④弗洛尹德：西格蒙德·弗洛伊德（Sigmund Freud，1856—1939），奥地利精神病医师、心理学家、精神分析学派创始人。代表作《梦的解析》。

⑤考夫卡：库尔特·考夫卡（Kurt Koffka，1886—1941），美籍德裔心理学家，格式塔心理学的代表人物之一。

著有《思维的成长：儿童心理学导论》《格式塔心理学原理》等。

⑥苛勒：沃尔夫冈·苛勒（Wolfgang Kohler，1887—1967），德裔美国心理学家，格式塔心理学派创始人之一，也是认知心理学、实验心理学、灵长类行为研究的先驱。

【作者简介】

朱自清（1898—1948）：原名自华，号实秋，后改名自清，字佩弦。原籍浙江绍兴，出生于江苏省东海县（今连云港市东海县平明镇），后随祖父、父亲定居扬州，自称“我是扬州人”。中国近代散文家、诗人、学者。著有《背影》《欧游杂记》《伦敦杂记》《你我》等。

绿①

我第二次到仙岩的时候，我惊诧于梅雨潭的绿了。

梅雨潭是一个瀑布潭。仙岩有三个瀑布，梅雨瀑最低。走到山边，便听见花花花花的声音；抬起头，镶在两条湿湿的黑边儿里的，一带白而发亮的水便呈现于眼前了。

我们先到梅雨亭。梅雨亭正对着那条瀑布；坐在亭边，不必仰头，便可见它的全体了。亭下深深的便是梅雨潭。这个亭踞在突出的一角的岩石上，上下都空空儿的，仿佛一只苍鹰展着翼翅浮在天宇中一般。三面都是山，像半个环儿拥着；人如在井底了。这是一个秋季的薄阴的天气。微微的云在我们顶上流着，岩面与草丛都从润湿中透出几分油油的绿意，而瀑布也似乎分外的响了。那瀑布从上面冲下，仿佛已被扯成大小的几绺，不复是一幅整齐而平滑的布。岩上有许多棱角，瀑流经过时，作急剧的撞击，便飞花碎玉般乱溅着了。那溅着的水花，晶莹而多芒，远望去，像一朵朵小小的白梅，微雨似的纷纷落着。据说，这就是梅雨潭之所以得名了。但我觉得像杨花，格外确切些。轻风起来时，点点随风飘散，那更是杨花了。——这时偶然有几点送入我们温暖的怀里，便倏地钻了进去，再也寻它不着。

梅雨潭闪闪的绿色招引着我们，我们开始追捉她那离合的神光了。揪着草，攀着乱石，小心探身下去，又鞠躬过了一个石穹门，便到了汪汪一碧的潭边了。瀑布在襟袖之间，但我的心中已没有瀑布了。我的心随潭水的绿而摇荡。那醉人的绿呀，仿佛一张极大极大的荷叶铺着，满是奇异的绿呀。我想张开两臂抱住她，但这是怎样一个妄想呀。——站在水边，望到那面，居然觉着有些远呢！这平铺着，厚积着的绿，着实可爱。她松松地皱缬着，像少妇拖着的裙幅；她轻轻的摆弄着，像跳动的初恋的处女的心；她滑滑的明亮着，像涂了“明油”一般，有鸡蛋清那样软，那样嫩，令人想着所曾触过的最嫩的皮肤；她又不杂些儿尘滓，宛然一块温润的碧玉，只清清的一色——但你却看不透她！我曾见过北京什刹海拂地的绿杨，脱不了鹅黄的底子，似乎太淡了。我又曾见过杭州虎跑寺旁高峻而深密的“绿壁”，重叠着无穷的碧草与绿叶的，那又似乎太浓了。其余呢，西湖的波太明了，秦淮河的又太暗了。可爱的，我将什么来比拟你呢？我怎么比拟得出呢？大约潭是很深的，故能蕴蓄着这样奇异的绿；仿佛蔚蓝的天融了一块在里面似的，这才这般的鲜润呀。——那醉人的绿呀！我若能裁你以为带，我将赠给那轻盈的舞女；她必能临风飘举了。我若能挹你以为眼，我将赠给那善歌的盲妹；她必明眸善睐了。我舍不得你，我怎舍得你呢？我用手拍着你，抚摩着你，如同一个十二三岁的小姑娘。我又掬你入口，便是吻着她了。我送你一个名字，我从此叫你“女儿绿”，好么？

我第二次到仙岩的时候，我不禁惊诧于梅雨潭的绿了。

2月8日，温州作。

【注释】

①本文及下篇《白水漈》均选自《朱自清全集·温州的踪迹》，写于1924年作者在温州浙江省立第十中学任教期间。

白水漈①

几个朋友伴我游白水漈。

这也是个瀑布；但是太薄了，又太细了。有时闪着些须的白光；等你定睛看去，却又没有——只剩一片飞烟而已。从前有所谓“雾縠②”，大概就是这样了。所以如此，全由于岩石中间突然空了一段；水到那里，无可凭依，凌虚飞下，便扯得又薄又细了。当那空处，最是奇迹。白光嬗[③]为飞烟，已是影子；有时却连影子也不见。有时微风过来，用纤手挽着那影子，它便袅袅的成了一个软弧；但她的手才松，它又像橡皮带儿似的，立刻服服帖帖的缩回来了。我所以猜疑，或者另有双不可知的巧手，要将这些影子织成一个幻网。——微风想夺了她的，她怎么肯呢？

幻网里也许织着诱惑；我的依恋便是个老大的证据。

3 月 16 日，宁波作。

【注释】

①白水漈：在瓯江北岸的永嘉县瓯北。

②縠：有皱纹的纱。

③嬗：蜕变。

【作者简介】

周予同(1898—1981),原名毓懋,学名蘧,字予同、豫桐,笔名天行,瑞安人。瑞安中学毕业后,1916年以第一名考取北京高等师范学校(北京师范大学前身)。1921年,任上海商务印书馆国文部,后任《教育》杂志社主编,并在上海大学任教。后任复旦大学历史系主任、副教务长,后历任华东军政委员会文教委员会委员、上海市文教委员会副主任、上海历史研究所副所长、民盟上海市委副主任、上海市政协委员、上海市人民代表大会代表、上海市文史馆馆务委员、上海市人民委员会委员等职。1959年起,担任中国经学史课,指导研究生撰写论文,并兼任《辞海》副主编、委员兼分科主编,负责主编经学史部分。1961年,任大学教材《中国历史文选》主编,编成上下两册。生平著作还有《孔子》《朱熹》《群经概论》《教材之研究》(与人合著)《中国现代教育史》《中国学校制度》等,主编有《中国历史文选》《开明初中本国史》《开明新编国文课本》(与叶圣陶等合编)等。

对于普通中学国文课程与教材的建议(节选)

我以为关于中学国文教授方面,有两件事是很重要的,现在附在下面。

一、造就师资 自国语运动与文学革命发生以来,国文教师起了一个大变动。从前在中学校担任国文的大半是老先生们,现在居然有许多少年们在讲台上出现了。从前高师国文部的毕业生差不多是销不动的呆货,现在偏远的地方居然想聘请也没有人了。但是我们仔细考察一下,老先生们固逐渐的被淘汰了,现在少年们的国文教师都能够称职吗?这个问题,我想谁也不敢武断说一个"是"字。所以国文教师,就实际上说,很有缺乏的现象。不过我觉得现在高师造就中学国文教师的办法很有些缺点。A.国内几个高师每每将国文和史地并在一部。我觉得四年功夫研究国文已经只是一些普通的常识,怎么能够同时去研究这古今中外的史地呢?我以为博而不精,不如精而不博;所以国文和史地应该分为两部，以造就真正的中学国文教师。B. 国文部的科目不能仅偏于国故方面，如文学概论、西洋文学史、现代文学，应该也有研究的必要。C. 国文部的学生不能仅知道国文，对于外国话至少应该有一种以上能够直接看书，以便了解国外文学的趋势。

二、编辑书籍现在最适合给中学生读的国文书籍太缺乏了。教科书既然缺乏，而课外的书更饥荒得了不得。我觉得胡适之先生的主张，说看二十部以上五十部以下的白话小说，自修的古文书如《资治通鉴》《四史》《孟子》《墨子》《荀子》《韩非子》《淮南》《论衡》《诗经》，陶潜、杜甫、王安石、陈同甫的集都要看，这不但是时间上办不到；就是办到，方法也似乎太笨。我以为在教科书方面，如国语文选本、文言文选本、国语法、国文法、修辞要略，现在都应当赶紧着手编辑。在参考书方面，如词典、文学家传略、文章体制（自名词的界说一直到章篇的利病）、虚字详解（当沟通国语文言而求其根源）等，都非由国内学术有根底、思想有条理的学者去编辑不可，决不能让书贾在剪刀浆糊上用一二月的功夫去投机。在课外阅书方面，我以为应该先有一部国故书目提要，将重要书和它的内容、价值、版本一一加以详细的说明；然后将中学生应该读的书一部一部的用科学方法来整理。举一个例来说明罢。譬如《墨子》，当然要采用孙诒让《墨子校话》本，先作一个墨子的传略，采汪中、孙诒让、胡适诸说，再加以考正；次将墨子的学说依科学的分类，如分宗教、政治，伦理、经济、论理等，不妨颠倒他篇目的序次，使易于了解。至于《亲士》等伪证各篇和《备城门》等军事各篇，简直可以删去。又《墨子》每篇有上中下而文章大略相同，我们为经济起见，也不必全选，选其中最好的一篇，以见他的主义就可以了。再次录诸家评论墨子的言论；次序录墨学的传授；次说明墨学衰亡的原因；次序明后儒治墨学的著作；次评论各著作的优劣。一切措辞当依中学生的程度，以明显简洁而主。对于本文，施以标点分段，再加以简明的注释。我想这种办法不是比拿一部石印毕校《墨子》在那旁死读经济的多吗？这事不仅为中学生设想；为整理国故计，我以为似乎也应该如此。

一九二〇，十，二四，上海

【作者简介】

郑振铎（1898—1958），字西谛，笔名有郭源新、落雪、西谛等，出生于温州，原籍福建长乐。中国现代杰出的爱国主义者和社会活动家、作家、诗人、学者、文学评论家、文学史家、翻译家、艺术史家，也是著名的收藏家、训诂家。1919年参加五四运动并开始发表作品。1932年，他的《插图本中国文学史》出版。 1949年任全国文联福利部部长，全国文协研究部长，人民政协文教组长，中央文化部文物局长，民间文学研究室副主任，中国科学院考古研究所所长，文化部副部长。全国政协委员，全国文联全委、主席团委员，全国文协常委，中国作家协会理事。1952年加入中国作家协会。1957年，出版《中国文学研究》。

记黄小泉先生

我永远不能忘记了黄小泉先生，他是那样的和蔼、忠厚、热心、善诱。受过他教诲的学生们没有一个能够忘记他。

他并不是一位出奇的人物，他没有赫赫之名；他不曾留下什么有名的著作，他不曾建立下什么令年轻人眉飞色舞的功勋。他只是一位小学教员，一位最没有野心的忠实的小学教员，他一生以教人为职业，他教导出不少位的很好的学生。他们都跑出他的前面，跟着时代上去，或被时代拖了走去。但他留在那里，永远的继续的在教诲，在勤勤恳恳的做他的本份的事业。他做了五年，做了十年，做了二十年的小学教员，心无旁骛，志不他迁，直到他儿子炎甫承继了他的事业之后，他方才歇下他的担子，去从事一件比较轻松些、舒服些的工作。

他是一位最好的公民。他尽了他所应尽的最大的责任；不曾一天躲过懒，不曾想到过变更他的途程。———虽然在这二十年间尽有别的机会给他向比较轻松些、舒服些的路上走去。他只是不息不倦的教诲着，教诲着，教诲着。小学校便是他的家庭之外的唯一的工作与游息之所。

他没有任何不良的嗜好，连烟酒也都不入口。

有一位工人出身的厂主，在他从绑票匪的铁腕之下脱逃出来的时候，有人问他道：“你为什么会不顾生死的脱逃出来呢？”他答道：“我知道我会得救。我生平不曾做过一件亏心的事，从工厂出来便到礼拜堂，从家里出来便到工厂。我知道上帝会保佑我的。”

小泉先生的工厂，便是他的学校，而他的礼拜堂也便是他的学校。他是确确实实的不曾到过第三个地方去；从家里出来便到学校，从学校出来便到家里。

他在家里是一位最好的父亲。他当然不是一位公子少爷，他父亲不曾为他留下多少遗产，也许只有一所三四间搭的瓦房－我已经记不清了，说不定这所瓦房还是租来的。他的薪水的收入是很微小的，但他的家庭生活很快活。他的儿子炎甫从少是在他的“父亲兼任教师”的教育之下长大的。炎甫进了中学，可以自力研究了，他才放手。但到了炎甫在中学毕业之后，却因为经济的困难，没有希望升学，只好也在家乡做着小学教员。炎甫的收入极小，他的帮助当然是不多。这几十年间，他们的一家，这样的在不充裕的生活中度过。但他们很快活。父子之间，老是像朋友似的在讨论着什么，在互相帮助着什么。炎甫结了婚，他的妻是我少时候很熟悉的一位游伴，她在他们家里觉得很舒服，他们从不曾有过什么不愉快的争执。

小泉先生在学校里，对于一般小学生的态度，也便是像对待他自己的儿子炎甫一样；不当他们是被教诲的学生们，不以他们为知识不充足的小人们；他只当他们是朋友，最密切亲近的朋友。他极善诱导启发，出之以至诚，发之于心坎。我从不曾看见他对于小学生有过疾言厉色的责备。有什么学生犯下了过错，他总是和蔼的在劝告，在絮谈，在闲话。没有一个学生怕他，但没有一个学生不敬爱他。

他做了二十年的高等小学校的教员、校长。他自己原是科举出身，对于新式的教育却努力的不断的在学习，在研究，在讨论。在内地，看报的人很少，读杂志的人更少；我记得他却订阅了一份《教育杂志》，这当然给他以不少的新的资料与教导法。

他是一位教国文的教师。所谓国文，本来是最难教授的东西；清末到民国六七年间的高等小学的国文，尤其是困难中之困难。不能放弃了旧的《四书》《五经》，同时又必须应用到新的教科书。教高小学生以《左传》《孟子》《古文观止》之类是“对牛弹琴”之举，但小泉先生却能给我们以新鲜的材料。

我在别一个小学校里，国文教员拖长了声音，板正了脸孔，教我读《古文观止》。我至今还恨这部无聊的选本！但小泉先生教我念《左传》，他用的是新的方法，我却很感到趣味。仿佛是到了高小的第二年，我才跟从了小泉先生念书，我第一次有了一位不可怕而可爱的先生。这对于我爱读书的癖性的养成是很有关系的。高小毕业后，预备考中学。曾和炎甫等几个同学，在一所庙宇里补习国文、教员也便是小泉先生。在那时候，我的国文，进步得最快。我第一次学习着作文。我永远不能忘记了那时候的快乐的生活。到进了中学校，那国文教师又在板正了脸孔，拖长了声音在念《古文观止》！求小泉那个时代那么活泼善诱的国文教师是终于不可得了！所以，受教的日子虽不很多，但我永远不能忘记了他。

他和我家有世谊，我和炎甫又是很好的同学，所以，虽离开了他的学校，他还不断的在教诲我。假如我对于文章有什么一得之见的话，小泉先生便是我的真正的"启蒙先生”、真正的指导者。我永远不能忘记了他，永远不能忘记了他的和蔼、忠厚、热心、善诱的态度——虽然离开了他已经有十几年，而现在是永不能有再见到他的机会了。但他的声音笑貌在我还鲜明如昨日！

（1934年7月9日）

【作者简介】

夏鼐（1910—1985），字作铭，浙江温州人，考古学家、社会活动家，新中国考古工作的主要指导者和组织者，中国现代考古学的奠基人之一，中国科学院院士。清华大学历史系毕业。1941年回国后先后任职于中央博物院筹备处、中央研究院历史语言研究所。1950—1982年任中国科学院考古研究所（1977年改属中国社会科学院）副所长、所长。1982年任中国社会科学院副院长兼考古研究所名誉所长。次年兼任国家文物委员会主任委员。是中国考古学会第一、二届理事会理事长。夏鼐也是中国科学院哲学社会科学部委员，国务院学位委员会委员，国家文物委员会主任委员。获英国学术院、德意志考古研究所、美国全国科学院等七个外国最高学术机构颁发的荣誉称号，人称“七国院士”。

九山乡梦绕师门

我童年和少年的岁月，是在故乡温州度过的。五十四年前，我在当时名为浙江省立第十中学的初中部毕业后，便离开了故乡外出读书；接着在异地工作，很少回家。因之，常有“年年跃马长安市，客舍如家家如寄”之感。1952年移家北京后，只在1956年还乡一次，到现今已经二十多年了。但是故乡景物和生活往事，常涌现在我眼前，也多次在梦里复现，仿佛回到了故乡。

我梦见次数最多的是温州城内的九山一带。这不仅由于这里风景优美，而且更由于这里常使我回想起一桩往事。那是1924年的夏间，我在十中附小，正是念旧制春季高小第三册的小学生，还差半年才好毕业。当时学制变改，允许跳过半年考初中。这样，要加一－把劲儿，我和同班级同学金志庄在一起，时常跑到九山旁边的城墙下去温书。我们温书过久时，脑袋有点累了，便一起散步，爬到城墙上休憩片刻，再坐下来温书。在这里，可以俯瞰九山河和城内毗连的瓦房；向郊外看，可眺望到郊区一片稻田，点缀着几处村庄，青山绿水，景物宜人。傍晚时候，凉风习习，高处越发凉快。在暮色苍茫中万家灯火亮起来的时候，我们才从城墙上走下来回家。

在考期临近前，有一次，志庄忽然对我说，他不去投考了。我听了后不胜惊讶。原来是在这一年暑假里，他父亲金嵘轩先生受任十中校长，不让他报名投考。志庄说他父亲认为大部分应届毕业生落第，而还未毕业的校长的儿子如果居然考上了，人家将怀疑有私弊，会引起闲议。我听后默默无语。那一年投考十中初中部的有八百多人，只录取一百名。我侥幸考上了。志庄曾说，他如果应试，很有把握可以录取。但他不会后悔，也不埋怨父亲。第二年，他毕业后才去投考，晚了一年进初中。

志庄的话是可信的。他在初中毕业后，赴日本鹿儿岛读第七高等学校，成绩优良，常名列前茅。日本九州帝国大学招生考试，他考上了，而且名列第四，攻读医学，造诣很深。志庄不幸于1976年10月病故。回首当年九山共同读书的往事，使我悼念不已。

温州城墙是早已被拆掉了，但这件事在我的心中印象很深，历五十多年并没有把它冲淡。最近几年，我每听到或读到关于高校考试中开后门的丑事，便会联想起金嵘轩校长这件故事。他的感人的事迹，当然不止这一件。那年温州市为金先生开追悼会，我由北京寄去一副挽联：

绛帐追思，春草池塘犹昨梦；

素帷遥莫，燕山瓯水共含悲。

十年浩劫中，温州社会的良善风气听说遭到了很大破坏，又传闻九山河也遭到一些污染。但是在我的梦中，故乡仍然是那样美好，九山河仍然是那样波平如镜，清澈见底。

【注释】

本文是夏鼐于1985年1月写作《九山乡梦师门》节选，后被《中国教育报》转载。见于社会科学文献出版社2017年5月所版《夏鼐文集》第五册。

【作者简介】

琦君：见 P207 页。

故乡的婚礼①

我故乡风俗淳厚，生活简朴。只有在结婚典礼上，仪式的隆重，排场的讲究，真是和过新年一般无二。无论穷家富户，平时省吃俭用，遇到嫁女儿，娶儿媳妇，那就有多少，花多少，一点也不心疼。

嫁女儿当晚的酒席，称作“请辞嫁”。是做女儿的最后一顿在娘家吃饭。所以酒菜非常丰富，而且有一道菜必定是母亲亲手做的。（事实上，乡下人家的饭菜，都是母亲做的，只是办喜事的日子，忙不过来，才请短工帮忙。）做母亲的为女儿做这道菜，一边抹眼泪，一边嘴里念念有词，说的都是“早生贵子”，“五世其昌”等的吉利话。最后把一对用红绿丝线扎的生花生和几粒红枣、桂圆放在盘边，祝福女儿早生贵子。做着做着，一滴滴泪珠儿都落在那碟菜里，真是咸咸甜甜。做女儿的，还没吃到嘴里，泪珠儿也滴落下来了。在那个时代，我故乡的女孩子，十六、十七岁就是出嫁的年龄，离开母亲，到一个陌生人家对一个陌生妇人喊妈妈，当然是非常伤心，也非常害怕的，所以母女二人的眼泪就流个没完。有支歌儿是这样唱的：“妈妈呀，今夜和你共被单，明天和你隔重山。左条岭，右条岭，条条山岭透天顶哟。妈妈呀，娘边的女儿骨边的肉，您怎么舍得这块肉啊！”

新娘子打扮定当②，被伴娘扶到喜筵的首席上。这一晚，她是贵宾，父母都得坐在两旁次席相陪。伴娘坐在新娘旁边，每上一道菜，伴娘都得高唱：“请吹打先生③奏乐。新娘举筷啦！”举酒杯时也一样要喊。其实新娘心里悲悲切切，根本吃不下。快乐的是满桌的少女陪客，真是得吃得喝。尤其快乐的是伴娘，她从缎袄里取出个大口袋，把所有不带汤汤卤卤的菜全装进去，带回家可以吃好几天了。我家乡酒席最讲究的是八盘八，其次是八盘五。四周八样冷盘，四角是山楂糕、炀熟的虾或蛤子、剥开的橘子、油炸甜点心，另四样是白切肉、猪肝、鳗鱼鲞、笋片，中间八道或五道熟菜，最后一道一定是莲子红枣汤。家家如此，千篇一律，却是百吃不厌。客人们埋头吃菜，新娘子低头淌眼泪。伴娘说这叫作“多子多孙的风流泪”，是一定得流的。

辞嫁时，新娘穿的不是凤冠霞帔，而是像戏台上演貂蝉、红娘那种打扮。因为那是少女装。一嫁到夫家，脱下凤冠霞帔以后，就得穿短袄长裙的少妇装了。

新娘上花轿由弟弟妹妹或子侄扶进轿门。花轿一出大门，立刻把大门关上，要把风水关住，不要让新娘带走。妈妈再疼女儿，风水门仍旧不能不关。这真是：“嫁出去的女儿，泼出去的水。”

娶儿媳妇的喜宴叫作“坐筵”。一坐起码两小时，这是为了要训练新娘子的忍耐心。花轿进了门，先在大厅里停上足足一小时，堂上高烧起红烛。然后新郎才开始理发、洗澡、换新衣。让新娘闷在花轿中苦等，也是为了要训练她的忍耐心。这段时间，孩子们都纷纷从花轿缝中伸手进去向新娘讨喜果，新娘的喜果必须准备得很丰富。给的时候，红枣、桂圆，每样起码得有一粒，否则人家就会讥讽新娘“小气鬼”。

坐筵的酒席也非常丰富，被请做“坐筵”客的一半是长辈，一半是年轻姑娘，姑娘必须长得十分标致。年龄十五六岁左右，已经订了亲，在半年内就要做新娘的最合适。我当时才十一二岁，长得明明是个塌鼻子斗鸡眼的丑小鸭，但因为是妈妈的独生女，她每次总是带我同去做“坐筵”席上的小贵宾。

我看其他姑娘们穿的最时髦的五彩闪花缎（在当年，闪花缎是一种最名贵的缎）。乌亮的辫子，扎上两寸长嵌金银丝的桃红或绿水丝线。有的两耳边盘两个髻，戴上珠翠，衣扣缀的是小电珠泡，电池放在口袋里，用手控制，一闪一闪的，看得我好羡慕。因为我的妈妈非常俭省，给我穿的是一件不发光的紫红铁机缎单旗袍，不镶不滚，那是她的嫁衣改的。改得又长又大，套在旧棉袍外面，像苍蝇套在豆壳儿里，硬邦邦稀里晃浪的，看去就是个十足的傻丫头。妈妈还说：“铁机缎坚实。软扒扒的闪花缎哪比得上呢？”另外，妈妈又给我戴上一顶紫红色法兰西绒帽，是爸爸托人从北平带回来的。妈妈得意地说：“刚好配上，再漂亮也没有了。”可是我没有闪光的丝带扎辫子，胸前没有珠花。我说法兰西帽子应当歪戴，妈妈说歪戴帽子不像个大家闺秀，要我把帽子端端正正顶在头上，我心里好委屈。可是无论如何，能够有资格“坐筵”，总是体面的。

在座筵席上，新娘是不能动筷子的，说实在话，新娘刚刚到一个陌生家庭，眼泪得忍着，不能像在娘家时可以撒开的流，那里还吃得下东西呢？陪新娘的姑娘们也不能多吃，尤其是两三个月内就要做新娘的，更得做出斯斯文文的样子，以免婆家亲友看了笑话。

拜堂当然也是一项重要节目，新郎新娘拜完天地、祖先、公婆以后，就要拜见长亲、宾客。一位位被司仪请了上去，新人双双跪拜，平辈的就是鞠躬。这个拜见礼，也足足要折腾上两小时，大厅外天井里热着柴火，愈旺愈好。鞭炮声此起彼落。礼堂上是雪亮如白昼的煤气灯。乐队不断地吹打各种喜乐。每个人脸上都笑得跟盛开的牡丹花似的，到处喜气洋洋。

父亲从北平回来以后，给我带回一件白缎绣紫红梅花的长旗袍。我穿了去参加喜宴，每个人的眼光都向我投来，我心里好得意。直到如今，我仍不胜怀念那件软缎的梅花旗袍，但我更怀念母亲用嫁衣改的紫红铁机缎罩袍，和那顶法兰西帽子。因为，那套行头，正象征我又憨又傻的童年，尤足以纪念节俭简朴的母亲。

【注释】

①选自《三更有梦书当枕》。

②定当：完毕，方言。

③吹打先生：温州方言，乐队。

髻①

母亲年轻的时候，一把青丝梳一条又粗又长的辫子，白天盘成了一个螺丝似的尖髻儿，高高地翘起在后脑，晚上就放下来挂在背后。我睡觉时挨着母亲的肩膀，手指头绕着她的长发梢玩儿，双妹牌生发油的香气混着油垢味直薰我的鼻子。有点儿难闻，却有一份母亲陪伴着我的安全感，我就呼呼地睡着了。

每年的七月初七，母亲才痛痛快快地洗一次头。乡下人的规矩，平常日子可不能洗头。如洗了头，脏水流到阴间，阎王要把它储存起来，等你死以后去喝，只有七月初七洗的头，脏水才流向东海去。所以一到七月七，家家户户的女人都要有一大半天披头散发。有的女人披着头发美得跟葡萄仙子一样，有的却像丑八怪。比如我的五叔婆吧，她既矮小又干瘪，头发掉了一大半，却用墨炭画出一个四四方方的额角，又把树皮似的头顶全抹黑了。洗过头以后，墨炭全没有了，亮著半个光秃秃的头顶，只剩后脑勺一小撮头发，飘在背上，在厨房里摇来晃去帮我母亲做饭，我连看都不敢冲她看一眼。可是母亲乌油油的柔发却像一匹缎子似的垂在肩头，微风吹来，一绺绺的短发不时拂着她白嫩的面颊。她眯起眼睛，用手背拢一下，一会儿又飘过来了。她是近视眼，眯缝眼儿的时候格外的俏丽。我心里在想，如果爸爸在家，看见妈妈这一头乌亮的好发，一定会上街买一对亮晶晶的水钻发夹给她，要她戴上。妈妈一定是戴上了一会儿就不好意思地摘下来。那么这一对水钻夹子，不久就会变成我扮新娘的“头面”了。

父亲不久回来了，没有买水钻发夹，却带回一位姨娘。她的皮肤好细好白，一头如云的柔发比母亲的还要乌，还要亮。两鬓像蝉翼似的遮住一半耳朵，梳向后面，挽一个大大的横爱司髻，像一只大蝙蝠扑盖着她后半个头。她送母亲一对翡翠耳环。母亲只把它收在抽屉里从来不戴，也不让我玩，我想大概是她舍不得戴吧。

我们全家搬到杭州以后，母亲不必忙厨房，而且许多时候，父亲要她出来招呼客人，她那尖尖的螺丝髻儿实在不像样，所以父亲一定要她改梳一个式样。母亲就请她的朋友张伯母给她梳了个鲍鱼头。在当时，鲍鱼头是老太太梳的，母亲才过三十岁，却要打扮成老太太，姨娘看了只是抿嘴儿笑，父亲就直皱眉头。我悄悄地问她："妈，你为什么不也梳个横爱司髻，戴上姨娘送你的翡翠耳环呢？"母亲沉着脸说："你妈是乡下人，哪儿配梳那种摩登的头，戴那讲究的耳环呢？"

姨娘洗头从不拣七月初七。一个月里洗好多次头。洗完后，一个小丫头在旁边用一把粉红色大羽毛扇轻轻地扇着，轻柔的发丝飘散开来，飘得人起一股软绵绵的感觉。父亲坐在紫檀木榻床上，端着水烟筒噗噗地抽着，不时偏过头来看她，眼神里全是笑。姨娘抹上三花牌发油，香风四溢，然后坐正身子，对着镜子盘上一个油光闪亮的爱司髻，我站在边上都看呆了。姨娘递给我一瓶三花牌发油，叫我拿给母亲，母亲却把它高高搁在橱背上，说："这种新式的头油，我闻了就反胃。"

母亲不能常常麻烦张伯母，自己梳出来的鲍鱼头紧绷绷的，跟原先的螺丝髻相差有限，别说父亲，连我看了都不顺眼。那时姨娘已请了个包梳头刘嫂。刘嫂头上插一根大红签子，一双大脚丫子，托着个又矮又胖的身体，走起路来气喘呼呼的。她每天早上十点钟来，给姨娘梳各式各样的头，什么凤凰髻、羽扇髻、同心髻、燕尾髻，常常换样子，衬托着姨娘细洁的肌肤，袅袅婷婷的水蛇腰儿，越发引得父亲笑眯了眼。刘嫂劝母亲说："大太太，你也梳个时髦点的式样嘛。"母亲摇摇头，响也不响，她噘起厚嘴唇走了。母亲不久也由张伯母介绍了一个包梳头陈嫂。她年纪比刘嫂大，一张黄黄的大扁脸，嘴里两颗闪亮的金牙老露在外面，一看就是个爱说话的女人。她一边梳一边叽里呱啦地从赵老太爷的大少奶奶，说到李参谋长的三姨太，母亲像个闷葫芦似的一句也不搭腔，我却听得津津有味。有时刘嫂与陈嫂一起来了，母亲和姨娘就在廊前背对着背同时梳头。只听姨娘和刘嫂有说有笑，这边母亲只是闭目养神。陈嫂越梳越没劲儿，不久就辞工不来了。我还清清楚楚地听见她对刘嫂说："这么老古董的乡下太太，请什么包梳头呢？"我都气哭了，可是不敢告诉母亲。

从那以后，我就垫着矮凳替母亲梳头，梳那最简单的鲍鱼头。我踮起脚尖，从镜子里望着母亲。她的脸容已不像在乡下厨房里忙来忙去时那么丰润亮丽了，她眼睛停在镜子里，望着自己出神，不再是眯缝眼儿地笑了。我手中捏着母亲的头发，一绺绺地梳理，可是我已懂得，一把小小黄杨木梳，再也理不清母亲心中的愁绪。因为在走廊的那一边，不时飘来父亲和姨娘琅琅的笑语声。

我长大出外读书以后，寒暑假回家，偶然给母亲梳头，头发捏在手心，总觉得愈来愈少。想起幼年时，每年七月初七看母亲乌亮的柔发飘在两肩，她脸上快乐的神情，心里不禁一阵阵酸楚。母亲见我回来，愁苦的脸上却不时展开笑容。无论如何，母女相依的时光总是最最幸福的。

在上海求学时，母亲来信说她患了风湿病，手膀抬不起来，连最简单的缧丝髻儿都盘不成样，只好把稀稀疏疏的几根短发剪去了。我捧着信，坐在寄宿舍窗口凄淡的月光里，寂寞地掉着眼泪。深秋的夜风吹来，我有点冷，披上母亲为我织的软软的毛衣，浑身又暖和起来。可是母亲老了，我却不能随侍在她身边，她剪去了稀疏的短发，又何尝剪去满怀的悲绪呢！

不久，姨娘因事来上海，带来母亲的照片。三年不见，母亲已白发如银。我呆呆地凝视着照片，满腔心事，却无法向眼前的姨娘倾诉。她似乎很体谅我思母之情，絮絮叨叨地和我谈着母亲的近况。说母亲心脏不太好，又有风湿病，所以体力已不大如前。我低头默默地听着，想想她就是使我母亲一生郁郁不乐的人，可是我已经一点都不恨她了。因为自从父亲去世以后，母亲和姨娘反而成了患难相依的伴侣，母亲早已不恨她了。我再仔细看看她，她穿着灰布棉袍，鬓边戴着一朵白花，颈后垂着的再不是当年多彩多姿的凤凰髻或同心髻，而是一条简简单单的香蕉卷。她脸上脂粉不施，显得十分哀戚，我对她不禁起了无限怜悯。因为她不像我母亲是个自甘淡泊的女性，她随着父亲享受了近二十年的富贵荣华，一朝失去了依傍，她的空虚落寞之感，将更甚于我母亲吧。

来台湾以后，姨娘已成了我唯一的亲人，我们住在一起有好几年。在日式房屋的长廊里，我看她坐在玻璃窗边梳头。她不时用拳头捶着肩膀说："手酸得很，真是老了。"老了，她也老了。当年如云的青丝，如今也渐渐落去，只剩了一小把，且已夹有丝丝白发。想起在杭州时，她和母亲背对着背梳头，彼此不交一语的仇视日子，转眼都成过去。人世间，什么是爱，什么是恨呢？母亲已去世多年，垂垂老去的姨娘，亦终归走向同一个渺茫不可知的方向，她现在的光阴，比谁都寂寞啊。

我怔怔地望着她，想起她美丽的横爱司髻，我说："让我来替你梳个新的式样吧。"她愀然一笑说："我还要那样时髦干什么，那是你们年轻人的事了。”

我能长久年轻吗？她说这话，一转眼又是十多年了，我也早已不年轻了。对于人世的爱、憎、贪、痴，已木然无动于衷。母亲去我日远，姨娘的骨灰也已寄存在寂寞的寺院中。这个世界，究竟有什么是永久的，又有什么是值得认真的呢？

【注释】

①选自《琦君自选集》（黎明文化公司 1978 年版），参校《红纱灯》（三民书局股份有限公司 1969 年 11 月版）。

【作者简介】

林斤澜（1923—2009）：原名林庆澜，曾用名林杰、鲁林杰，浙江温州人。作家、诗人、评论家。曾任《北京文学》主编，中国作家协会会员，中国作家协会北京分会副主席等。代表作有描写浙江温州为背景的小说集《矮凳桥风情》和以文革为背景的小说集《十年十癔》，以及系列小说《门》和《去不回门》等。

盆景[①]

——寄语温州同行

年轻时候晓不得盆景的好看。

抗日战争头几年，有宣传抗日的剧团，办在谢池巷臂张家花园屋的花厅里，我常常去那里参加活动。这个花厅现在也还在，临窗是中山公园的小河，和积谷山隔河相对。花厅有楼，记得叫作池上楼，是纪念诗人谢灵运的。楼是流下来了，只是年久失修，看来寂寞。

记得就在这附近的一条巷弄里，有一家花圃。那是个大院子，用长石条搭起长长的石凳，一行行摆起大大小小的花盆。我路过门口，有时候进去“旋”一“旋”。若是细雨蒙蒙的春天，走进这花木的巷弄里去，就像是走到春天的深处。细雨很重要，好比杜鹃，现在大家叫作映山红，只有在细雨中才开得淋漓尽致；大太阳一晒，映出红难道不单薄点了吗？不蔫了吗？

杜甫说春雨“润物细无声”，这个“润”字当然极好，但“无声”和我小时候的印象不合。记得站在花圃里，耳朵边总有轻轻的、细细的、簌簌的声音。这是寂静的声音，比“无声”的寂静还要寂静。这又是滋润的声音。花圃也培养盆景，我一直视而不见。只在一个雨天，在簌簌声中忽然发现一盆盆山光水色，竟看呆了。

这个花圃给我最深刻的印象是：寂寞。春天花重叶浓，就更加寂寞。不能说是荒凉，这里是有人经营的。也不能说是清净，清净就算是轻松了。我不记得遇见过买主，不记得有人指东指西讲价钱。园丁也很少，个把两个人总在什么角落头，一声不响地松松土，剪剪枝。脸色也都苍白或是苍黄。也许是战争时期，这一行在苦守苦撑。但他们靠什么吃饭？有谁来欣赏呢？这样的冷清清，难道也算是一个行业？寂寞之感牵丝攀藤爬上我幼稚的心头，我好比落在蜘蛛网里，这叫人怎么“顶得牢”！我赶紧逃跑，跑到剧团里热闹去了。

离开家乡四十年，在外边渐渐地晓得点儿，盆景有流派，成都和苏州代表两大不同风格。

年纪也渐渐地老大了，会忽然思乡起来。家乡的江心屿，在我的思念中就是一个苍翠古朴的盆景：那狭长椭圆的小岛，两头小山、古塔，江水拍岸，树木盘根错节，还有古寺的暮鼓晨钟……

四十年后我回到家乡，第二天就拜访这盆景般小岛。走到江心寺门前，那著名的、父老津津乐道的、用一个字重重叠叠的对联没有了。朝里看了一眼，凡是原来有文字有文物的地方，都光生生、灰溜溜，大水“推”了一样。这么个小岛也没有逃脱“浩劫”……我赶紧走开，我愿意保留我的不褪色的记忆。

信步走到后边，见新长出来一片地，新造了一片园林。我当然愿意有新的记忆，看见一个小院子里展览盆景，呵，大盆景里展览小盆景，赶紧走过去看了几盆，不料小盆景的气势，有胜过大盆景的意境。

我不喜欢那种全景式的盆景，山重水复，亭台楼阁，樵夫钓叟……随处都是讲不尽的故事。我也不喜欢本当“瘦、透、皱”的石头上，插起“平、板、直”的白铁剪的红旗，说是表现深刻的社会意义。

我见过一个盆景，在什么地方？在什么年头？都记不得了。只是一想起那盆景来，心里就有平野千里，大风呼号，乱云飞渡……那是巴掌大的一个土坡，坡上一株树，只有一株。树形粗壮和挺拔兼备。大枝疏落，小枝密集，绿叶无数。树杈全部倾向一个方向，树叶张张朝一个方向伸展。这是旷野上，迎风挺立的大树。孟郊有句：“高枝低枝风，千叶万叶声。”我听见了精神抖擞、气力旺盛、胸怀苍茫、千古不朽的英雄的歌：“大风起兮云飞扬……”

这样的杰作是怎样做出来的？多少个细雨蒙蒙的春天，一枝一枝地培养，一叶一叶地修剪。没有成形的时候，没有买主。熬到成形了，也许大家都在欣赏“全景式”，或者正对插着白铁剪的红旗感兴趣。这样的一株树，也不过角落头摆一摆，摆摆也就收了。

这样的冷清清，算个什么行业？但确实是个行业。若有寂寞牵丝攀藤爬上心头，不要逃跑，要“顶得牢”。寄语家乡年轻的亲爱的同行，这个盆景的作者最大的本事是：忍耐。

谢池巷臀的池上楼年久失修了。但楼的后代却不寂寞，她晓得早年那个花圃，晓得花圃的后人现在杭州西湖培养盆景，四海之内都有人赞赏。

【注释】

①选自《林斤澜文集》（北京师范大学出版社 2000 年 1 月版）。

渡船[①]

我离开温州三十多年，有时候会忽然梦见渡船。

有几年我住在蝉街外婆家里，蝉街不一定因蝉多得名，整个小城都在蝉声中过三伏天。蝉成日喧叫，但它悠悠的单调的声音，却浸透了寂静。

春天时节，绵绵的春雨空档里，漏下黄黄的阳光，我会忽然心慌起来，这种心慌，土话叫作“摇翼”，很形象。我一“摇翼”就赶紧跑出去，跑出悠悠的寂静去。跑 出了三角门，跑过“存厂”，穿过田野，来到城外淡绿的河边，河面上横着一条粗绳，绳下一只红漆渡船，方方的平底的渡船挑担的赶牛的都好稳稳当当上船，自家 拉着绳子过河。船常常闲着，我独自慢慢地过来过去。离开温州前几天，特别去坐渡船。离开是有目的地，但是千里迢迢，战火漫漫，没有一点把握实际还是个小孩 子的心，觉得渡船渡到河中央，就好比到了生身之地的怀抱中间，心就静定下来，暗暗朝拜音乐女神，誓不变心。

去年我回到温州，住在松台山下的华侨饭店，当然是新楼，有水电，有沙发，有卫生间，有屋有堂有花圃。松台山脚还有个居高临下的剧院，晚上要仰起头来看电光 灯。蝉街的河没有了和闹市五马街连接起来。城墙和三角门早就扒平了，我顺着马路走到城外，城外还是马路，“存厂”变成了工厂。马路的背后，寻着了田野，寻着了河，但河上没有绳，没有渡船，没有平底的方方的红漆渡船。

有回过一条江，渡船是只老式两头翘大木船，安装了个马达。拎菜篮的，背书包的，拿着篮子的老人家，一会儿站满了船舱船头。有一个十七八岁的女孩子，裤脚卷到腿肚那里，肩上背枪一样一条空扁担，扁担头上缠着空 口袋。大家好像都认识，有人笑着说：“钞票赚着了。”女孩格格一笑，把头一扭，眼睛里的得意闪电一样。满船是多年思念的乡音，满船是思念里没有的说话“钞 票，钞票”，“赚着，赚不着”……四面的人声里，忽然有一个低音撞到我耳朵里，碰着我不晓得哪一条筋，一个名字跳了出来，我冒叫一声，两声……一个白发苍苍，瘦脸黑黑的人站在我面前一分钟以后，两人都认出来是三十多年前的老同学。他的低音浑厚，当年他的本事是从上衣兜里抓出一支笔，有时甚至是一把牙刷，就 指挥我们唱起响亮的“枪口对外，齐步向前！”

我们真真肩并肩走向战场。“我是海岸的哨兵”，拿起鸟枪、铁锤、剪刀、石头、火炮……想象中，我们和日本鬼子巷战，肉搏，白刃相见。

我问他这些年在干什么呢？他说修理单车摩托直到拖拉机。他说他过了青年时期，才明白自己秉性不爱活动，根本也不是音乐材料。

他转过头去看江水，好像在问，当年的路是自己选择的吗？那时候自己会选择吗？同学朋友一个个不像浪连着浪吗？一个个叫浪推着走，叫浪卷进去了……路，大半是时代决定的。

不过我还是想我那条小河上的渡船，拉着河面上的粗绳到了河中央，祈求养育我的大自然，给我启发，帮我下决心。我打听哪里还有平底的方方的渡船。

他惊讶起来，用眼角睃着我说，从来没有见过这样的渡船，也没听说过，怎么会有四方的船呢？

刹那间，他疑心我做梦，我疑心他健忘。

我常常从松台山下，走过蝉街五马街。一路人撞人，从人缝里插过去，耳朵边嗡嗡地全是乡音，不过一个人也不认识。乡音满街满城，好比潮水，带泥带沙带泡沫带残渣的浑沌沌的潮水，我不熟识。

立刻从大街转进小巷，走石板路，推开油漆剥落的双扇前门，或是单扇白木变黑了的后门，走进潮湿的院子，走上苔藓镶边的石阶，走进幽暗的厢房，或是楼板晃晃的楼房，坐下来喝新鲜的绿茶，吸红牡丹香烟，和老朋友悠悠闲谈。

但方方的平底的红漆渡船呢，没有人爽爽快快肯定有过，多半是怀疑，是稀奇，是搜索记忆。我也糊涂起来了，莫非把庄子的方舟，或者圣经的方舟，掺杂到多年的乡思里去了。

我多住了些日子，认识了一些青年，我听见三四苯并芘、信仰危机、意识流、蒙太奇……这都在小巷里的斗室里，好比水潭，这里有寂静，有清澈，有深沉，有“摇翼”的心慌，有明天的梦。

我又离开温州时，更加相信过去有过方舟，挑担的赶牛的都能够稳当站着过河，也站过心慌的少年。

我相信现在也会有，只不过一时说不清在哪里。方方的平底的红漆渡船呀，我还要寻你，也许明天就会心慌起来，千里迢迢回去寻你。

【注释】

①选自《林斤澜文集》。

参考文献

1. [南朝宋]谢灵运著；[南朝宋]鲍照著；黄节注：《谢康乐诗注 鲍参军诗注》，北京：中华书局，2008年1月。

2. [明]张溥编：《文渊阁四库全书·汉魏六朝百三家集》，上海：上海古籍出版社，1987年11月。

3. [明]刘畿修；朱绰，等纂：《嘉靖瑞安县志》，明嘉靖三十四年刻本。

4. [唐]孟浩然著：《孟浩然诗集》，《宋蜀刻本唐人集》，上海：上海古籍出版社，2013年11月。

5. [清]彭定求、曹寅，等编：《全唐诗》，北京：中华书局，2008年7月。

6. [明]王瓒，蔡芳编；胡珠生校注：《弘治温州府志》，《温州文献丛书》，上海：上海社会科学院出版社，2006年3月。

7. 戈悟觉：《温州历代山水诗文选》，北京：作家出版社，1998年9月。

8. [清]弘历选定：《文渊阁四库全书·御定全唐诗》，上海：上海古籍出版社，1987年11月。

9. 陈尚君辑校：《全唐诗补编》，北京：中华书局，1992年10月。

10. [清]陈永清修；[清]章昱、吴庆云纂：《乾隆瑞安县志》，清乾隆十四年刻本。

11. [清]曾唯辑；吴佐仁校补；张如元点校：《东瓯诗存》，上海：上海社会科学院出版社，2006年12月。

12. [宋]孔延之编撰；李石民笺注：《会稽掇英总集笺注》，银川：宁夏人民出版社，2007年7月。

13. [清]陈焯著：《文渊阁四库全书·宋元诗会》，上海：上海古籍出版社，1987年11月。

14. [宋]沈括著：《文渊阁四库全书·补编长兴集》，上海：上海古籍出版社，1987年11月。

15. [宋]苏辙著；曾枣庄点校：《栾城集》，上海：上海古籍出版社，2009年9月。

16. [宋]周行己著；陈小平校：《周行己集》，杭州：浙江古籍出版社，2015年1月。

17. [清]张扬纂：《仙岩山志》，白化文、张智主编《中国佛寺志丛刊》，扬州：广陵书社，2006年1月。

18. [宋]刘安节编；陈光熙、丁治民校：《许景衡集》，《温州文献丛书》：

上海：上海社会科学院出版社，2006 年 8 月。
19. 王理孚，等编：《民国平阳县志》，《中国地方志集成 · 浙江府县志辑》，上海：上海书店出版社，2011 年 7 月。
20. 徐志炎编：《泰顺先哲诗选》，泰顺县图书馆，1996 年 5 月。
21. [宋]陈与义著：《陈与义集》，北京：中华书局 2007 年 9 月。
22. [宋]王十朋著:《文渊阁四库全书·梅溪集》,上海:上海古籍出版社，1987 年 11 月。
23. [宋]陆游著；钱仲联、马亚中编 ：《陆游全集校注》，杭州：浙江古籍出版社，2016 年 4 月。
24. [宋]杨万里著:《文渊阁四库全书·诚斋集》,上海:上海古籍出版社，1987 年 11 月。
25. [宋]薛季宣撰:《文渊阁四库全书·浪语集》,上海:上海古籍出版社，1987 年 11 月。
26. [宋]陈傅良著：《文渊阁四库全书 · 止斋集》，上海：上海古籍出版社，1987 年 11 月。
27. [宋]楼钥著:《文渊阁四库全书·攻媿集》,上海:上海古籍出版社，1987 年 11 月。
28. [元]陈世隆，陈敏霞校点：《宋诗拾遗》，沈阳：辽宁教育出版社，2001 年 1 月。
29. [宋]陈亮著:《文渊阁四库全书·龙川集》,上海:上海古籍出版社，1987 年 11 月。
30. [清]谢清扬撰，张禹点校：《苍南诗征》，上海：上海古籍出版社，2005 年 8 月。
31. [宋]林表民编：《文渊阁四库全书 · 天台续集别编》，上海：上海古籍出版社，1987 年 11 月。
32. [宋]叶适著:《文渊阁四库全书·水心集》,上海:上海古籍出版社，1987 年 11 月。
33. [宋]徐照，等撰：《永嘉四灵诗集》，杭州：浙江古籍出版社，1985 年 3 月。
34. [宋]姜夔著：《文渊阁四库全书 · 白石道人歌曲》，上海：上海古籍出版社，1987 年 11 月。
35. [宋]谢枋得著：《千家诗》，长春：长春古籍书店，1982 年 5 月。
36. 上海辞书出版社编：《宋词鉴赏辞典》，上海：上海辞书出版社，

2009 年 5 月。
37. [宋]周密选编，卢欣科注释:《绝妙好词》，郑州: 中州古籍出版社，2017 年 2 月。
38. [宋]文天祥著:《文渊阁四库全书·文山集》，上海: 上海古籍出版社，1987 年 11 月。
39. [清]张宝琳、王棻、孙诒让，等纂：《光绪永嘉县志》，《中国地方志集成·浙江府县志辑》，南京：江苏古籍出版社，2011 年 7 月。
40. [元]尹廷高著：《文渊阁四库全书·玉井樵唱》，上海：上海古籍出版社，1987 年 11 月。
41. [宋]林景熙，陈增补注:《林景熙集补注》，杭州: 浙江古籍出版社，2012 年 11 月。
42 佚名著：《泰顺先贤遗稿》，泰顺县图书馆藏。
43. [明]赵士桢撰：《神器谱》，上海：上海社会科学院出版社，2006 年 3 月。
44. [清]周菘轩著:《柔克斋诗集》。
45. 章云峰主编：《泰顺先贤墨迹》，杭州：浙江古籍出版社，2011 年 1 月。
46. [明]刘基著:《文渊阁四库全书·诚意伯文集》，上海：上海古籍出版社，1987 年 11 月。
47. [元]陈高著:《不系舟渔集》，上海: 上海古籍出版社，2005 年 8 月。
48. [元]张著著:《永嘉集》，上海: 上海古籍出版社，2005 年 8 月。
49. [清]林鹗修，林用霖续编:《分疆录》，光绪四年罗阳林氏望山堂版，浙瓯梅师古斋镌。
50. [清]李琬修；齐召南，等纂：《乾隆温州府志》，乾隆二十七年序刊同治五年补刊本。
51. [明]姜准著，蔡克骄点校：《歧海琐谈》，上海：上海社会科学院出版社，2002 年 12 月。
52. [清]李象坤著；蔡听涛点校:《畏庵集》，《温州文献丛刊》，合肥: 黄山书社，2012 年 1 月。
53. [清]陈舜咨春隄订修:《孤屿志》，江心屿办事处影印。
54. [明]王瓒著：《王瓒集》，潘源源、曹凌云、张卫中主编《龙湾文化丛书》，北京：人民日报出版社，2004 年 5 月。
55. [明]张璁著，张宪文校注：《张璁集》，《温州文献丛书》，上海：

上海社会科学院出版社，2008 年 10 月。
56. [明]王叔果著：《王叔果集》，《温州文献丛刊》，合肥：黄山书社，2009 年 4 月。
57. [明]侯一麟撰：《龙门集》，上海：上海社会科学院出版社，2006 年 3 月。
58. [明]王叔杲编；张宪文校：《王叔杲集》，《温州文献丛书》，上海：上海社会科学院出版社，2005 年 10 月。
59. [清]朱彝尊著：《文渊阁四库全书·曝书亭集》，上海古籍出版社，1987 年 11 月。
60. [清]李登云，等修；陈珅，等纂；[清]高谊，等考证：《乐清县志》，光绪二十七年刊民国元年补刊本。
61. [清]孙希旦著：《敬轩诗存》，瓯风社印行。
62. [清]阮元著：《揅经室集》北京：中华书局，1993 年 5 月。
63. [清]谭沄著：《味义根斋诗稿》，道光二十三年刻本。
64. [清]董斿著：《太霞山馆文集》，清同治刻本。
65. [清]梁章钜著：《藤花吟馆诗钞》，清道光五年刻本。
66. [清]梁章钜著：《浪迹续谈》，北京：中华书局，1981 年。
67. [清]华文漪著：《逢原斋诗文钞》，上海：上海古籍出版社，2005 年 8 月。
68. [清]周衣德著：《周衣德集》，合肥：黄山书社，2009 年 9 月。
69. [清]谢青扬著：《愈愚斋诗文集》，上海：上海古籍出版社，2005 年 8 月。
70. [清]孙衣言著：《逊学斋诗钞》，清同治三年刻本。
71. [清]俞樾著：《春在堂随笔》，南京：江苏古籍出版社，2001 年。
72. [清]黄体芳著；俞天舒原编，潘德宝增订；温州市图书馆整理：《黄体芳集》，北京：中华书局，2016 年 1 月。
73. 徐定超撰；陈光熙主编，永嘉县政协文史委员会编：《徐定超集》，杭州：浙江古籍出版社，2018 年 3 月。
74. 张宪文辑：《孙诒让遗文辑存》，杭州：浙江人民出版社，1990 年 5 月。
75. [明]康丛理撰：《二雁山人诗集》，黄群主编《敬乡楼丛书》。
76. [清]周恩煦撰：《晚华居遗集》，清宣统元年刻本。
77. [清]林昕著；林作坡、林安青点注校勘：《万罗狂客诗钞》，温州图书馆藏本，杭州：浙江工商业大学出版社，2020 年 2 月。

78. 钱仲联主编：《中国近代文学大系·诗词集》，上海：上海书店，1991 年 4 月。
79．[清] 冒广生撰：《小三吾亭诗》，台湾大学总图书馆影印本。
80. 永嘉县政协文史委员会编：《楠溪江历代诗文选》，北京：海洋出版社，1994 年 2 月。
81. 吴无闻著：《掀起一次探梅诗的热潮》，《中国韵文学刊》，1988 年第 21 期。
82. 夏承焘著：《天风阁词集》，天津：百花文艺出版社，1984 年 7 月。
83. 董每戡著；陈寿楠、朱树人、董苗编：《董每戡集》，长沙：岳麓书社，2011 年 5 月。
84. 苏渊雷著：《苏渊雷全集》，上海：华东师范大学出版社，2008 年 10 月。
85. 琦君著：《泪珠与珍珠》，《高中语文》，北京：人民教育出版社，2007 年 3 月。
86. [宋] 郑缉之撰文；[清] 孙诒让校集；宋维远点注：《永嘉郡记》，温州：浙江省瑞安市印刷总厂，1993 年 12 月。
87. [清] 许梿选; 曹明纲译注:《六朝文絜译注》, 上海: 上海古籍出版社，1999 年 6 月。
88. [宋] 沈括著；金良年点校：《梦溪笔谈》，北京：中华书局，2015 年 11 月。
89. [宋] 苏轼著；孔凡礼点校：《苏轼文集》，北京：中华书局，2016 年 1 月。
90. [元] 郑僖著；金璋瑶圃参订：《东瓯先正文录》，清道光十四年梧竹山房刻本。
91. [宋] 韩彦直撰; 彭世奖校注:《橘录校注》, 北京: 中国农业出版社，2010 年 6 月。
92. [清] 杨熙之纂; 李彭龄，等修:《无锡金匮县志》, 南京: 凤凰出版社，2011 年 2 月。
93. [清] 陈傅良著：《陈傅良先生文集》，杭州：浙江大学出版社，1999 年 12 月。
94. [宋] 陆九渊著：《陆象山全集》，北京：中国书店，1992 年 3 月。
95. [宋] 戴栩著：《浣川集》，永嘉黄氏排印《敬乡楼丛书》，1928 年。
96. [宋] 叶适著：《叶适集》，北京：中华书局，2010 年 7 月。

97. [宋]戴侗著：《六书故》，《温州文献丛书》，上海：上海社会科学院出版社，2006年12月。
98. [宋]陈叔方著:《颍川语小》,《丛书集成初编》,上海：商务印书馆，1936年6月。
99. 林损著：《林损集》，合肥：黄山书社，2010年10月。
100. [元]李孝光著；陈增杰校注：《李孝光集校注》，杭州：浙江古籍出版社，2016年4月。
101. 朱东润编：《中国历代文学作品选》，上海：上海古籍出版社，1979年7月。
102. [明]宋濂著；罗月霞主编：《宋濂全集》，杭州：浙江古籍出版社，2014年6月。
103. [明]苏伯衡撰；[明]林与直编：《苏平仲文集》，《四部丛刊初编集部》，上海：上海书店，1989年3月。
104. [明]李维樾，林增志编：《文渊阁四库全书·忠贞录》，上海：上海古籍出版社，1987年11月。
105. [明]黄淮著：《黄淮文集》，上海：中国社会科学出版社，2006年4月。
106. 朱自清著；朱乔森编：《朱自清散文全集》，南京：江苏教育出版社，1998年7月。
107. 琦君：《三更有梦书当枕》，台北：尔雅出版社有限公司，1975年7月。
108. [明]王叔杲撰；张宪文校注：《王叔杲集》，上海：上海社会科学院出版社，2005年10月。
109. [清]周天锡辑：《慎江文征》。
110. 琦君著：《琦君自选集》，《中国新文学丛刊》，台北：黎明文化事业股份有限公司，1978年。
111. 浙江省文成县地方志编纂委员会：《文成县志》，北京：中华书局，1996年11月。
112. 潘猛补编：《温州历代文选》，戈悟觉主编《瓯越文化丛书》之八，北京：作家出版社，1998年2月。
113. 华文漪著:《逢原斋诗文钞》,上海:上海古籍出版社,2005年8月。
114. 林斤澜著:《林斤澜文集》,北京:北京师范大学出版社,2000年1月。
115. [清]孙衣言撰：《逊学斋文钞文续钞》，同治十二年刻增修本。

116. 琦君著：《红纱灯》，台北：三民书局股份有限公司，1969年11月。
117. [清]孙诒让著；孙启治点校：《墨子间诂》，《新编诸子集成》，北京：中华书局，2017年6月。
118. [清]孙诒让著，许嘉璐主编，雪克点校：《籀庼述林》，北京：中华书局，2010年4月。
119. [清]胡玠撰：《清秘堂文钞》，民国十四年翰墨林石印本。
120. 章太炎著：《章氏丛书》，北京：学苑出版社，2016年9月。
121. 瑞安县修志委员会纂修：《民国瑞安县志》，民国三十五年铅印本。
122. 李叔同著：《李叔同集》，北京：东方出版社，2008年8月。
123. 浙江省旧温属联立籀园图书馆编印：《蔘绥年刊》创刊号，1937年刊本。
124. 马公愚著：《豫堂印草序》，《古今》，1944年第39期。
125. 周予同著：《对于普通中学国文课程与教材的建议》，饶杰腾编著《民国国文教学研究文丛·论争卷：1912–1949》，北京：语文出版社，2016年1月。
126. 郑振铎：《郑振铎全集》，石家庄：花山文艺出版社，1988年11月。
127. 方介堪编纂，张元如整理：《玺印文综》，上海：上海书店，1992年6月。
128. 苏步青：《苏步青业余诗词钞》，北京：群言出版社，1994年12月。
129. 中国社会科学院科研局组织编：《夏鼐集》，北京：中国社会科学出版社，2008年7月。

后 记

温州建城2000多年来，先民们创造了光辉灿烂的瓯文化，从宋代的永嘉学派，到今天的温州精神，从北宋的小杭州到今天的小香港，温州精神的形成发展，温州城市的成长壮大，是历代温州人勤劳智慧的结晶。有多少文人墨客在东瓯大地上留下诗文墨宝，对此，我们知之甚少，甚至一无所知。

乡土文学是一块美玉，也是教育学生提升语文水平的优秀载体。可惜两者之间缺少一座桥梁。

正是在这样的背景下，由浙江省教育厅教研室黄华伟老师牵头，受上海社会科学院长三角城市历史文化研究中心所托，决定选编出版这本《温州乡土语文读本》。这是我们梦寐以求的事情，从某种意义上来讲，也是对地方文献整理尽一点力，全体编者都觉得这件工作非常有意义。故而，在一年多时间里，古籍馆、案头，孤灯、铅笔、清茶，斟酌、细较，成了颇为快乐的编写常态。大家都不计时间和精力，分头搜寻各县市代表性的诗文。

我们参照了前面很多地市的选编体例，同时也考虑到体现出温州自己的特色。

一是，考虑地域性。我们认为入选的文章必须是温州人写的、写温州的或者虽非温州人写温州，但对温州的文脉走向产生影响的。

二是，考虑代表性。我们规定一般说来，每位作者入选的诗文最多不超过三首（篇）。而作者的分布，除温州市区（老温州鹿城一带）外，尽可能地照顾各个县市。

三是，考虑文化性。在古代和现代选文中，我们偏重古代，认为更具文化内容。

四是，考虑乡土性。诗、文外，对鼓词、南戏等有温州地方特色的文体，我们毫无保留地表示赞赏。

五是，考虑阅读对象。语文读本的读者对象多为学生或本地的文史爱好者，故而在选编时，对一些虽然在温州历史上非常有名的诗文，如果过于专业、过于深奥的，也忍痛割爱了。

当然，由于不少文章已经找不到第一手的材料了，也只能凭最近能找到的版本加以校对；有些注释的句读、解释、理解上都无参考借鉴的读物，只能酌选我们认为最合理者。

限于编者们水平，本书时难免有这样那样的错漏，敬请读者谅解，批评指正。

编者队伍来自全市各地的优秀教师、学者，其中包括古文造诣高、出版著作多种的总负责人陈小平老师，写得一手好诗的张学庐老师，酷爱写作的戴柏聪老师，黄（灵庚）门弟子黄小燕老师，家学渊源颇深的乡土作家林作坡先生，著名阅读推广人唐文秀老师。温州市教研室高中语文教研员周康平老师负责统稿、审校。

编 者

2020 年 7 月

致著作权人：

因条件所限，我们未能与部分作品的相关著作权人取得联系。为了充分尊重、保护著作权人的利益，上海社科院长三角城市历史文化研究中心真诚敬启：请相关著作权人与研究中心联系，我们将依照国家有关规定及时付酬。感谢您的理解与支持。

联系地址：上海市中山西路 1610 号

邮政编码：200235

联系电话：021—64275847

图书在版编目（CIP）数据

温州乡土语文读本 / 黄华伟主编 ; 上海社会科学院长三角城市历史文化研究中心编. -- 镇江 : 江苏大学出版社, 2021.3

ISBN 978-7-5684-1498-2

Ⅰ. ①温… Ⅱ. ①黄… ②上… Ⅲ. ①阅读课—中小学—课外读物 Ⅳ. ①G634.333

中国版本图书馆CIP数据核字(2020)第261911号

温州乡土语文读本
Wenzhou Xiangtu Yuwen Duben

主　　编／黄华伟
责任编辑／张平
出版发行／江苏大学出版社
地　　址／江苏省镇江市梦溪园巷30号（邮编：212003）
电　　话／0511-84446464（传真）
网　　址／http://press.ujs.edu.cn
制　　版／湖州文华制版设计有限公司
印　　刷／湖州日报印务有限责任公司
开　　本／710mm×1000mm 1/16
印　　张／26.5
字　　数／430千字
版　　次／2021年3月第1版
印　　次／2021年3月第1次印刷
书　　号／ISBN 978-7-5684-1498-2
定　　价／48.00元

如有印装质量问题请与本社营销部联系（电话：0511-84440882）